KB107891

진정한
유법천지를 향하어
有 法 天 地

대한민국의 미래를 위한 충언忠言 중

진정한 유법천지有法天地를 향하여 중

발행일	2019년 9월 20일

지은이	문도연		
펴낸이	손형국		
펴낸곳	(주)북랩		
편집인	선일영	편집	오경진, 강대건, 최예은, 최승헌, 김경무
디자인	이현수, 김민하, 한수희, 김윤주, 허지혜	제작	박기성, 황동현, 구성우, 장홍석
마케팅	김회란, 박진관, 조하라, 장은별		
출판등록	2004. 12. 1(제2012-000051호)		
주소	서울시 금천구 가산디지털 1로 168, 우림라이온스밸리 B동 B113, 114호		
홈페이지	www.book.co.kr		
전화번호	(02)2026-5777	팩스	(02)2026-5747

ISBN	979-11-6299-840-3 04300 (종이책)	979-11-6299-841-0 05300 (전자책)
	979-11-6299-844-1 04300 (세트)	

이 도서의 국립중앙도서관 출판예정도서목록(CIP)은 서지정보유통지원시스템 홈페이지(http://seoji.nl.go.kr)와
국가자료공동목록시스템(http://www.nl.go.kr/kolisnet)에서 이용하실 수 있습니다.
(CIP제어번호: CIP2019036908)

진정한
유법천지를 향하여
有 法 天 地

천강 문도연

대한민국의 미래를 위한 충언忠言

조선 왕조 500년을 지탱한 정신적 유산 유학,
선학의 가르침으로 걷는 인의仁義와 왕도王道의 길

북랩 book Lab

거짓과 어리석음의 토대 위에 세워진 모든 종교는 이제 우리 인류 사회에서 영원히 사라져야 한다고 본다. 필자는 젊은 시절에 '종교란 과연 무엇이며, 인류 최고의 성인으로 자리매김한 예수와 석가는 과연 어떤 사람들인가?'가 매우 궁금했다. 그래서 오랜 세월 동안 그에 대해 파고들어 가보았는데, 결론은 모든 종교가 우리 인류에게 분쟁과 해악을 가져다주는 거짓된 가르침이라는 것이다. 조금이라도 공부를 하고 식견이 있는 사람이라면 이 책을 읽고도 내 말이 틀렸다고 부인하지는 못할 것이다. 그에 대한 평가는 후세들의 몫으로 남겨 두고자 한다. 여기 중권에서는 종교에 대한 글 외에도 우리가 알아야 할 몇 가지 부문에 대해서 언급을 했는데 이 모두가 다 무겁고 중대한 의미가 있기 때문에 좋은 읽을거리가 될 것이라고 생각한다.

.

제 4 장

종교에 대하여

　인간은 만물 가운데서 생각하고 분별하는 정도가 가장 빼어난 밝은 영을 받고 태어났지만, 그래도 어디서 왔다가 어디로 가는지에 대한 궁금증과 죽는다는 두려움 때문에 무언가 믿고 의지할 수 있는 어떤 절대자를 찾게 되었는데 이것이 바로 종교의 시발점이다. 즉 종교란 어떤 절대자를 믿고 그것을 숭배하고 의지하여 마음의 안정을 얻고자 함이며 나아가서는 그를 통해 선악(善惡)을 권계(勸戒)하고 행복한 삶을 얻고자 하는 것이다. 그 중 대표적인 종교라고 할 수 있는 기독교(천주교와 개신교), 불교, 이슬람교(회교) 등은 모두 다 오랜 세월 동안 많은 나라에서 수많은 신도를 거느려 왔지만, 이는 이러한 인간의 보편적인 심리적 약점에 편승한 자연스러운 결과일 뿐, 진리란 반드시 믿고 따르는 신도의 숫자와 정비례하는 것이 아니다. 종교의 참된 목적은 모두가 올바른 깨달음을 얻어 마음을 안정시키고 인륜·도덕을 실천케 하여 살기 좋은 세상을 만드는데 있다. 그렇다면 옛 성현들의 가르침을 공부하여 마음속의 온갖 나쁜 욕심과 어리석음을 털어내고 깊이 숙고하여 스스로 깨달아 모든 의심과 고통이 해결되는 진리의 원천에 도달하는 것이라고 본다. 사람이 수양과 공부가 깊어 흔들림이 없게 되면 삶과 죽음의 의미를 깨닫게 되고 진리를 체득하여 스스로 굳건하게 설 수가 있어 결코 망령된 허언에 현혹되지 않으며 정(正)과 사(邪), 그리고 여러 경전의 사실 여부와 사람됨의 진면목까지 분별하는 힘이 생기지만, 그렇지 못한 사람은 그럴듯한 교리나 믿고 의지할 수 있는 대상을 찾게 되는 것이므로 엄밀하게 살펴보면 그러한 종교에 빠지는 사람들은 대개 사려심과 지각이 부족한 사람들이라고 말할 수 있으며 또 실제가 그렇다. 천당이나 지옥, 영생이나 윤회 등은 의심할 여지 없이 허구이며, 또 그 실제 증언이란 것들도 모두가 날조 또는 과장된 것에 불과하다. 대체적으로 말해서 유교를 경세지학(經世志學: 세상을 다스리고 경영하는 학문) 또는 제세지학(濟世之學: 세상의 폐해를 없애고 사람들을 고난에서 구해주는 학문)이라 하고, 불교를 치심지학(痴心之學: 마음을 다스리는 학문)이라 하고, 공·맹 두 분을 제세지성(濟世之聖), 소크라테스를 철학지성(哲學之聖), 예수와 석가를 종교지성(宗敎之聖)이라 한다. 기독교 쪽에선 성부·성자·성령의 삼위일체는 예수만의 전위물이나 우리 동양에선 맹자 님의 성선설(性善說)을 바탕으로 누구나 지극정성으로 공부하고 수양을 거듭하면 성인이 될 수 있다고 했으니 기독교는 완전히 의타(依他)이며 유교는 의자(依自)이고, 불교는 누구나 불성을 갖고 있다고 하면서도 부처에게 귀의해야 한다고 했으니 의자(依自)와 의타(依他)를 겸하는데, 의타(依他)는 스스로의 힘으로는 서지 못하고 다른 대상에게 의지하는 것이니 이는 지각이 부족한 자들이나 할머니나 애들이나 연속극을 좋아하는 아줌마들에게 딱 맞는 것으로써 그들은 결코 참된 깨달음의 경지에는 도달하지 못할 뿐만 아니라 복을 비는 기복신앙의 수준을 벗어나지 못하는 것이다. 세상 사람들은 예수와 석가를 인류 최고의 성인으로 알고 비록 기독교나 불교에 대해 비판을 하는 경우는 있어도 그 창시자인 예수와 석가는 신성불가침의 존재로 존숭하면서 감히 일언반구도 비판하지 못한다. 이것은 오랜 세월이 흐르면서 수많은 어리석은 그의 추종자들이 그 거짓의 탑을 더욱 견고하게 다져온 결과지만, 이는 거대한 허상에 불과한 것이다.

그동안 이 거짓의 탑을 허물고 그 실체를 낱낱이 보여줄 만한 큰 인물이 나타나지 않았는데 이제 필자가 이 책을 통해서 종교의 사특함과 종교인들의 어리석음과 예수와 석가의 참모습과 그 크나큰 죄에 대해 논하고자 한다. 이 천강(天綱)이 분명히 말해두건대 종교는 마약과 같은 것이며 맹신자는 마약중독자와 같고 심각한 정신질환자이며 지적 미숙아들이라고 할 수 있다. 중세에 종교분쟁으로 수많은 사람이 피를 흘리면서 죽었으며 오늘날에 와서도 그 갈등이 계속되고 있다. 지금까지 끈질기게 계속되고 있는 중동 분쟁 역시 종교 분쟁이 가장 큰 이유다. 지금까지 동서양의 수많은 지혜로운 인물들이 기독교의 독선과 허구성에 대해 나름대로 비판을 해왔지만 마치 달걀로 바위를 치는 것처럼 별다른 힘을 발휘하지 못했다. 이는 정곡을 찌르지 못하고 변죽만 건드렸기 때문이다. 하지만 이 책을 통해 휘두르는 그들에 대한 나의 철퇴는 매우 통렬하고 강력한 것이어서 종교란 것이 그 폐해와 함께 우리 인류 사회에서 점차 쇠퇴하게 되는 분수령이 될 것이다. 서양의 많은 인물 중 가장 뛰어난 소크라테스와 그의 제자인 플라톤은 당시 온갖 궤변을 늘어놓던 소피스트들의 주장을 어느 정도 잠재우고 진리에 근접했지만, 그들의 가르침은 아리스토텔레스와 스토아학파 이후 그 후계자를 잃고 얼마 가지 못하였다. 공자 역시 옛 성왕들의 통치 철학과 전대(前代) 학자들의 학문을 집대성해서 유학의 조종(祖宗)이 되었으나 그의 가르침 역시 얼마 가지 못하고 양자와 묵자를 비롯한 제자백가(諸子百家)들의 출현과 반박으로 세상이 어지러워지더니 급기야 상호 공벌의 치열한 무법천지인 전국시대가 되고 말았다. 이때 인류 최고의 스승이며 공자보다도 더욱 위대한 태양처럼 밝게 빛나는 맹자 님께서 태어나시어 그때까지만 해도 크게 드러나지 못했던 공자를 마치 자신의 조부모처럼 존숭하여 오늘날의 공자로 우뚝 서게 만드셨으며, 감히 그 누구도 대적할 수 없는 정법대도(正法大道)의 말씀을 장강대하(長江大河)처럼 거침없이 뿜어내시어 양·묵의 추종자들과 모든 제자백가의 궤변을 단숨에 초토화하고 그들로 하여금 자신들의 생각이 잘못되었음을 스스로 느끼게 만드신 후 세상을 확 바꾸어 충효(忠孝)와 인의(仁義)가 바로 선 우리 동양의 윤리 체계를 확립하여 후세에까지 계속 이어지도록 만드셨다. 모르는 사람들은 맹자 님의 사상이 너무 과격하고 이상적이어서 사후에 바로 통제를 당해 별 존재감이 없다가 남송대(南宋代)에 이르러서야 주자에 의해서 뒤늦게 빛을 보게 되었다고 무식을 뽐내는데, 맹자 님께선 생존하고 계실 때부터 지혜롭고 호방한 천하의 현자들이 구름과 같이 모여들어 그의 수레를 호위하면서 따랐고 발길이 닿는 곳마다 현지의 수많은 백성이 크게 환호하면서 맞았다고 하며, 그 기세와 규모가 공자의 경우보다 비교할 수 없을 정도로 대단해서 그 어떤 제후도 감히 건드리지 못했으며, 여러 제후가 예를 갖추고 맹자 님을 맞았는데 합당한 예를 갖추지 않는 제후들은 초대해도 맹자 님께서 절대 만나주지 않았다고 문헌에 나와 있다. 그런데 사후에 갑자기 그의 제자들과 절대적 추종자들이 증발이라도 했단 말인가? 맹자 님을 존숭하고 추종한 사람들은 백성들에게만 국한되지 않고 많은 제후국의 고관대작들도 포함되어 있었단 뜻이다. 인간 심성에 대한 맹자 님의 견해와 성선설(性善說)은 두말할 필요도 없이 위대한 사상이지만, 그 외의 말씀들도 한 구절, 한 구절이 모두 다 진실로 가슴속에 와 닿는 위대한 가르침들이기 때문에 맹자 당대로부터 계속해서 꾸준히 수많은 사람에게 읽히고 존숭되어 오다가 주자에 앞서 당대(唐代)의 한유에 의해서 이미 해와 달 같은 그 모습이 확연히 드러나게 되었고, 송유(宋儒)에 이르러서는 천하 사람들에게 존숭됨이 공자를 능가했는데 오늘날 맹자 님께서 공자님보다 한 단계 아래인 아성(亞聖)으로 인식됨은 순전히 맹자께서 마음속의 스승인 공자를 자신의 친조부처럼 여기면서 자신을 스스로 낮추고 공자를 '사람이 생겨난 이래로 가장 위대하신 분'이라고 표현했기 때문이며 후세에 객관적으로 그 크기를 비교할 만한 안목을 갖춘 큰 인물이 나타나지 못했기 때문이다. 맹자 님에 대한 유림의 배향을 중지시키고 남기신 가르침 일부가 과거 시험에도 나오지 못하도록 하는 맹자 절문을 당한 것은 한유와 주자 시대보다 후대인 명 태조 주원장에 의해서였는데, 그 이유인즉 "임금이 신하를 초개(草芥 : 풀잎이나 티끌)와 같이 보면 신하는 임금을 원수와 같이 본다."라고 한 대목 등이 마음에 들지 않아 주원장이 노했기 때문이다. 그런데 이 사건을 마치 맹자 사후에 바로 있었던 일로 잘못 알아서 그와 같은 황당한 얘기가 만들어졌다. 물론 맹자 님에 대한 배향 금지와 맹자 절문 조치는 유림의 엄청난 반발로 인해 얼마 후에 다시 풀리게 되었다.

　서양에서 기독교와 회교의 두 가지 종교가 그토록 확장된 것은 서양에 질서를 유지시켜 주는 어떤 윤리적 대강령이 없어서 사람들이 쉽게 탐욕과 죄악과 타락의 늪으로 빠지곤 했기 때문이다. 그러니 원죄설이 그럴듯하게 보였을 것이다. 그러나 우리 동양에는 이미 유교 윤리가 자리 잡고 있었기 때문에 인륜·도덕이 바로 서 있었다. 혹자는 맹자께서 '유교'라는 딱딱한 틀 안에 갇혀있어 그다지 큰 인물이 아니라고 하면서 자신은 동서양의 사상을 모두 조화롭게 받아들였다느니 유·불·선을 두루 섭렵했다느니 하는데 그런 자들은 모두 단지 아는 것이 꽤 많은 평범한 학자 중 한 사람에 불과하며 아직 문안에 들어서지도 못하고 문밖에서 서성거리는 초학자들이라고 보면 된다. 그런 자들이 어떻게 감히 온 우주에 가득 차고도 남을 맹자 님의 크나큰 호연지기를 느낄 수 있을 것이며, 일월과도 같이 환하고 밝은 그 크나큰 덕을 알아보는 지혜가 있겠는가? 그래서 맹자 님께서 생전에 "아, 이제 성현의 도를 알아볼 사람이 후세엔 있을 것 같지 않구나!" 하고 탄식하셨다. 맹자 님 사후에 수많은 사람이 시대를 이어가며 끊임없이 맹자 님을 존숭하며 그 위대한 가르침을 배우기는 했으나 진실로 그분의 참모습을 제대로 알아본 사람은 이 천강 문도연 한 사람뿐이다. 그 옛날 맹자 님의 탄식은 후세에 바로 나 같은 사람이 나오지 않을 것이란 말씀이었다. 맹자 님과 맹자 님의 가르침에 대해선 하권 제10장에서 다루기로 하고 지금부터 기독교에 대한 나의 견해를 얘기해보고자 한다. 그러기 위해선 우선 먼저 천지창조에 대한 부분부터 말하지 않을 수 없다. 1859년 영국 사람인 다윈이 『종(種)의 기원』이란 책을 발표하여 「진화론」을 발표했을 땐 학자들 간에 논란의 대상이 되었을 뿐만 아니라 종교계에 커다란 파문을 일으켜 신에 대한 모독이요 크리스트교(기독교)의 권위에 도전하는 '범죄행위'라는 비난이 물 끓듯 하고 결국 진화론은 금기시되었으며, 진화론을 가르치는 교사들은 재판정에 서야 했다. 말하자면 올바른 의식을 갖고 올바른 생각을 한 사람들이 어리석고 무지한 사람들에게 심판을 당하고 처벌을 당한 것이다. 그러다가 진화론과 천지창조설이 팽팽하게 맞섰는데, 지금에 와서는 이 우주의 천체 만물이 스스로 생겨 진화해 왔다는 사실이 확실하게 증명이 되었다. 그런데 아직도 신에 의한 천지창조설을 주장하는 사람들이 있으니 참으로 한심한 일이다. 인간이 살 수 있도록 하나님이 이 지구를 창조한 것이 아니고 여러 행성 중 지구가 그런 환경으로 창조되었기 때문에 이곳에 생명체들이 탄생하고 또 진화해온 것이다. 그리고 몇백 년 단위로 보면 돌연변이나 진화로 인해 종의 변화가 일어나기 힘들지만, 백만 년이나 천만 년 단위로 보면 얼마든지 종의 변화가 있었음이 분자생물학상으로나 화석들이 증명하고 있다. 그런데도 어리석은 맹신자들은 우주 만물과 인간이 단 일주일 만에 창조되었다고 우기고 있는데, 지금은 수십억 년 된 암석도 '고분해성질량분석기'로 정밀 측정해 보면 그 생성연대를 알 수 있으며, 수만 년 된 인간의 DNA도 찾아내어 그 사람의 골격과 얼굴의 생김새까지 거의 원형에 가깝게 복원해 낼 수 있는 세상이 되었다. 인간 외에도 인간의 유전자와 90% 이상 일치하는 영장류는 무려 394종이나 되며, 그중에서도 직립보행을 하는 침팬지는 인간의 유전자와 98.5%의 일치를 보이며 가장 뇌가 잘 발달해 있다. 크리스트교에서 주장하듯 하나님이 인간에게만 영을 주어 특별히 따로 창조한 것은 아니다.

먼 옛날 우리 인간의 조상들은 사나운 동물들의 공격을 피하고자 주로 원시림 속의 나무 위에서 생활하고 있었는데 기후 조건이 급변하여 빙하기가 닥치자 열대 지방에서는 약 5도, 온대 지방에서는 약 10도 정도의 기온변화가 생겨났고 이로 인해 원시림이 많이 사라지고 초원이 생겨났으며 그들 중 대부분이 이 초원으로 내려와 살게 되었다. 초원에서 살아남으려니 네 발이 아닌 두 발이 변화한 환경에 적응하여 살아남는데 훨씬 이로웠는데 이 직립보행으로 척추가 무거운 두개골을 지탱해주어 뇌가 점점 커졌다. 혼자서 대자연에 대응하기에는 너무 약했던 그들은 집단생활을 하게 되었는데 그러다 보니 의사소통을 위한 간단한 언어형식이 필요하게 되었으며, 이 직립보행과 집단생활과 의사의 소통이 그들의 두뇌발달을 촉진했다. 하지만 처음에 그들의 지능이란 겨우 뾰족한 돌을 골라 들고 다른 동물들과 싸우다가 나중엔 그 돌을 갈거나 깨트려서 사용하는 정도였다. 그러다가 불을 사용하게 되어 음식을 익혀 먹음으로써 두뇌 기능이 더욱 발달하게 되었으며, 문자가 생기고 교육을 통해 지식이 계속 축적되면서 비약적인 발전을 거듭하게 된 것이다. 특히 인간이 오늘날 눈부시게 발전하여 세상을 지배하게 된 것은 오직 인간만이 인·의·예·지의 4단을 지니고 태어났기 때문이다. 진실을 기록한 '그노시스파' 복음서에 따르면 예수는 세례 요한의 한 제자에 불과했는데, 요한이 죽자 자신이 바로 구약성경에서 예언된 바 있는 메시아(구세주)라고 자처했으나 많은 사람이 그런 예수를 싫어해서 죽은 요한을 그리워하며 그의 곁을 떠나갔다고 적혀 있으며 예수는 보통 인간이었다고 적혀 있다. 또한 예수

이전에 동정녀에서 태어나 죽어서 부활했다는 '미트라'라는 존재의 신화가 전해져 왔는데, 예수가 그 전설을 자신에게 인용해 모방했다는 사실도 '그노시스파' 복음서를 통해서 알 수가 있다. 열두 제자 얘기와 일요일마다 쉬는 것, 그리고 3일 만의 부활 등도 다 이 '미트라의 전설'에서 유래되어 날조된 것이다. 이처럼 성경의 내용은 진실을 담고 있지 않아 차라리 위경(僞經)이라고 해야 맞을 것이다. 일찍이 초기 가톨릭은 로마의 권력자들이 절대 권력을 행사하기 위해 모든 것을 거짓으로 만들어 강제적으로 따르도록 하는 데서부터 출발했다. 예수가 성령으로 잉태된 하나님의 독생자란 말은 의심할 여지 없이 허구이며 참으로 황당한 설정이다. 하나님은 하늘에 계시는가? 지상으로부터 몇 ㎞ 상공에 계시는가? 사람의 형상을 한 채 무중력 상태에 계시는가? 아니면 구름과 같은 신기루의 모습으로 둥둥 떠다니는 존재인가? 천당은 천상에 있고 지옥은 지하에 있는가? 참으로 어리석은 무리다. 아담이 선악과를 먹다가 목에 걸려 그 후부터 모든 남자의 목이 튀어나오게 되었다는 얘기나, 하나님이 방주에 탄 노아와 그의 자식·며느리와 짐승 한 쌍씩만 남겨놓고 모조리 물로 몰살시켜 버렸다는 얘기도 결코 있을 수 없고 있어서도 안 될 일인 것이다. 귀중한 생명체를 물로 다 몰살시켜 버리다니 세상에 이보다 더 잔인한 일이 어디에 있겠는가. 그리고 그때 방주에 타지 못했던 수많은 짐승은 제2차 천지창조 때추가로 만든 것인지? 또 그때 물로 심판받은 수많은 짐승도 원죄를 지어서 죽임을 당한 것인지? 이 어찌 황당한 얘기가 아니란 말인가? 그 외에도 바벨탑 얘기 등 위경(僞經: 거짓을 늘어놓은 책, 즉 성경)은 그럴듯하면서도 황당한 얘기로 가득 차 있는 날조된 역사책이다.

　이런 반론을 제기하면 그들은 처음엔 성경 속에 적힌 것은 모든 것이 사실이라고 우기다가 안 되면 그런 것들이 사실이고 아니고가 중요한 것이 아니라 그것을 굳게 믿음으로써 그 신앙생활을 통해 인류가 죄 사함을 받고 선(善)을 행하게 되며 한층 좋은 세상을 만들 수 있다고 강변한다. 과연 그럴까? 내가 기독교를 싫어하는 것은 성경에 거짓말을 늘어놓았다는 자체가 아니라, 원죄설의 설정과 십자가의 보혈을 내세워 타고난 인간의 선성(善性)과 존엄성을 원천적으로 부정하고 다른 모든 사상을 하시(下視) 하며 독선적으로 온 인류를 그 틀 속에 영원히 가두어두고자 온갖 짓을 다 한다는 것이다. 그것이 얼마나 황당한 허구이며 또 우리 인간에게 어떠한 해악을 끼쳐왔는지 이제 그 실체를 밝히고자 한다. 오늘날 이 가증스러운 기독교의 토대를 만든 장본인인 교부 철학의 대표적 이론가인 아우구스티누스란 자는 사람은 오직 영세를 받아야만 원죄의 사함을 받을 수 있다고 주장하면서 영세를 받지 못하고 숨진 어린 아기들도 예외 없이 지옥행이 마땅하다고 아집과 독선을 굽히지 않았다. 그런데도 오늘날의 모든 기독교인이 그처럼 어리석은 자를 성자로 알고 존숭하고 떠받들고 있다. 그는 자기의 저서 『신국론』에서 인간은 두 가지 유형이 있는데 신을 사랑하는 자(예수를 믿는 자)와 그렇지 않은 자(기독교를 믿지 않는 자)들이며, 역사는 신의 선택을 받는 자(믿는 자)들과 버림을 받는 자(믿지 않는 자)들과의 대립과 투쟁으로 단순한 인과적 사실의 연속이 아니라 하나님이 미리 계획하신 목표대로 실현되어가는 과정이라고 주장했다. 이는 물론 우매하기 짝이 없는 황당무계한 억지 주장이다. 그의 말에 따르자면 임진왜란 때 일본이 우리나라를 침공하는 것도 하나님의 계획이고, 화산대가 형성되고 휴화산의 마그마가 팽창되어 폭발하고 지진과 해일이 생기고 태풍이 형성되어 수많은 인명을 앗아가는 것도 모두 하나님의 계획 속에 포함된다는 뜻이다. 그래서 그들은 그의 저서 『신국론』의 이론을 굳게 믿고 신(하나님)의 존재를 굳게 믿으면서 '하나님의 뜻'이란 기치를 높이 들고 아무런 죄의식도 없이 아주 자부심을 갖고 보무도 당당하게 이슬람 성지를 불태우고 그 자리에 교회를 짓는 등 몇백 년 동안이나 선교를 강요하면서 수많은 나라와 민족을 짓밟고 잔인하게 살육을 일삼아왔다. 그래도 신(예수)을 믿는 것이 인간의 삶을 고귀하게 하는 높은 가르침이라고 강변할 것인가? 마약 중독자가 마약을 끊고 새사람이 되는 것이 어렵듯이 한 번 종교에 빠져 맹신도가 되어버리면 무슨 말을 해도 귀에 들어오지 않는 것이다. 그러나 이 책의 제4장 「종교에 대하여」를 끝까지 읽고 나면 제아무리 우매한 지적 미숙아라 하더라도 조금은 마음이 바뀔 것이다. 그러다가 토마스 아퀴나스가 죄없이 죽은 아기들을 지옥으로 배속시키는 것은 적절치 못하니 천국만큼은 행복하지 못하지만 자연스러운 행복은 맛볼 수 있는 '저승'이란 곳에서 영원히 죽지 않고 살게 해주는 것이 마땅하다고 한걸음 양보하여 기독교의 약점을 보충했는데, 1960년대에 있었던 제2차 바티칸 공회에서는 영세 없이도 구원을 받을 수 있다는 결정을 내렸고, 교황 바오로 2세는 선종 직전에 영세 없이 죽은 아이들을 어디에 배속시키는 것이 가장 타당한지 다시 한번 검토해 보자고 하면서 만약 그들을 천국으로 승격시켜 배속시키게 된다면 '저승' 이란 곳은 더는 의미가 없게 되므로 교리 속에서 저승이란 단어를 없애버려야 할지 그대로 존속시켜야 할지 고민을 했다고 한다. 있지도 않은 천국과 저승을 두고 사후에 어디서 살게 해준다는 등 갑론을박하는 기독교 최고 지도자들의 모습이 너무 한심하고 가소롭지 않은가?

이처럼 오늘날의 교황이란 자들도 부축받고 다니면서 장애인들의 발을 씻겨주고 그 발에 입을 맞추면서 겸양과 사랑을 꾸며대는 일 말고는 인륜이 무엇인지 제대로 알지도 못하는 한낱 늙은 사람에 불과한 경우가 많다. 「신곡」을 저술한 단테란 자도 마찬가지다. 그런 졸작을 두고 위대한 작품이니 위대한 작가니 떠드는 무리는 꿈속에서 깨어나 제정신을 차려야 할 것이다. 일찍이 포이에르 바하가 "신(God)이 인간을 만든 것이 아니라 인간이 신(神)을 만들었다."고 말한 바 있으며, 지금까지 수많은 석학과 현자들이 기독교를 비판해 왔지만 그들(예수 모자의 추종자들)은 조금도 위축되지 않았다. 하지만 그들에게 내리는 나의 철퇴는 강도가 다를 것이다. 내 반드시 그들의 무지몽매함을 일깨워 맹신 속에서 벗어나도록 준엄하게 질책할 것이다. 필자가 기독교(크리스트교)를 싫어하는 또 다른 이유는 그들이야말로 예수 모자를 우상으로 삼아 세상을 끝없이 어지럽히고 있는 우상 주의의 원조이면서도 우상 숭배를 비판하고, 그들이야말로 하느님(예수 모자)이란 허상 뒤에 숨어 최고의 오만과 독선을 행하면서도 인간의 지혜에는 한계가 있다면서 겸허함을 내세워 사람들의 마음을 현혹시켜 진실을 밝히려는 현자들을 공격하는 무기로 삼는다는 것이다. 이것은 매우 교묘하고 지능적이고도 사악한 현상이다. 우리 동양에선 일찍이 송대 역학자인 염계 주돈이란 분께서 전대와 당대의 여러 학자의 생각을 종합하여 태극도(太極圖)란 그림을 통해 우주의 원리와 천지 만물의 생성 과정을 설명한 바 있다. 이는 하(下)권의 제11장에서 설명하기로 하고, 여기선 서양의 대표적인 물리학자들이 우주 만물의 생성과정에 대해서 주장한 바를 소개해 보고자 한다.

1980년대에 프리드만과 허블 같은 과학자들이 태초에 우주 대폭발(빅뱅)이 일어나 갑작스런 우주 팽창이 시작되면서 수많은 별과 행성이 만들어졌다는 빅뱅 우주론을 제시했는데, 그 이론이 맞는 말이었음이 점차 증명되고 있다. 유럽우주국(ESA)이 2009년에 미국항공우주국(NASA)과 함께 우주 기원의 비밀을 밝히기 위해 우주배경복사(우주 대폭발의 증거인데 우주 전역에서 관측되는 일정한 전자기파, 즉 빅뱅이 일어나면서 엄청난 양의 에너지가 방출됐는데 이 에너지로 인해 우주 공간이 점점 넓어졌으며 그 뜨거운 열이 식자 방출되기 시작한 전자기파 : 빅뱅이 일어난 지 약 30만 년 뒤부터 발생함)를 정밀하게 측정할 수 있는 '플랑크 위성'을 우주에 띄웠다. 그 플랑크 위성의 자료 분석 결과 우주의 팽창 속도는 지금까지 알려진 것보다 조금 느리게 진행되고 있는 것으로 나타났는데, 우주의 나이는 기존에 알려진 137억 년보다 8,000만 년 늘어난 138억 년으로 밝혀졌다. 한편 캘리포니아 도미니칸대학 교수인 신시아 브라운은 그의 저서『빅 히스토리』에서 지구는 46억 년 전에 만들어졌다고 했는데 처음 5억 년 동안은 용암으로 된 불덩어리 상태였다고 한다. 그때는 너무 뜨거웠기 때문에 물이 존재할 수 없었지만 그 최초의 5억 년 동안에도 지구의 온도는 계속 조금씩 내려갔으며 40억 년이 됐을쯤에는 맨틀 위에 얇은 암석 껍데기가 형성될 정도로 온도가 충분히 떨어졌다고 했다. 화산이 암석의 틈새로 분출됐고 용암을 토해냈으며 운석의 충돌이 많았고 전기 폭풍이 심했다고 했다. 암석 판들의 운동으로 지구 내부의 가스가 방출되어 수증기와 질소, 아르곤과 네온 이산화탄소와 새로운 대기를 만들어냈으며, 가장 오래된 박테리아 화석은 34억 년 전, 최초 생명은 11억 년 전에 생겼다고 했으며, 연대를 알아낼 수 있는 암석 중 가장 오래된 것은 38억 년 전에 만들어졌다고 했다. 지구의 나이는 운석의 방사능 연대측정을 근거로 추정되는데, 그는 자기의 저서 『빅히스토리』에서 지구의 나이를 48억 년으로 잡아 하루로 치고 자정에 지구가 시작됐다고 가정한 후, 최초의 단세포 생물은 새벽 4시(40억 년 전)쯤 나타났고, 최초의 바다 식물은 저녁 8시 30분(7억 년 전)쯤에 출현했고, 동물과 식물이 육지로 올라온 시간은 밤 10시(4억 년 전)쯤이며, 공룡은 밤 11시(2억 년 전)가 되기 직전에 나타나 밤 11시 30분(1억 년 전)쯤 멸종했으며 인간의 조상(지금 인간의 모습이 아닌 진화되기 전, 인간의 시초가 되는 생명체를 뜻함)은 밤 11시 58분(6,666,666년 전)쯤에 나타났다고 했다. 1610년에 이미 갈릴레이가 망원경을 제작해 태양에도 흑점이 존재함과 목성과 그 위성들의 발견을 통해 태양을 중심으로 지구가 돌고 있다는 '지동설'을 주장했는데 이는 우주를 바라보는 인간의 시각을 바꾼 역사적 성과이며, 20세기에 들어서는 천체에서 나오는 가시광선과 적외선을 관찰할 수 있는 우주망원경이 개발되면서 다양한 우주 현상을 관찰해 왔다. 1964년에 이미 미국 벨연구소의 로버트 윌슨 박사와 아노 펜지어스 박사는 우주 전역에서 일정하게 발생하는 파장을 발견했는데, 이것이 빅뱅(우주 대폭발) 이론을 뒷받침하는 증거로 해석되는 '우주배경복사'이다. 이후 1975년엔 우주 팽창의 증거인 중력파(중력의 변화에 따라 발생하는 파동의 일종, 즉 질량이 큰 두 개의 블랙홀이 하나로 합쳐지거나 태양보다 수십 배 큰 중성자별이 부딪힐 때 발생하는 파동)를 확인했다는 연구 성과가 발표됐다.

한편 물리학자인 스티븐 호킹은 2010년 그의 최신 저서인『위대한 설계에서』에서 "우주는 무에서 스스로 태어났다."고 주장했다. 아인슈타인 이래로 물리학의 꿈은 만물을 하나로 꿰서 설명하는 이른바 '통일이론'을 찾아내는 것이었다. 다시 말해서 '과학의 렌즈를 통해 신(神)을 찾으려는 시도'였다. 이 통일이론이란 우주의 기본적인 힘인 중력, 전자기력, 약력(약한 핵력), 강력(강한 핵력)을 단일한 법칙으로 통합하는 이론이다. 이 '만물의 이론'은 '물리학의 성배'로도 불리는데 호킹은 '모든 것을 통일하는 하나의 법칙'이라는 성배는 없다고 보았다. 대신에 그가 제안하는 것이 'M 이론'이다. M 이론이란 우주를 설명하는 여러 이론의 집합이라고 할 수 있다. 호킹은 우주의 탄생을 끓는 물에서 수증기 방울이 형성되는 것에 비유했다. 그중 아주 소수의 물방울만이 충분히 커져서 재수축의 위험해서 벗어난다. 그런 위험을 극복한 어린 우주는 급속한 팽창 단계를 거쳐 거대한 우주로 확대된다. 그렇게 커진 우주 가운데 하나가 우리 우주다. 여기서 우리 우주란 태양계를 포함해서 우리가 관측 가능한 우주를 의미한다. 그런데 이 책 속에서 호킹이 제안하는 흥미로운 주장이 바로 '인본 원리'다. 즉 '인간 중심적인 우주설명 원리'라고 풀어쓸 수 있는 인본 원리로 인류 탄생이 얼마나 기적 같은 일인지 이야기하는 것이다. 호킹이 먼저 이야기하는 것은 초기 우주 내부의 미세한 불균일성이다. 만약 초기 우주가 균일했다면 아무런 일도 일어나지 않았을 것이란 얘기다. 미세한 불균일성 때

진정한 유법천지有法天地를 향하여 중

문에 물질들이 뭉쳐 은하와 별을 형성할 수 있었다. 또 유기화합물의 토대인 탄소가 중심인 행성이 형성돼 실제로 유기물이 만들어지려면 100억 년의 시간이 필요하다. 수소 원자가 핵융합을 해 헬륨으로, 헬륨이 다시 융합해 베릴륨으로, 베릴륨이 다시 헬륨과 융합해 탄소로 만들어지는데 수십억 년이 걸린다. 이 탄소는 초신성이 폭발할 때 별 내부에서 밖으로 튀어나온다. 그 탄소들이 재료가 되어 새로운 별이 만들어지는데 그중 하나가 이 지구다. 유기화합물에서 인류가 태어나려면 우리 우주의 나이와 같은 138억 년이 걸린다. 인류의 탄생은 이러한 수많은 과정과 조건의 중첩 위에서 일어난 것이다. 호킹은 이러한 과정을 거친 인간의 탄생에 신의 손이 개입할 가능성은 전혀 없다고 잘라 말하고 있다.

우주는 무에서 스스로 탄생했으며 그 수없이 많은 우주 가운데 하나로 우리가 속한 우주가 태어난 것이다. 그는 말했다. "자발적 창조야말로 무가 아니라 무엇인가가 있는 이유다. 우주가 존재하는 이유, 우리가 존재하는 이유는 자발적 창조 속에 있다. 우주의 운행을 시작하기 위해 도화선에 불을 붙이고 신에게 호소할 필요는 없다."라고. 책의 제목인 『위대한 설계』란 자연이 스스로를 창조하는 데 쓰인 법칙, 곧 M 이론을 가리킨다. 우주가 M 이론의 법칙 위에서 자기 자신을 창조해 오늘에 이르렀다고 호킹은 말한다. 이는 우리 동양의 '태극도'에서 설명하는 주장과 상통한다고 볼 수 있다. 다트머스 대학에서 우주연구팀을 이끄는 브라질계 미국 물리학자인 마르셀로 글레이서 역시 2010년 10월에 발표한 그의 저서 『최종이론은 없다』에서 호킹의 M 이론을 뒷받침하는 주장을 했다. 물리학자 알베르트 아인슈타인은 죽는 날까지도 '만물의 이론 : 최종이론'과 씨름했다. 상대성이론으로 시공간을 통합했던 이 천재 중의 천재가 끝내 풀지 못한 '만물의 이론'은 '통일이론' 또는 '최종 이론'이라고도 불린다. 우주는 어떻게 탄생했나? 생명은 어떻게 시작됐나? 우주에는 지구 외에 다른 생명체가 존재할까? 물질과 생명의 근본 구조는 무엇인가? 끝도 없이 이어지는 자연과 우주라는 물리적 세계의 비밀을 하나의 '통일이론'으로 풀려는 열망은 2,500년간 서구 과학사의 이력을 지닌 것이다. '중력'과 '전자기력'을 통일하려 했던 아인슈타인 이래 우주에 존재하는 네 가지 힘(중력, 전자기력, 강한 핵력, 약한 핵력)의 통일을 추구해온 이른바 초끈 이론의 주창자들이 모두 그러하다. 이 통일이론의 기반을 이루는 인식은 자연과 물질, 생명의 근본구조에는 대칭성이 있으며 이를 수학적으로 표현하고 밝혀낼 수 있을 거란 생각이다. 여기에는 피타고라스와 플라톤의 계보를 잇는 미학적 판단이 들어있다고 글레이서는 말하면서 이러한 최종이론의 꿈을 '과학의 렌즈를 통해 신(神)을 찾으려는 잘못된 시도'라 강하게 비판하고 있다. 그가 보기에 그들이 추구하는 최종이론은 전일성에 대한 종교적 믿음의 발로다. 현대 물리학은 과학의 이름으로 창조론(일신론)을 일축하고 있지만, 케플러가 신(神)의 이름으로 과학을 했듯이 그 물리학이 표방하는 근저에는 뿌리 깊은 일신론적 관념, 즉 창조주 개념이 자리 잡고 있다는 것이다. 이처럼 세계의 다양성 저변에는 모든 것을 아우르는 실체가 있다는 전일성 사상이 고대에 이집트와 중동에서 태동한 뒤 지중해를 넘어 퍼져나갔고 기원전 600년쯤에 그리스에서 이런 종교사상들이 철학으로 바뀌기 시작했다. 일신론적 전일성 관념에서 보면 생명은 신(神)이 계획하여 창조한 것이기에 우연이 아니며, 신이 완전한 까닭에 신이 창조한 세계도 완전한 것이 되어야 한다. 그러나 글레이서가 보기에 '창조의 순간에 '균열'이 있었으며 그 균열, 즉 물질과 시간의 원초적 비대칭성이 생명의 탄생으로 나아간 것이다. 따라서 "잘 정의된 초 수학적 구조가 있어서 우주의 모든 것을 결정한다는 인식은 물리적 실재와는 아무 관련이 없는 플라톤적 망상에 불과하다."고 그는 일축했다. 다수의 현대 물리학자들이 만물의 최종이론을 여는 열쇠로 인식하는 개념이 대칭인데, 글레이서는 "대칭은 여전히 물리학의 핵심도구이지만 지난 50년간 실험물리학이 보여주는 것은 대칭성에 대한 우리의 기대가 맞아떨어지지 않는다는 것이다. 자연의 기본적인 측면을 가장 잘 설명하는 것은 완벽한 대칭이 아닌 대칭처럼 보이는 미세한 비대칭성이다."고 주장한다. 그는 물질의 근원은 대칭성의 미세한 균열(깨짐)에 있으며 이 미세한 비대칭성에 이 우주와 생명 탄생의 비결이 있다고 주장했다. 그리고 인간의 몸이나 동물, 곤충도 대칭으로 보이지만 사실 완벽한 대칭은 없으며 완벽한 대칭만이 가장 아름답다는 미학적 고정관념도 버려야 한다고 했다. 대칭이론 선봉자들이 완벽한 대칭성을 표현하기 위해 강력한 방정식을 써나가지만 기왕의 수학 물리학의 성과들이 드러내듯이 거기서 나온 해답은 '완전하지 못한 실제의 근삿값'에 지나지 않는다. 우리 동양에선 오래전 고대에 이미 모든 우주 만물과 생명체들은 음양과 오행(수·화·금·목·토)의 조화에 의해 생성되고 운행되며 화육한다는 사실을 간파했는데, 서양에선 천여 년 동안이나 모든 과학자가 연구해온 결과물을 참고로 해서 계속 연구를 해왔지만 아직도 그것을 숫자나 방적식으로만 풀려 하고 있다.

여기서 잠깐 필자가 우리 동양의 학문과 서양 과학을 종합하여 의문의 답을 풀어보고자 한다. 우리 동양에서 말하는 태극(太極)이라 함은 만물이 생겨나는 근원, 또는 음양의 두 원기(元氣)가 나누어지기 전의 근본을 말함인데 이는 빅뱅(우주 대폭발) 이전의 처음 우주의 본체를 뜻하는 것이다. 우주가 폭발하면 에너지가 생기듯 태극이 동(動)하니 강한 양(陽)의 기운이 생기고 그것이 극도에 이르면 음(陰)으로 전환되며, 음(陰)의 기운이 극도에 이르면 다시 양(陽)으로 전환하게 되어 이로써 양과 음의 두 기운이 좌·우를 번갈아 차지하면서 우주 공간의 한 축을 기준으로 맞서게 된다. 여기에서 말하는 우주란 물론 우리의 우주, 즉 태양계를 중심으로 관측이 가능한 한도 내의 우주를 지칭한다. 본시 우주 전체에 중앙이 있을 수 없는 것은 빅뱅이 일어나 우주가 팽창했을 때 어느 한 중심을 기점으로 하여 사방으로 팽창해 나간 것이 아니고 동시다발적으로 엄청난 에너지가 사방으로 방출되어 그것들이 무한히 넓은 대우주의 중간마다 맞붙어 서로를 밀어내면서 제각각의 구역을 만들면서 팽창해 나갔기 때문이다. 설명을 쉽게 하도록 편의상 그중 한 구역인 우리 우주를 원으로 보고 시계 판에 비유하자면 12시와 6시를 잇는 한 축을 중심으로 양과 음의 기운이 맞서는데, 이 기준선이 고정되어 그대로 정지해 있는 것이 아니고 그 축을 그대로 유지한 채 시계방향으로 회전하게 되는 것이다. 왜냐하면 12시 지점(윗부분) 때 양의 기운이 극에 달했다가 점차 음의 기운으로 전환하게 되는데, 1시 지점이 되면 12시 때의 극강했던 양의 기운이 처음 상태의 6분의 1쯤 약해진 상태이고, 그 반대 방향인 7시 지점에선 6시 지점 때 극강했던 음의 기운이 처음 상태의 6분의 1쯤 약해지면서 처음에 12시와 6시를 이었던 기준선이 우측으로 30도만큼 회전하여 1시와 7시를 가리키게 되는 것이다. 이처럼 우리 우주는 회전을 하면서 항상 똑같은 크기의 양의 힘과 음의 힘이 한 축을 기준으로 마주 보게 됨으로써 안정적으로 균형을 유지하는 것이다. 서양 과학에선 이 우주가 수많은 파장으로 요동치고 있는 에너지장(Field)이라고 하면서 입자는 곧 에너지고 파동인데 입자 자체가 회전하면서 다른 입자들과 결합하는 것은 우주의 네 가지 힘 때문이며, 중력의 공식에 따라서 가까이 있는 것은 서로 끌어당기면서 뭉쳐지고 또 회전하기 때문에 우리 우주가 회전을 한다고 주장하고 있다. 그리고 우리 우주의 중심에는 수많은 은하와 행성이 뭉쳐서 타원 궤도를 그리면서 중심 역할을 하며, 우리 우주가 탄생했을 때부터 자전했기 때문에 지구와 태양과 모든 행성도 자전을 한다고 주장하고 있다. 하지만 여전히 왜 완전한 좌우대칭은 있을 수 없고 '통일이론' 역시 왜 그것이 성립되지 않는 것인지 그 답을 찾지는 못하고 있다. 인간과 동물과 곤충이 좌우대칭으로 태어난 것은 그것들이 우주의 기운을 받아서 태어났기 때문인데 우리 우주가 우주 공간의 한 축을 기준으로 양의 기운과 음의 기운이 서로 맞서 있는 형국을 닮은 것이다.

그런데 그 기준선의 우측은 양이고 좌측은 음이라고 말할 순 없다. 왜냐하면 양의 기운이 약해지면서 음의 기운이 태동하게 되고 음의 기운이 약해지면서 양의 기운이 태동하게 되기 때문이다. 그래서 이 기준선의 좌와 우가 일치한다고 볼 수 없다. 그리고 우리 우주의 천체 만물이 그 기준선을 중심으로 좌와 우가 서로 대칭이 되도록 배치되어 있지 않은 상태에서도 각 천체 만물이 균형을 유지한 채 음의 기운이나 양의 기운을 고유하게 그대로 보유하며, 전체적으로는 우리 우주가 양의 기운과 음의 기운이 마주 보며 계속 순환하고 있다. 다시 말하면 태초의 백생 시기에 엄청난 에너지와 함께 원초적인 두 큰 기운인 양의(兩儀 : 양의 기운과 음의 기운)가 생겨 맞선 후 그 기본 틀을 그대로 유지한 채 그 두 기운을 나누어 받아서 모든 우주 만물이 생겨나 각각 고유한 양의 기운이나 음의 기운을 띄게 된 것인데 그것이 바로 4상(四象)인 것이며, 우리 우주가 이처럼 질서를 유지하고 있지만 외면적으로는 수많은 삼라만상이 비대칭적으로 흩어져서 존재하고 있는 것이다. 그래서 완벽하게 일치하는 대칭은 없는 것이다. 이로써 2,500년 동안이나 수많은 서구 과학자가 기를 쓰며 풀려고 애를 썼으나 오늘날까지도 풀지 못했던 의혹이 이 천강 문도연에 의해서 명쾌하게 풀린 것이다.

케플러를 중심으로 한 기독교를 신봉하는 모든 과학자는 완벽한 균일 상태에서, 그리고 완벽한 대칭 상태에서 오직 한 가지 법칙(통일이론)에 의해 신(神)이 만물을 창조했을 것이라 믿고 끈질기게 그것을 증명하려고 애써왔으나 실패했고, 비기독교 과학자들은 수많은 연구 결과를 통해 완벽한 균일상태에서는 아무런 변화도 일어나지 않고 미세한 불균일 속에서만 물질들이 뭉쳐 은하와 별들을 생성했으며, 물질과 시간의 이 원초적 비대칭성이 생명의 탄생으로 나아갈 수 있음을 확인했지만 그들 역시 왜 완벽한 대칭은 있을 수 없는지, 또 과연 그 비대칭의 실상이 무엇인지는 결코 밝히지 못하고 있다. 우리 동양에선 태극이 동(動)하면 양의(兩儀: 양과 음)가 생기고 양의가 다시 4상(四象: 태양, 태음, 소양, 소음)을 낳아 이 네 가지 힘이 서로를 잡아당기고 서로를 밀어내면서 천체에 작용을 한다고 했는데 이것은 서양 과학에서 말하는 네 가지 힘(중력, 전자기력, 강한 핵력, 약한 핵력)에 대비되는 개념이라고 할 수 있다. 음양의 두 기운이 오행(수·화·금·목·토)과 묘합(妙合)하여 양의 기운인 건도(乾道)는 남성적인 것이 되고 음의 기운인 곤도(坤道) 여성적인 것이 되어 만물을 생성(生成)한다고 했는데 이 만물은 낳고 또 낳아 그 변화는 다 함이 없다고 했다. 이 우주 천체와 지구와 태양과 행성들이 스스로 도는 것을 자전이라 하며, 한 천체의 중력에 의하여 다른 천체가 그 천체의 주위를 도는 현상을 공전이라고 하는데 지구는 자전하면서 또 태양의 주위를 공전하고 있다. 낮과 밤이 생기는 것은 지구가 하루에 한 바퀴씩 자전하고 있기 때문이며, 4계절이 생기는 것은 기울어진 지구가 태양의 주위를 공전하고 있기 때문이다. 그리고 해가 뜨고 지는 것처럼 보이는 것도 지구가 태양의 주위를 돌고 있기 때문이다. 또 중력은 거리에 반비례하기 때문에 태양보다 지구가 달에 더 많은 힘을 준다. 그래서 지구는 태양의 주위를 돌고 달은 지구의 주위를 도는 것이다. 그리고 밀물과 썰물은 달과 태양 및 기타 여러 천체의 인력과 지구의 원심력에 의해서 일어나는 현상이다. 그중에서도 지구에서 가장 가까이 있는 달의 영향이 가장 크며 태양이 그다음으로 영향을 미친다. 태양은 크지만 지구에서 멀리 떨어져 있어서 달의 약 반 정도의 영향을 미칠 뿐이다. 밀물과 썰물은 하루에 두 번 일어난다. 이는 지구가 하루에 한 번 자전하는 동안 한 번은 인력에 의해서, 또 한 번은 지구의 원심력에 의해서 밀물 썰물 현상이 일어나기 때문이다. 달은 한 달(음력)을 주기로 지구의 주위를 돌면서 보름과 그믐에 태양, 지구, 달이 일직선 상에 있게 된다. 특히 달이 태양과 지구 사이에 위치해 태양, 달, 지구 순이 되면 달의 인력에 태양의 인력이 합쳐지면서 밀물과 썰물의 차이가 가장 크게 되는데 이때를 삭(朔 :그믐)이라 하고, 태양, 지구, 달 순으로 서게 되면 밀물과 썰물의 차이가 덜한데 이때를 망(望: 보름)이라 한다. 이처럼 우주는 스스로 만들어져서 스스로 힘과 법칙에 의해 운행되고, 천지 만물 역시 스스로 만들어져서 진화해 온 것이지 신(神)의 손에 의해 만들어지고 신(神)의 뜻에 의해 운행되는 것이 아니다. 여기까지 읽고도 무슨 말인지 이해를 못 하고 막무가내로 기독교식 천지창조설만 끝까지 주장할 것인가? 모두 무엇이 진실인지 마음을 비우고 다시 한번 차분하게 생각해볼 일이다.

글레이서는 이 책에서 비대칭성으로부터 불균형이, 불균형으로부터 변화가, 그리고 변화에서 생성이 나오며, 물질이 존재할 수 있으려면 입자물리학의 근본인 대칭성 중에서 일부가 깨져야만 한다고 했다. 물리학의 성과를 들여다보면서 글레이서는 "우리 우주는 138억 년 전 진공에서 일종의 무시간적 영역에서 갑자기 튀어나온 무작위적 양자 요동의 결과."라고 하면서 생명은 계획이 아니라 우연의 산물이라고 주장했다. 그는 "암흑물질 속에서 은폐된 수소 구름은 자체 중력으로 붕괴해서 최초의 별과 은하를 형성했다. 그로부터 수십억 년 뒤에 하나의 별(태양)의 주위를 공전하는 물이 풍부한 어느 행성(지구)에 생명이 출현할 수 있게 만드는 물질들이 모였으며 태고의 진흙 속에서 서로 결합한 분자들이 합체해서 최초의 생명체가 되었다."고 했다. 글레이서 역시 호킹과 마찬가지로 '우리 우주'란 말을 '태양계를 포함하여 우리가 관측할 수 있는 우주'라는 뜻으로 썼는데 "우리는 물질로 이루어진 우주에 살고 있다."고

하면서 "반물질로 이뤄진 다른 우주의 존재 가능성도 배제할 수 없다."고 그답지 않은 바보스러운 발언을 했다. 그는 빅뱅 1초 뒤에 해당하는 원시 핵 합성 시기에 물질 입자 10억 한 개당 반물질 입자는 10억 개가 있었으리라는 빅뱅 우주론의 가설을 비중 있게 소개한다. 만약 원시 우주에서 반물질과 물질의 양이 똑같았다면 이들은 함께 소멸했을 것이라고 했다. 그가 이 같은 어리석은 주장을 한 것은 음양의 이치를 몰랐기 때문이다. 그래서 그는 우리 인간을 포함한 만물의 재료가 되는 물질의 존재는 원시 우주의 불완전성, 즉 물질과 반물질의 미세한 비대칭성에서 나왔다고 주장한 것이다. 그가 말하는 반물질은 반(反)입자에서 나온 개념인데, 모든 물질 입자에는 그 동반자인 반입자가 있으며 둘은 질량이나 스핀 등 대부분이 동일하지만 서로 정반대 방향의 전하를 띤다는 점에서 다르다고 했다. 즉 반입자의 전기·자기적인 속성은 입자와 정반대다. 그 둘 사이가 서양의 현대물리학이 풀지 못한 가장 큰 미스터리며, 또 이 차이야말로 대칭처럼 보이는 자연의 미세한 비대칭성을 드러내는 가장 중요한 사실이라고 글레이서는 말하고 있는데 이 물질과 반물질, 즉 입자와 반입자의 대립 개념은 바로 음의 기운과 양의 기운의 대립을 의미하는 것이다. 그러면 모든 의심이 풀리는 것이다.

그러면 서양 과학에서 말하는 생명은 어떻게 탄생한 것인가? 과학자들은 무기화합물에 충격을 가하여 유기화합물을 만드는 데 성공했다. 유기화합물은 생명체 대부분을 만드는 화학물질이다. 글레이서의 설명을 따라가면 아미노산은 생명을 이루는 기본 벽돌이고 단백질은 이 아미노산의 긴 사슬로 이해할 수 있다. 생명체를 이루는 핵심 분자인 단백질은 비대칭적 뼈대로 만들어져 있다. RNA와 DNA의 중추를 구성하는 '당'도 마찬가지다. 1849년 26살이던 프랑스의 화학자 파스퇴르는 포도에 있는 유기산인 타타르산의 속성을 연구하다가 '생명의 놀라운 특성'을 발견했다. 생명이 있는 존재인 포도에서 추출한 천연 타타르산 용액에 편광된 빛을 통과시켰을 때는 편광의 방향이 바뀐 반면, 실험실에서 합성된 타타르산 용액에 편광된 빛을 통과시켰을 땐 아무 일도 일어나지 않았다. 이 영문 모를 '비대칭적 형태'를 두고 파스퇴르는 두 종류의 타타르산 용액이 각기 다른 광학적 속성을 띠는 것은 이들을 구성하는 분자의 공간구조가 비대칭이기 때문이라는 결론에 이르렀다. 그리고 그는 살아있는 유기체에서 추출한 많은 유기화합물이 똑같은 방향으로 치우친 광학 특성을 지닌다는 사실을 실험을 통하여 확인했다. 즉 생명은 분자편향이 있다는 것이다. 흥분한 파스퇴르는 후일 다음과 같이 기록했다. "우주는 비대칭이다. 우리에게 알려진 바의 생명이 이 비대칭의 직·간접적인 결과라는 사실을 믿게 되었다."라고. 다시 말해서 이는 "양의 기운과 음의 기운이 맞선 상태로 시시각각 변화하면서 우주 공간의 한 축을 기준으로 돌아 움직이지만, 그럼으로써 그 양쪽이 결코 완전한 대칭이 될 수 없는 것이고 생명은 그러한 대우주의 기운을 받아 태어난 것이다."라고 풀어서 해석할 수 있는 것이다. 이로써 우주와 모든 삼라만상과 인간이 신에 의해 일주일 만에 창조된 것이 아니고 무의 상태에서 오랜 세월 동안 자연적으로 발생 진화되었음이 여러 가지 연구와 실험을 통하여 증명된 것이다. 필자의 이처럼 자세한 설명을 듣고도 "인간의 짧은 지식으로는 천지 만물을 창조하신 신(神)의 뜻을 예단할 수 없다."는 등의 괴변과 아집을 계속하는 사람이 있다면 그것이 바로 종교중독이며 정신질환이고 지적 미숙인 것이다.

천지창조에 대해선 11장에서 다시 다루게 될 것이므로 이 정도로 끝을 맺고, 이제 본격적으로 기독교의 독선과 허구성에 대해서 더 깊이 생각해 보도록 하자. 1550년 에스파냐(스페인)의 한 성당에서 열띤 논쟁이 벌어지고 있었다. 주제는 어이없게도 '아메리카 원주민을 인간으로 볼 것인가 짐승으로 볼 것인가'였다. 그 결과에 따라 원주민 노예화의 정당성 여부가 갈리는 중요한 자리였다. 신학자 세풀베다는 "그들은 기괴한 우상을 숭배하는 야만스럽고 열등한 동물에 불과하다."고 열을 흘리며 강력하게 주장했다. 이에 대해 라스카사스 수사가 맞섰다. "그들이 우리와 뭐가 다른가? 그들이 믿음(기독교)이 없다고 해서 신(神)이 수탈과 학살까지 허락한 것은 아니다." 며칠간의 열띤 논쟁 끝에 원주민도 인간이라는 결론이 나왔지만, 식민지 비극이 그친 것은 아니었다. 식민지 비극은 그 논쟁이 있기 전부터 이미 진행 중이었다는 말이다. 그 논쟁이 있은 후 라스카사스 수사는 중남미에 다녀온 뒤 「인디아스 파괴에 대한 간략한 보고서」(번역서가 출간된 것은 그로부터 많은 세월이 흐른 2007년이었다)를 통해 양심선언을 했다. 이는 그곳에 가서 가까이서 지켜본 식민지 원주민들에 대한 기독교인의 만행을 고발하는 내용이었다. "그들은 인디오들을 돼지처럼 여기면서 순식간에 찢어버리도록 개들을 훈련 시켰다. …중략… 원주민이 우리 사람 한 명을 죽이면 우리는 그들 백 명을 죽여야 한다는 내부규칙도 만들었다." 이런 행태는 북미에서도 똑같이 자행되었는데, 정복자들은 원주민들에게 기독교에 대한 믿음을 강요했고 저항은 철저하게 응징했다. 한

발 늦게 북미에 상륙한 영국의 이주민이었던 미국인들은 200여 년 동안에 무려 1억 명에 가까운 원주민들을 가장 비인간적인 잔인한 방법으로 학살했는데 이것이 바로 기독교의 흑역사이고 미국의 흑역사인 것이다. 그런 식으로 마야, 아스테카, 잉카 문명이 모두 그들의 손에 무너졌다. 이후 수백 년 동안 복음과 총칼로 무장한 서구 문명의 무지와 탐욕 앞에 공존은 없었다. 기독교를 신봉하던 16세기 초부터 19세기 중반까지 영국을 중심으로 한 유럽 각국과 아메리카의 원주민을 초토화시키고 자리를 잡은 신대륙의 미국인이 아프리카에서 수천만 명의 흑인들을 굴비 묶듯이 묶어서 화물선에 태워 끌고 와서 짐승처럼 부리다 도망가면 죽이고, 돈이 궁하면 시장에 내다 팔고 돈이 생기면 사곤 했던 사실을 아는 사람이 많지는 않을 것이다. 그러고도 "네 원수를 사랑하라.", "오른쪽 뺨을 때리거든 왼쪽 뺨을 내밀라."고 말할 수 있는지 묻고 싶다.

"다른 죄는 다 용서할 수 있으나 믿지 않는 죄만큼은 용서할 수 없다."는 그 말이 가장 사악한 말이다. '기독교의 원죄설과 십자가의 보혈과 성령으로 잉태된 하나님의 독생자'라는 설정 자체가 100% 허구이며 그것이 지극히 배타적이고 독선적이며 비이성적이기 때문에 더욱더 가증스러운 것이다. 아메리카의 원주민은 서로 상부상조하면서 자연 속에서 큰 욕심 없이 자연을 사랑하며 평화롭게 잘살고 있었는데, 무지하고 간악한 유럽의 청교도들이 어느 날 갑자기 이 지상천국에 상륙하여 순박한 그들(원주민)을 사탄의 자식이라고 규정하고 무자비한 살육을 감행했다. 그들(청교도들)이 이 신대륙에 전파한 것은 〈예수 천국, 불신 지옥〉으로 대변되는 황당하고 독선적인 기독교 사상과 그에 버금가는 매독이라는 성병과 천연두를 비롯한 각종 전염병과 탐욕과 무지뿐이었다. 그 당시 아메리카의 인디안은 비록 과학·기계 문명은 유럽의 선진국에 비해 많이 뒤떨어졌지만 삶에 대한 자세가 매우 경건하고 사고도 깊고 성숙했으며 순박하고 부지런한 사람들이었다. 반면 이곳에 상륙한 청교도들은 중세에 썩을 대로 썩어 문드러진 교황청과 가톨릭 교회의 악습과 부패가 곪아 터져서 일어난 종교 개혁으로 탄생한 무리인데, 이들 역시 이처럼 사악하고 어리석은 무리에 불과했던 것이다. 인간의 타고난 선성을 믿고 애귀존중하는 우리 동양의 윤리 사상으로 본다면 그들 기독교도야말로 인간이기를 포기한 참으로 우매하고 한심한 무리라고 하지 않을 수가 없다. 이토록 어리석고 황당한 기독교 사상을 토대로 한 서양 문화를 입에 침이 마르도록 칭송하고 우러러보면서 영명하신 조상들의 숭고하고 찬란한 윤리·도덕과 정신문화를 그토록 비하하고 외면해온 목회자들과 사이비 지식인들은 이 책을 읽은 후 뼈아픈 반성을 하면서 맹목적인 서구사대주의적 사고방식에서 벗어나야 할 것이다. 지금 세계 여러 나라 중 가장 극성스럽게 포교를 하고 교회가 늘어가고 있는 곳은 오직 우리나라뿐이다. 이대로 가다간 세 집 건너 한 집꼴로 교회가 생길 판이다. 이런 말을 들으면 어리석은 맹신자들은 "그것은 바로 우리나라가 주님의 뜻을 이어받은 유일하게 선택되고 복 받은 땅이기 때문."이라고 강변할 것이다. 참으로 부끄럽고 불행한 일이며, 그만큼 우리의 민족혼이 씨도 없이 사라져 버리고 썩어있다는 증거이다. 반지하 방이건 옥탑방이건 일단 무슨 교회라는 간판만 걸어놓으면 돈벌이가 되고, 교회를 찾는 무리는 이를 통해 사후에 천국에 갈 수 있고 아들이 좋은 대학에 갈 수 있고 남편이 진급될 것이란 기대감, 즉 기복신앙이 그 기조를 이루고 있는데 기도만 열심히 하면 불치병도 다 나을 수 있다고 굳게 믿고 있다. 이는 민족의 주체성을 지켜줄 큰 스승이 없었기 때문이며, 분별(知)이 병든 어리석고(痴) 사특한 무리에게 선량한 사람들이 속아서 농락당하는 상업주의 현상에 불과하고, 타락해서 지옥같이 되어버린 미국 사회의 전철을 밟고 있다는 뜻이다. 현재 한국 교회는 공유된 비전을 상실하고 있으며 헌신과 섬김의 역할이 거의 없다. 거기다 희생이 없는 가시적인 눈속임 행사들이 더욱 눈살을 찌푸리게 만들 뿐이다. 10년, 20년씩 목회자로 사역하고 또 종교 교사로 일해 왔던 목사들조차도 내적 성찰이 따르지 않는 한국 교회의 외적 부흥은 축복이 아니고 저주라고 외치고 있다. 그래서 내가 이처럼 제4장에서 종교 문제를 다루게 되었는데, 이는 종교를 개혁해야 한다는 차원이 아니고 마약과 같이 인간에게 해로운 종교 자체를 찬란한 윤리의 성곽인 우리 한반도에서 영원히 추방하고 옛날과 같은 동방예의지국의 위상을 다시 세우겠다는 것이다.

모든 크고 작은 종교란(종교가 아니라고 우기는 구득도 정령회나 창가학회 등도 포함하여) 개혁이고 뭐고 할 가치도 없는 것이며, 옛 성현들의 말씀을 몇 가지 골라 모방하고 착조(쓸데없이 깊이 파고 들어가서 그럴듯한 말들을 만들어 내는 것)하여 만들어낸 유치한 말장난에 다름 아니다. "정신이 혼미한 가운데 하늘로부터 한줄기 찬란한 빛 줄기가 머리 위에 떨어지더니 천상으로부터 계시의 말씀이 있었다."거나 "기도하면 모든 불치병을 다 고칠 수 있는데 믿음이 부족하면 치료가 안 된다."는 등의 궤변을 늘어놓는 것이 바로 그런 단체의 교주들이 상투적으로 쓰는 수법이다. 특히 모든 우주 만물을 창조하고 주재한다는 증산도의 강증산 상제와 역시 모든 만물을 만들고 주재하는 대자연령으로부터 선택을 받아 그와 똑같은 전지전능을 부여받은 구득도 정령회의 영성 선생의 황당한 얘기 등은 지능지수가 돌고래보다도 낮고 사려심이 매우 부족한 무리에게나 통하는 저급한 수준의 사이비 종교다. 기독교에서 파생되어 나온 영생교 같은 종교는 물론 가장 저급하고 사악한 사이비 종교라고 할 수 있겠다. 천리교는 일본 에도시대 때 나라 현의 농민 여성인 나카야마 미키가 개창자인데, 모든 것을 업보라는 관점으로 보기 때문에 교통사고로 입원해 있는 환자에게도 "당신은 전생이나 이승에서 죄를 지었기 때문에 지금 이렇게 다쳐서 누워 있다."라고 말하면서 아픈 사람의 염장을 지르는 종교다. 기타 사이비 종교들이 다 그렇다. 그렇다고 기독교나 불교나 이슬람교는 더 나은가? 그들도 오십보백보다. 기독교는 구교(가톨릭)와 신교(개신교)가 피 터지게 싸우더니, 개신교는 장로교와 감리교로 나뉘고 감리교에서 다시 침례교와 성결교 등이 파생되고 거기다가 통일교니 여호와의 증인이니 영생교니 뭐니 온갖 종파와 교파가 생겨나 서로 자신들이 정통이라고 우기면서 누가누가 더 어리석고 누가누가 더 사악한가 경쟁을 벌이고 있다. 불교 역시 조계종과 천태종과 태고종을 포함해서 무려 105개 종파가 우후죽순처럼 생겨나 전국의 산골짜기나 산자락, 그리고 전국의 모든 대도시와 소도시의 건물 곳곳에 자리를 틀고 앉아 선량한 사람들을 현혹시켜 주머닛돈을 갈취하고 있다. 어리석은 주부들이 이러한 종교에 빠져 헤어나오지 못하고 가정생활을 망가뜨려 파탄에 이르게 하는 경우가 적지 않다. 이슬람교(마호메트교 또는 회교) 역시 시아파니 수니파니 하면서 지금까지도 피를 흘리며 싸우고 있다. 이슬람교에 있어 시아파란 마호메트의 사촌 동생인 알리의 후손만을 정통으로 삼아 지도자로 인정하는 무리이며, 수니파란 마호메트의 친구인 아부의 뒤를 이어 비록 마호메트의 혈통이 아니더라도 누구든 자격이 있는 사람이면 지도자가 되어도 좋다는 무리인데 IS란 이 수니파 중에서도 극단적인 강경파를 말하는 것이다. 그래서 중동이 이처럼 시끄러운 것이다. 특히 기독교와 이슬람교 간의 뿌리 깊은 분쟁은 인류가 멸망할 때까지 계속될 것이다. 이래도 종교가 우리 인류에게 좋은 것인가? 어리석은 무리여! 이제 그만 어지러운 꿈속에서 깨어날지어다! 모든 종교는 이제 그만 우리 인류 역사에서 사라져야 한다. 그리고 우리 동양의 윤리도덕(倫理道德)인 충효(忠孝)와 인의(仁義)의 대도(大道)를 따라 삼강오륜(三綱五倫)을 배우고 실천해야 한다. 이 길만이 점점 더 어지러워지는 인간 세상을 바로잡는 유일한 길임을 후세의 모든 인류는 의심해선 안 될 것이다.

 기왕 말이 나왔으니 한국 교회의 문제점에 대해서 몇 마디만 더 하고자 한다. 한국 교회는 역사적으로나 사회적으로 분명한 좌표를 제시하고 있지 못하며 특히 복음주의 계열은 약자와 소외된 자들을 돌보기보다는 오히려 가진 자, 잘사는 자 사이에 기득권층을 형성하고 있어 복음주의 교회의 사회적 책임 이행이 거의 되고 있지 않는 실정이다. 대부분의 목사가 가난한 자들에겐 냉정한 태도를 보이면서 자신들이나 부자들이 편히 사는 것은 성령의 은총을 입었거나 훌륭하게 잘 살아왔기 때문이라는 해괴한 논리를 내세워 십일조 모금에 대한 자신들의 탐욕을 정당화시키고 있다. 좀 더 그 안을 들여다보면 현재의 한국 교회 안에는 무서운 이원론이 있다.

즉 철야기도 때에는 눈물을 흘리며 기도하던 사람이 갑자기 당회(교회의 의사 결정기구)에만 들어가면 정치꾼으로 바뀌고, 교회에서는 거룩한 체하는 목사가 노회(지역별 교회 연합기구)에만 나가면 완전히 다른 사람으로 바뀐다는 사실이다. 그것은 오직 이익과 권한을 다투기 때문이다. 이러한 표리부동한 기독교 신앙인들의 모습은 진리를 탐구하고 선과 의로움을 실천하는 종교인의 품격으로는 매우 저속한 수준이라고 하지 않을 수 없다. 그러면서도 여전히 〈예수 천국, 불신 지옥〉이라는 맹신 속에서 헤어나오지 못한 채 종교적 분쟁에 앞장서고 있으며, 간혹 타 종교인과 한자리에 모여 마음을 열어 놓은 듯 회동하는 모습도 역겨울 뿐이다. 그 이유는 그들이 마음속으로까지 상대방을 인정해주는 것이 결코 아니며 속으론 여전히 잘못된 아집과 우월감을 버리지 못하고 있기 때문이다. 충효와 삼강오륜을 신봉하던 선조들의 훌륭하신 삶에 대해 겨우 유치원 수준인 불가의 무리와 아예 까막눈 수준인 예수 모자의 추종자들이 날마다 하늘 무서운 줄 모르고 눈만 뜨면 입으로 황당한 거짓을 말하고 선(善)을 외치면서 배를 채우고 세상을 어지럽히는 큰 죄를 짓고도 그것이 죄인지 모르고 오히려 자신들이 세상을 지키는 사람들이라 착각하고 있으니 참으로 가관이 아닐 수 없다. 부친의 말씀을 거역하고 모친의 간절한 손길을 뿌리치고 삶에 지친 늙고 허약한 부모와 힘없는 처자식을 버려두고 산속으로 들어간 대역죄인들과, 거짓된 말을 하고 잘못된 삶을 살다가 간 예수 모자를 우상으로 삼아 거짓과 치부를 일삼는 무리는 찬란한 윤리의 성곽인 우리 한반도에서 살 자격이 없는 자들이며 이 지구상에서 추방당해야 마땅한 자들이다. 원죄설의 설정은 선악과의 진위를 차치하고서라도 그 발상 자체가 지극히 바람직하지 못한 것이다. 인간은 원죄를 짓고 태어났기 때문에 스스로는 어둠과 악의 세계에서 결코 벗어날 수 없다고 본 것이 바로 그런 점이다. 인간의 힘은 비록 미약하지만 그 마음과 정신만큼은 무한히 신령스러운 것이어서 그 착한 부분을 한없이 키우면 천지에 꽉 찰 수 있는 것인데 어찌 그처럼 보잘것없는 것이겠는가? 본래 선악과 같은 것이 있을 리도 없지만, 조상이 선악과 한 개를 따먹은 그 자그만 죄 하나로 후대의 온 인류가 맨 끝대에 이르도록 그 죄를 짊어지고 고통을 받아야 한다는 설정은 너무 황당하지 않은가? 인간은 선한 마음도 가지고 태어났으며 선행(善行)은 선행이기 때문에 선행이라는 생각을 받아들인다면 원죄니 십자가의 보혈이니 영생이니 하는 거짓말을 장황하게 늘어놓으며 진리의 빛을 흐리게 하지는 않았을 것이다. 그래서 기독교는 진실성이 부족하고 가치가 낮은 세계이며, 또 그래서 인생에 대해 원숙한 사람들은 천국의 수문(水門)이 어디에 있는가 따위의 신학 공부가 너무 유치해서 기독교를 거부하는 것이다. 예수가 십자가에 못 박힌 것은 제자인 유다의 배신 때문이 아니고 스스로 예루살렘에 입성하여 일부러 말썽을 피우고 잡혀가서 그렇게 된 것이지만, 그 이유는 인류의 원죄를 대속하기 위함이 아니며 또 그로 인해 구원을 받은 사람은 그 시대 그 순간에 있어서나 지금 이 순간에 있어서나 단 한 사람도 없다.

오직 자신의 잘못된 삶으로 인해 벼랑 끝에 몰린 어려운 처지를 반전시키기 위해 구약성경에서 예언된 바 있는 메시아(구세주)의 최후에 맞추기 위한 결단이었으며 최후의 카드였기 때문이다. 그렇지만 실제로는 아무런 대의명분도, 당위성도 없는 죽음이었기 때문에 그것을 인류의 죄악을 대속해준 숭고한 '십자가의 보혈'이라고 강변하면서 원죄설과 짜 맞추어 인류를 영원히 그 틀 속에 가두어 두려고 하는 것은 참으로 그럴듯하지만 사악한 설정이다. 세상 사람들은 예수의 행의(行儀)가 매우 전중하고 근엄하면서도 자애로운 성자의 모습이었을 것이라고 모두 믿고 있을 것이다. 그것은 해마다 크리스마스 무렵이 되면 TV에서 예수에 관한 영상물을 방영하는데, 거기에서 예수 역을 맡은 배우들이 그렇게 연기를 해왔고 그 모습이 사람들의 뇌리에 새겨져 있기 때문이다. 하지만 그 진짜 모습이 어떠했을지는 아무도 모른다. 다만 예수는 30살 무렵부터 활동을 시작해 33살 때 죽었다는 사실로 볼 때 아직 미숙한 젊은이였다는 점과 오늘날까지 그 이름이 전해져 인류에게 많은 영향력을 끼치고 있다는 점을 감안할 때 그는 매우 인심에 밝은 사람이었으며 전대 랍비들이 남긴 저서와 가르침을 공부해서 상당한 식견을 갖추고 있었을 것이란 추측은 할 수 있으나 무엇 하나 그에 대해 확실하게 알려진 것은 없다. 마리아가 혼전에 로마 병사와 염문설이 있었다고 하는가 하면, 예수에게 여자가 있었다는 설도 있다. 한 가지 확실히 말할 수 있는 것은, 성경이 거짓투성이라는 것이다. 예수는 시간 나는 대로 공부를 하여 어느 정도의 식견을 갖추자 일상을 버리고 요한의 제자가 되었다가 거기에서 내공을 더 쌓은 후 대범하게도 구약성경에서 예언한 바 있는 메시아(구세주) 행세를 하겠다는 크나큰 야심을 품었다. 그래서 사람들이 고향이 어디냐고 물으면 나사렛에서 태어났으면서도 베들레헴에서 태어났다고 거짓말을 했던 것이다. 그것은 구약성경에서 예언된 메시아가 베들레헴에서 태어날 것이라고 했기 때문이며, 다윗왕의 고향도 베들레헴이었기 때문이다. 고향 사람들은 자신을 그저 한낱 목수의 조수로만 기억하고 있을 테니 성령으로 태어난 하나님의 독생자인 메시아(구세주)를 자처하고 나선 예수로선 굳이 고향을 밝히고 싶지는 않았을 것이다. 그런데 사생아로 태어난 것이 구세주 노릇을 하기에 걸맞지 않았기 때문에 내친김에 '미트라'의 전설을 모방하여 모친이 성령에 의해 자신을 잉태했고 자신은 하나님의 독생자라고 더 큰 거짓말을 하게 된 것이다. 그렇게 되자 무언가 남과 다른 신통력을 보여야 하는 부담감을 안게 되었는데, 그것이 어쩔 수 없이 예수가 여러 가지 무리수를 두면서 거짓과 눈속임을 하게 된 연유이다. 생존을 위해 수년간 잡일과 목수의 조수라는 고된 일을 하던 예수가 살아남기 위해서, 또 추종자를 확보하기 위해서 거짓 증언과 과장된 언어를 사용했을 가능성이 매우 농후하다. 그런데 그것이 어리석은 그의 추종자들에 의해 점차 부풀려져서 오늘날의 황당한 성경(위경)의 내용이 되었음을 추측하는 건 어렵지 않은 일이다. 물론 예수는 식견과 언변이 뛰어나고 의학과 의술에도 상당한 조예가 있었으리라 추정되지만, 그렇다고 해서 그런 눈속임이 결코 오래가지는 못했을 것이고 그런 거짓말이 사실을 모르고 따르던 추종자들의 실망과 분노를 자아내게 했을 것이며, 그 압박이 3년 이상을 버티지 못하고 젊은 예수로 하여금 메시아의 최후에 맞춰 스스로 십자가에 못 박혀 죽지 않을 수 없게 만든 것이다. 즉 예수는 스스로가 처놓은 거미줄에 걸려서 젊은 나이에 형장의 이슬로 사라진 것이다. 물론 실제로 예수의 가르침을 받고 깊이 감동한 사람도 많았을 것이며, 또 도움이 절실할 때 물심양면으로 도움을 받은 사람도 있었을 것이다. 그런 사람들과 맹목적인 일부 추종자들이 주축이 되어 예수 사후에도 예수를 존숭하고 그의 뒤를 이어갔다고 생각한다. 하지만 자신이 성령으로 태어난 하나님의 독생자라고 무리수를 쓴 것이 무거운 멍에가 되어 그를 막다른 골목으로 몰았는데, 추종자들의 이반을 보면서도 거기서 멈추지 않고 계속 자신이 구세주라느니 불치의 병을 고쳐준다느니 자신을 믿고 따르면 사후에 죽지 않고 영원히 행복하게 사는 천당으로 인도해준다느니 하면서 허언과 독선을 일삼자 드디어 많은 사람의 분노와 불신과 미움이 커져서 "저런 사람은 잡아서 큰 벌을 받게 해야 한다."는 지경에까지 이르게 된 것이다. 그러자 예수는 더 이상 버티지 못하고 그 국면을 반전시키려고 죽음을 결심하게 되었으며, 스스로 예루살렘에 입성하여 성전에 찾아가서 당시의 종교지도자들인 원로 랍비들과 제사장 등에게 폭언을 쏟아붓고 기물을 부수면서 행패를 부리는 등 돌출 행동을 하여 신고를 받은 로마군들에게 잡혀가게 된 것이다. 그런데 그것은 의도된 행동이었다.

로마의 유대인에 대한 응징은 서기 70년경에 〈바르코바〉의 반란 때 단 한 번 철저하게 행해졌을 뿐이었으며, 그 외엔 큰 위협이 되지 못했기 때문에 크게 신경 쓰지 않았다. 그리고 로마는 313년에 콘스탄티누스 황제가 '밀라노 칙령'을 반포하여 공식적으로 기독교를 국교로 삼아 로마 가톨릭이 출범하게 되었고, 예수 체포 당시에도 그리스·로마 문화는 상당히 성숙한 사회였으며 강한 군사력을 갖추고 정면 도전을 하는 세력이 아니면 모두를 포용하는 자세였다. 예수에 대해서도 좀 유별난 유대인이라는 정도로 인식했을 뿐 그가 유대의 왕(지도자)이 되어 로마제국에 큰 위협이 될 거라고 생각하진 않았기 때문에 체포령을 내리지도 않았고 잡혀 왔을 때도 '소란죄', '기물파손죄' 정도의 경미한 죄목이었기 때문에 죽일 만한 죄는 아니라고 생각했으며 죽일 생각도 전혀 없었다. 그래서 그 당시 그 지역을 통치하던 로마군 사령관은 그런 예수의 처벌에 큰 관심도 없었고 그저 방관적인 태도를 취하고 있었는데, 수많은 사람(예수의 동족인 유대인들)이 몰려와서 "혹세무민하는 저 가짜 메시아를 죽여야 마땅하다."고 탄원을 하고 목소리를 높였던 것이다. 그렇게 해서 죽게 된 것인데 그의 그러한 죽음이 과연 누구를 구원했으며 또 누구를 감동시키고 누구를 교화했는지 묻고 싶다. 물론 그 군중들 속에 진심으로 예수를 따르고 그의 처지를 안타깝게 생각하는 사람들도 있었을 것이고, 과연 최후의 순간에 하나님의 독생자로서 어떤 신통력을 보여줄 것인가 확인하고 싶은 사람들도 있었을 것이다. 예수의 최후에 대한 나의 이러한 견해는 성경과 문헌 등을 통해서 내린 추론인데 아마 95% 이상 사실과 맞아떨어질 것이다. 그리고 이것은 큰 의미가 없는 얘기지만 그 당시 사형시킬 때 십자가 모양이 아닌 그냥 일자 기둥에 묶어서 못은 박지 않고 굶겨서 죽인 형벌(중죄인들에 대한)이 있었다고 전해진다. 그러나 T자형 틀에 두 손목과 두 발목에 못을 박아서 죽였던 형벌이 있었다고 그럴듯한 논거까지 들이대며 우기니까 뭐라고 말은 할 수가 없다. 다만 국가의 지도자들이 모여 국법을 만들 때 쇳조각이 달린 채찍으로 살점이 튀도록 때리고 T자형 틀에 묶어서 손목과 발목에 못질을 해서 죽이는 그런 악법 중의 악법을 만든 나라가 있을까? 아무튼 예수는 대역죄인도 아니었고 오히려 많은 사람에게 선(善)을 가르쳐 왔을 뿐이다. 그러나 조로아스터교의 종말론자인 에세네파의 일원으로 "종말의 순간이 다가오고 있다. 전 재산을 팔아 천국행 티켓을 사라'는 마태복음 13장 44절에서처럼 천국은 마치 밭에 감춰져 있는 보화와 같으니 사람이 이를 발견한 후 숨겨두고 기뻐하며 돌아가서 자기의 소유재산을 다 팔아 그 밭을 사느니라. 천국은 마치 좋은 진주와 같으니 극히 값진 진주를 발견함에 급히 가서 자기의 소유물을 다 팔아 그 진주를 사느니라. 즉 하나님 나라(천국)의 소중함보다 자신의 소유물이 더 중요하다고 생각하는 사람은 무엇이 정말 중요한지를 모르는 사람이다. 하나님 나라(천국)는 그 어떤 것보다 귀하다는 사실을 알아야 한다."라고 주장하고 다닌 죄와 한 걸음 더 나아가 자신이 바로 그러한 권능을 가진 성령으로 잉태된 하나님의 독생자로서 구약성경에서 예언된 바 있는 메시아라고 외치고 다닌 죄는 있다. 하지만 단지 사람들이 인정하지 않는 황당한 주장을 했다는 죄일 뿐이기 때문에 십자가에 못 박혀 죽을 만큼 큰 죄를 진 사람은 아니었다. 예수의 형 집행을 지휘하던 백부장이 예수가 실신한 모습을 보고 그 지역에 나와 있던 로마 총독 빌라도에게 예수가 죽은 것 같다고 보고하고 그 시신의 처리를 명받은 후 아직 숨이 붙어있는 예수에게 앞으론 나서지 말고 조용하게 살라면서 몰약이라는 상처 치료제와 함께 요셉이라는 사람에게 예수를 인계했다고 하는데, 그때 예수가 상처를 치료한 후 다시 살아났다는 설도 있다. 그 외에도 예수는 성격이 과격한 일면이 있어 모친인 마리아에게 공손하지 못하고 어머니를 싫어해서 서로가 멀리 떨어져서 살았다는 설도 있다. 그때 예수의 나이가 아직 모든 것이 미숙한 삼십 대 초반이었으며 충효에 대한 교육도 받은 적이 없기 때문에 그랬을 수도 있을 거란 생각은 들지만 멀고 먼 그 옛날 일을 어찌 우리가 사실인지 아닌지 확인할 수가 있겠는가?

그보다는 내가 평소 예수가 죽기 전에 남겼다는 대표적인 두 가지 발언에 대해 그 의미가 무엇이며 그 의도가 무엇인지 생각해보았는데, 그 두 가지 말이 서로 일관성이 없어 그 진의를 추측하는 데 고심했다. 기독교인들은 "주여! 저를 버리시나이까?"라고 탄식한 것은 못 박히는 인간적 고통 때문이라고 하지만, 소신이 강한 성인이라면 결코 그런 말을 하지는 않았을 것이란 점에서 설득력이 부족한 해명이라 하겠다. 그 절박한 상황에서 초능력적인 어떤 기적이 일어나기를 기대했다가 실망한 것이라면 평소에도 정신이 온전하지 못했다는 것을 반증하는 것이며, 또 자신이 스스로 선택한 죽음이고 그 죽음이 인류의 원죄를 대속하는 숭고한 죽음이라는 확신이 섰다면 그토록 소신 없는 말을 하지는 않았을 것이라는 뜻이다. 만약 타의에 의해(하나님의 뜻에 의해 또는 유다의 배신에 의해) 어쩔 수 없이 십자가에 매달리게 되어 자신의 아버지라는 하나님을 원망한 말이라면 십자가의 보혈이란 것이 다른 보통 사람들의 피와 무엇이 다르겠는가 하는 생각이 든다. 십중팔구 그 말을 하게 된 진짜 이유는 역시 자신이 하나님의 독생자란 것을 끝까지 나타내 보인 것이라고 생각된다. 즉 전에는 하나님께서 독생자인 자신에게 신통력을 자주 주셨는데 하필 최후의 순간에는 신통력을 주지 않은 것처럼 말함으로써 자신이 성령으로 태어난 하나님의 독생자임을 간접적으로 강조해 나타내 보인 말이었단 뜻이다. 이처럼 그는 최후의 순간까지 끝내 진실을 말하지 않고 사람들을 속이려고 한 정직하지 못하고 매우 고집스러운 사람이었는데, 이는 혼전에 남자를 알았고 결혼식을 올린 지 얼마 되지 않아 예수를 출산했으나 끝내 남자를 본 적이 없다고 딱 잡아뗌으로써 아들로 하여금 거짓을 말하고 잘못된 세상으로 나아가게 만든 모친의 기질을 그대로 닮은 것이라고 생각된다. 자고로 지혜롭고 현숙한 여자는 아들을 반듯하게 키우고, 우매하고 사특한 여자는 아들의 인생을 망치는 것이다. 다음으로 "주여! 저들을 용서하여 주십시오. 저들은 지금 자신들이 무슨 죄를 짓고 있는지를 모르고 있나이다."라는 말은 매우 격이 높은 성인다운 말처럼 들리는데, 이 말이야말로 예수의 언어사용 능력이 비범했음을 단적으로 나타내준 말이다. 참으로 범상치 않은 인물이었다. 즉 예수는 그토록 벼랑 끝까지 몰린 상황에서도 당시의 종교 지도자인 원로 랍비들과 제사장들, 그리고 로마의 군장들에게 자신이 하나님의 독생자라고 호언하면서 큰소리를 친 다음 체포되어 죽게 된 상황에서도 죽음 따위는 개의치 않고 오직 인류의 스승으로 남겠다는 야심을 불태우면서 한두마디의 말로 정당한 주장을 하는 선량한 민중을 한순간에 무지몽매하고 불의한 무리로 만들어버리고 자신은 거룩한 성자가 되어 어리석은 추종자들을 감동시키고 수많은 신도를 만들어 오늘날까지 자신의 발아래 엎드리게 만든 사람이기 때문이다.

하지만 인류 최고의 스승이신 맹자 님의 후계자인 이 천강이 보기엔 예수의 그러한 심모원려도 철없는 한 젊은이의 객기로 느껴질 뿐이다. "주여! 저들을 용서하여 주십시오. 저들은 지금 자신들이 무슨 죄를 짓고 있는지를 모르고 있나이다."라는 말은 더없이 숭고한 성인의 말씀처럼 들리지만 그 당시 그곳에 있던 사람들의 입장에서 보면 참으로 가증스럽게 들렸을 것이며 한편으론 매우 희극적인 말로 들렸을 것이라는 생각에 실소를 금할 수 없다. 왜냐하면 예수 자신이야말로 왜 33살의 젊은 나이로 그곳에 못 박혀 죽게 되었는지 죽는 순간까지도 깨닫지 못했으니까 말이다. 그 현장에 있던 모든 사람 중 누가 죄를 짓고도 그 죄가 죄인지를 모르고 있다는 것인가. 성령으로 태어난 하나님의 독생자를 몰라보고 그것을 믿지 않은 죄를 말함인가? 그 당시 예수를 죽여야 한다는 목소리보다 죽여선 안 된다는 목소리가 더 컸다면 그 지역의 로마 사령관은 결코 예수를 죽이지는 않았을 것이다. 그 당시 로마 사회의 법이 그러했기 때문이다. 예수의 죽음은 아무런 명분도 당위성도 없는 죽음이었다. 충무공의 경우처럼 왜구를 물리치지 못하면 나라가 망하고 동포가 학살되며 노예가 되는, 그래서 목숨을 걸고 싸워야 하는 그런 급박한 상황도 아니었고, 전태일 열사의 경우처럼 13~18세의 나이 어린 수많은 여공이 몸에 해로운 분진이 난무하고 어둡고 열악한 작업장에서 턱없이 낮은 봉급을 받고 하루 16시간씩 혹사당하는 부당한 현실을 목숨을 바쳐서라도 개선시키고 바로잡아야 하는 절박한 상황도 아닌, 아무런 당위성도 없는 죽음이었단 말이다. 더구나 있지도 않은 인류의 원죄를 대속한다는 것은 더더욱 황당무계한 억지인 것이다. 그런데도 어리석은 무리는 눈물, 콧물까지 흘리면서 원죄설이 어쩌니 십자가의 보혈이 어떠니 법석을 떨다가도 일단 교회를 나서면 금수와 같은 행동을 서슴지 않으니 이 어찌 한심한 일이 아니란 말인가? 가볍기가 깃털과 같은 조용기 목사 같은 사람도 오늘날 국내외에서 수많은 기독교인의 존경을 받으면서 설교를 계속하고 있는데 예수라 해서 어찌 올곧은 큰 인물이었다고 단언할 수 있겠는가? 그 당시 예수는 나이가 아직 젊어 진리의 원천에는 도달하지 못한 상태였으며, 미트라의 전설을 100% 그대로 모방하여 자신이 성령으로 잉태된 하나님의 독생자라고 거짓말을 한 것으로 보아 결코 반듯한 사람은 아니었음이 확실하다. 특히 효도에 대한 어떤 교육도 받지 못했으며 정상적인 가정생활을 해보지도 못한 사람으로 거짓말을 그 밑바탕에 깔았기 때문에 자동적으로 후세에 그를 추종하는 무리가 사람으로서의 윤리와 도덕을 알지 못해 독선과 아집에 빠져 종교 분쟁을 일으켜 오랜 세월 동안 수많은 사람을 학살하고 지금까지도 거짓된 사특한 언어로 세상을 어지럽게 하고 있으니 그 원인을 제공한 예수야말로 결과적으로 인류 최고의 대죄인이 아닐 수 없다. 그리고 오늘날 종교인들의 봉사활동이니 자선사업이니 하는 행사들도 눈여겨보면 진정성이 부족하거나 자기희생이 없으며, 막대한 헌금에서 일부를 떼어내 자신들의 선행을 홍보하고 과시하거나 어리석은 자아도취에 불과한 경우가 많다. 어찌 되었든 이제는 맹자 님의 후계자인 이 천강 문도연에 의해 예수 모자의 실체와 기독교의 사악함이 확실하게 밝혀졌으니 앞으로 모든 인류는 그들 모자를 우상으로 삼아 다시는 성령이니 천지창조니 원죄설이니 십자가의 보혈이니 하는 따위의 황당무계한 망언을 입에 올려서는 안 될 것이며, 어리석은 꿈속에서 깨어나 필자가 소개하는 우리 동양의 숭고한 윤리사상을 배우고 익혀서 참된 사람의 도리를 행하여 인간다운 세상을 만들어나가야 할 것이다. '열두 제자' 얘기나 '3일 만의 부활' 역시 '미트라의 전설'에 나오는 얘기인데, 예수가 죽은 뒤 3일 만에 부활 승천하여 그 시신이 사라졌다가 그의 제자들 앞에 모습을 드러냈다고 강변하고 있으나 이는 의심할 여지 없이 꾸며낸 이야기에 불과하며, 시체 하나를 치워 운반하는 것은 두 사람의 장정이 30분만 움직여도 얼마든지 가능한 일이다. 이는 그의 죽음과 환생

신화를 통해 자신들의 뜻을 이루고자 하는 예수 측근들에 의해 시도되었거나 날조된 거짓말이 분명하다. 아니면 로마 백부장의 특별한 배려로 예수가 살아남아 제자들을 만났을 수도 있는 일이고. 앞으로 거짓된 얘기들은 점점 더 인류 역사에서 사라져 갈 것이며, 종교의 위세 역시 점차 그 빛을 잃어갈 것이다. 일찍이 파스칼이 갈파했듯이 인간은 연약한 갈대와 같지만 생각하는 갈대인 것이며, 인간의 존엄성은 오직 사고(思考)할 수 있는 힘이 있기 때문인 것이다. 그런데 올바른 생각을 하지 못하고 미망에 빠지면 비록 얼굴은 사람의 모습을 하고 있지만 그들을 어찌 온전한 인간이라고 할 수 있겠는가?

어리석은 예수 모자의 신봉자들이라 하더라도 이제 어느 정도는 귀가 열려 정신을 차렸을 것이라 믿고 이번엔 석가와 그 추종자들에게 철퇴를 내리고자 한다. 사람이 공부와 수양을 계속하여 성인의 경지에 오른 후 그것을 세상 사람들에게 펴서 세상을 바르게 제도하기에 가장 좋은 여건은 바로 국왕의 지위에 있을 때다. 또한 이 세상 그 어떤 가치도 효도보다 더 큰 가치는 없는 것이다. 그런데도 석가는 그토록 자신을 애지중지하던 부왕의 손길을 뿌리치고 처와 어린 자식을 뒤에 두고 출가를 감행했으며, 지금까지 수많은 자식이 그 부친의 말을 거역하고 그 모친의 간절한 손길을 뿌리치고 젊은 아내와 어린 자식, 그리고 평생 고생만 하다가 이젠 늙고 병들어서 아무 힘도 없는 삶에 지쳐버린 노부모를 외면한 채 출가하게 만든 원조이고, 용서받을 수 없는 그 수많은 패역무도한 자들의 대표 격이다. 그래서 세상의 모든 승려가 불효라는 크나큰 죄의 사슬에 묶여 있게 만든 장본인이다. 세상에 부모를 등진 대죄를

짓고 그 누구를 제도하겠다는 것인가? 온 세상을 다 제도하는 것
만큼이나 자신의 부모에게 효도하는 것도 똑같이 크고 중요한 일
이다. 각자가 자기 부모에게 효도를 하면 세상은 천국이 되겠지만,
너도나도 세상을 제도한다고 산속으로 들어가면 이 세상은 아비지
옥이 될 것이다. 싯달타(석가)가 출가를 하고자 할 때 부왕이 만류
하자 "부왕께서 소자로 하여금 생·노·병·사의 괴로움으로부터 벗어
나게 해주신다면 출가를 하지 않겠나이다."라고 대답했다고 하는
데, 만약 당신이 정반왕이었다면 그런 말을 듣고 어떤 심정이 되었
겠는가? 세자가 왕위 승계를 거부하고 되지도 않는 궤변을 늘어놓
으며 젊은 세자빈과 어린 자식을 남겨둔 채 집(궁)을 나가겠다고 하
면 말이다. 그것도 지금 세상이 아닌 그 시대 정서로 생각해보길
바란다. 춘·하·추·동의 변화와 마찬가지로 생·노·병·사 역시 지극히
당연한 자연현상에 불과한데 그 문제를 풀기 위해 출가를 한 것은
마치 꽃이 한 번 피었으면 계속 그대로 있어야지 왜 시들고 씨앗
을 맺고 열매를 맺느냐고 한탄하는 것과 같으며 병아리나 강아지
가 그대로 있어야지 왜 어미 닭이 되고 어미 개가 되느냐고 고민하
는 것과 같다. 그러한 자연의 법칙이 바로 천리(天理)이며 사람 역시
늙으면 죽는 것이 자연의 섭리가 아닌가. 그것을 알고 배우는 것이
진·선·미요 진리인 것인데 그 문제를 그토록 어렵게 접근했다면 그
를 어찌 현자라 할 수 있겠는가? 천륜(天倫)을 외면하고 출가한 자
들이 어찌 진리의 원천에 도달할 수가 있으며 또 어찌 사람의 도리
를 알겠는가. 그래서 그런 요망한 땡추들이 가파른 암벽 끝이나 그
럴듯한 곳에 터를 잡고 산속 이곳저곳에 눌러앉아 갈수록 불상들
을 더 크고 더 많이 만들어서 세워놓고 또 갈수록 불전을 더 요란

하게 꾸미면서 온갖 그럴듯한 요설로 사람들을 불러 모아 치부를 일삼고 있는 것이다. 초파일이면 절 입구로부터 그 진입로 양쪽에 줄을 쳐서 수백 미터에 이르도록 부처의 원력으로 복을 내려준다면서 등을 매달아 거기에 이름을 쓰고 돈을 받으며, 탑돌이를 하게 하고 불상을 만지면 불력을 얻게 되어 행운이 온다는 등 말로는 다 할 수 없는 온갖 사특한 짓을 저지르고 있으면서도 그 죄가 죄인지를 모르고 있다. 뜰엔 돌로 만든 불상을, 실내엔 구리로 만든 온갖 불상을 금색, 은색으로 현란하게 치장하여 늘어놓고 거기다 대고 밤낮으로 절을 하며, 토요일마다 철야제를, 일요일마다 천도제를 지낸다고 신도들을 불러 모으는 등 예수 모자를 추종하는 무리와 그 어리석음에 있어서 우열을 가르기 힘들 정도의 작태를 보이고 있다. 그런데도 많은 사람이 그것을 정상적인 일로 생각하면서 그러한 교회와 절간을 드나들고 있으니 어찌 이것을 잘못된 현상이라고 하지 않을 수 있겠는가? 그래서 필자는 그들을 마약중독자와 같은 종교중독자라 하며 정신질환자이고 지적 미숙아들이라고 보는 것이다. 이는 마치 동서와 흑백도 분간하지 못하고 파렴치한 죄를 짓는 범죄자들과 상통하는 미숙한 사람들이라고 하지 않을 수 없다. 석가모니는 나름대로 공부가 깊은 사람으로서 마음을 닦는 여러 가지 가르침을 남겼지만, 그것들은 모두 치심지학(治心之學)에 불과했을 뿐 포괄적이고 구체적으로 윤리·도덕을 제시해주는 경세지학(經世之學)은 아니었던 것이다. 물론 마음을 다스리는 것이 모든 것의 근본이지만 그것만으론 천륜(天倫)과 인륜(人倫)을 바로 세우는 경제지학이 될 수는 없다는 뜻이다.

성철 스님도 가사 장삼 하나로 40년을 기워 입은 청빈함은 높이 사나, 어린 딸과 신혼의 아내를 두고(이는 바로 그들의 스승인 석가가 행했던 바라 결단을 내리는 것이 더 쉬웠을 것이다) 출가를 한 후 절로 찾아오신 모친을 만나지 않겠다고 산 위로 자꾸 도망가면서 가시에 찔리고 넘어져 손발이 상하면서도 아들을 따라서 올라오는 모친에게 돌까지 던지며 돌아가라고 하며 모자간의 정을 잘라냈다고 한다. 그 한 가지 사실로 그의 사람됨을 짐작은 했지만 막상 TV에서 생전에 그가 설법을 하는 모습을 보고 실소를 금치 못했다. 가당치도 않은 허언(거짓된 말)을 마치 눈으로 본 적이 있는 것처럼 아무런 거침도 망설임도 없이 해대는 모습이 기독교의 조용기 목사와 우열을 가리기 힘들 정도로 무게가 없고 경망스러웠다. 그의 열반송 중에 '돌아보니 지은 죄가 수미산보다 높구나'라는 대목이 있는데, 나는 그 구절을 내심 높이 평가하고 있었다. 왜냐하면 그토록 청빈한 수도 생활을 했으면서도 그런 구절을 남김으로써 탐욕에 물든 중생들로 하여금 반성을 하게 하고 깨우침을 주고자 한다고 생각했기 때문이다. 그런데 그 구절이 그의 진심을 토로한 대목이었을 줄이야! 늦게나마 불효와 처자식에 대한 죄송함과 미안함, 그리고 교리에 편승해서 온갖 허언을 일삼아온 자신의 삶에 대한 뼈아픈 반성이 담겨 있었던 것이다. 이 말을 뒷받침할 수 있는 한 가지 일화를 소개해볼까 한다. 그가 생전에 도(道)와 법(法)을 묻는 제자들에게 가끔 장난스러운 미소를 지으면서 "내 말을 믿지 말라. 내 말은 다 거짓말이야."라는 말을 종종 했다고 하는데 이런 대답은 결코 농담이 아니었음을 알 수가 있다. 성철처럼 신실한 사람이 그러한 삶을 살 수밖에 없었던 것은 순전히 스승을 잘못 선택했기 때문이며, 그렇다고 불문에 귀의한 몸으로 스승인 부처를 부정하고 다시

승복을 벗어 던지고 불문 밖으로 나가기도 쉽지 않았을 거라 생각된다. 그런 점에서 본다면 우리의 성철 스님이 끝까지 뭘 아는 체하면서 과학과 종교를 접합한다느니 궤변을 늘어놓고 있는 티베트의 달라이 라마 같은 자보다는 훨씬 더 격이 높고 현명해 보인다. 성철 스님은 외모도 달라이 라마보다 더 지적으로 보이고 물욕을 버리고 청빈한 생활을 했으며 소년다운 순수함을 간직하고 소탈하고 장난스러운 언행으로 가끔 진실한 모습을 보이기도 했던 인간적이고 밉지 않은 사람이었다. 사람을 함부로 평가하는 것은 옛사람들의 금기사항이었으며 또 사람을 제대로 평가하는 것보다 더 어려운 일은 없는 것이다. 오직 성인만이 사람을 평가할 자격이 있고 또 사람을 제대로 평가할 수 있는 것이다. 필자는 비록 성인의 경지에는 이르지 못했지만 이제 이순의 나이가 되어 천지 이치에 융회관통하게 되었고, 역대 인물들의 진면목과 그 그릇의 크기가 한눈에 보이기 때문에 입을 봉하고만 있을 수는 없음을 여기서 분명히 밝혀두고자 한다. 그래서 참과 거짓을 분별하고 큰 것과 작은 것을 구분하며, 진짜 성인과 가짜 성인을 가려내어 후세들에게 참된 길을 알려주고 역사를 바로 세우며, 우리 인류가 지향해야 할 방향과 우리 민족이 나아갈 길을 제시하고자 하는 것이다. 고대의 싯달타(젊은 시절의 석가) 역시 바른길로 인도해 줄 큰 스승을 찾지 못해 스스로 그 길을 찾겠다고 출가를 감행했지만, 공허한 세계에 머물러 단지 무욕(無慾)과 무애(無碍)의 경지에 도달했을 뿐이다. 그 위에다 자비와 보시를 주장했지만 고대 인도의 선현 중에 인륜(人倫)에 대한 가르침을 정립한 큰 스승이 없었기 때문에 그것을 알지 못하고 잘못된 세계 속으로 빠져들어 결과적으로 수많은 그의 추종자가 부모를 등지고 산속으로 들어가 알맹이가 별로 없는 장황한 불경을 끝없이 확대시켜 이처럼 세상을 어지럽게 만든 대죄를 짓고 만 것이다. 그래서 인류 역사상 예수 다음으로 큰 죄를 지었다고 할 수 있다. 인류 역사상 세 번째로 큰 죄를 지은 자는 지금도 화약고와 같은 중동을 만든 장본인인 마호메트가 아니고 누구이겠는가? 물론 이는 예수와의 합작품이지만. 불교 역시 싯달타가 태어나자마자 일어서서 일곱 걸음을 걸어갔는데 그때 땅 밑에서 영롱한 연꽃 모양이 솟아 올라와 그 발바닥을 받쳐주었다는 등 황당한 얘기로 시작하여 윤회니 극락왕생이니 아비지옥이니 하는 허황된 궤변을 늘어놓으면서 그것을 증명하려고 온갖 거짓말과 망언을 지어내고 있다. 필자는 불교에 대해서도 수년간 공부를 했던 사람이다. 팔만대장경을 줄여서 말한다면 물아양망(物我兩忘), 아공법공(我空法空)의 경지에 올라 모든 세상의 욕심과 번뇌를 떨쳐버리고 부처의 대자비심으로 돌아간다는 것이다. 즉 지혜와 공덕(보시)을 겸해야 한다는 뜻인데, 누구든 마음속 깊은 곳에 불심을 갖고 있으며 깨달으면 부처가 될 수 있다고 했으니 교리 자체로 본다 해도 기독교보다는 훨씬 더 나은 종교라고 할 수 있다. 그리고 다른 종교나 다른 사상에 대한 배타심이나 독선도 기독교보다는 훨씬 덜한 편이다. 불가에선 오랜 수행을 계속하다 어느 날 갑자기 눈앞이 확 밝아지면서 깨달음을 얻는다고 말하고 있다. 그 깨달음이란 것이 결국 욕심과 번뇌를 떨쳐버리는 것인데, 그것을 깨닫는다고 해서 과연 인륜(人倫)의 대법(大法)을 바로 세울 수 있을까? 전자는 후자의 필요조건은 되지만 결코 충분조건은 되지 못하는 것이다. 그리고 천륜(天倫)을 어기고 출가를 하는 것은 너무나 잘못된 일이며,

그러한 자들은 타고난 법기(法器: 마음 바탕)가 신통치 못하기 때문에 정진을 해도 좀처럼 바른 마음을 찾지 못하며, 토굴 속이나 선방에서 수십 년간 장좌불와(長坐不臥)를 하면서 발버둥을 쳐도 죽을 때까지 진리의 세계를 체득하지 못하고 욕심과 미망 속에서 헤어나오지 못하는 경우가 많다. 불가에서는 선악을 논하지 말고 미추를 논하지 말고 분별을 없애라고 하지만, 이 말은 공부가 덜된 미숙한 사람들이 오직 자신만의 입장에 서서 자신의 생각만이 옳다고 강변하며 분쟁을 일으켜 세상을 어지럽힐 것을 경계한 말일 뿐 참으로 선악과 미추가 없는 것은 아닌 것이다. 이는 불가의 무리가 동서남북의 방향을 잘 모르는 것처럼 선악 미추의 기준(옛 성현들께서 이미 명명백백하게 밝혀놓으셨던 인륜·도덕)을 잘 모르고 있다는 증거이다. 왜 내가 이런 말을 하는지 지금부터 간단히 설명을 해보고자 한다. 그들은 다음과 같이 주장한다.

"사람에게는 누구나 자기 중심성이 있다. 자기 중심성이란 사물을 인식할 때 자기 생각을 기준에 두고 인식함을 말한다. 우리가 전, 후, 좌, 우를 말할 때 실제 공간상에 앞이 있고 뒤가 있고 좌와 우가 정해져 있는 것은 아니다. 다만 자신을 기준으로 앞과 뒤, 좌와 우가 있다고 인식할 뿐이다. 우리는 살면서 옳으니 그르니, 맞니 틀리니, 빠르니 늦니 하고 늘 분별을 한다. 그런데 그 분별의 기준은 항상 자신이다. 상대방도 자기 기준에 따라서 분별한다. 이때 인식의 기준이 서로 다르기 때문에 분별이 서로 다를 수밖에 없어서 갈등이 생기는 것이다. 이럴 때 빠르다느니 더디다느니 하는 분별을 자기가 일으키고 있음을 알면 서로 분별의 차이는 있을지라도 고집을 부리지는 않게 되므로 갈등은 줄어들 것이다. 그러나 우리는 내 기준만을 고집할 뿐만 아니라 상대에게까지 자신이 원하는 모습을 강요하기 때문에 갈등이 심화된다. 가정에서나 직장에서나 사회생활을 할 때 이점을 인정한다면 많은 갈등이 해소될 것이다."

　이상과 같은 그들의 주장은 얼핏 생각하면 참으로 그럴듯하고 성숙한 말처럼 들린다. 하지만 과연 그럴까? 전, 후, 좌, 우는 기준점이 어디냐에 따라서 얼마든지 바뀔 수 있지만 나침반이 가리키는 동, 서, 남, 북의 방향이 바뀔 리가 없는 것처럼 옛 성현들께서 분명하게 밝혀놓으셨던 사람의 도리는 항상 변함이 없는 그 나침반의 방향과도 같은 것이다. 그래서 부모에게는 부모의 도리가 있고 자식에게는 자식의 도리가 분명히 정해져 있는 것이다. 예를 들자면 아침에 해가 중천에 솟을 때까지 늦잠을 자는 것은 잘못이니 고쳐야 하고, 부모님이 힘들게 고생을 하고 계시면 자식은 그런 부모님을 도우려고 애를 쓰면서 그것을 실천에 옮겨야 하는데 전혀 집안일에 손을 대지 않는다거나, 자기 방을 치우지 않고 청소도 하지 않은 채 어지럽게 늘어놓은 행동 등은 올바른 태도가 아님을 자식들은 알아야 한다. 여기엔 물론 부모의 책임이 매우 크다고 할 수 있다. 자식을 지극히 사랑하면서도 엄하게 훈육을 했다면 그런 일들이 적었을 거란 말이다. 이것은 지극히 소소한 일상생활 속에 관한 얘기지만 충효와 인의, 그리고 삼강오륜에 관한 인간의 도리가 삼엄하게 엄존하고 있다는 것이다. 그런데 그 도리를 배우지 못한 현대의 부모와 자식은 서로의 기준점이 다르니까 상대방을 인정해야 한다는 논리에 따르기 때문에, 근자에 이르러 자식들이 초등학교 졸업할 무렵만 되면 벌써부터 부모에게 백사(百事: 모든 일)에 걸쳐 시시비비를 따지고 논쟁을 일삼으면서 부모에게 대드는 것이다. 아무리 나이 어린 자식이라 해도 그 의사를 존중해주면서 소통을 하려고 노력하는 자세가 바람직하지만, 원칙 없이 상대방의 기준점을 존중해줘 봐야 양보에는 한도가 없어 세상이 끝없이 혼란해질 것이니 나침반과 같은 기준이 있어야 한다는 말이다. 그리고 현자와 우자, 대인과 소인, 도량이 넓은 사람과 속이 좁은 사람들이 각자 자기에게 맞는 기준점을 내세우며 자기주장을 펴는 것을 어떻게 양보를 통해서만 조정할 수 있겠는가? 우리 동양의 옛 성현들께서 밝혀놓으셨던 사람의 도리는 우리가 잘못 생각하고 있는 것처럼 형식적이고 권위적인 것이 아니고 하늘의 뜻과 자연의 섭리에 합당한 매우 심오한 것이어서 마치 컴퍼스가 원을 그리듯이 완벽한 최고의 도리인 것이다. 불경은 인간이 머리로 상상할 수 있고 문자로 표현할 수 있는 온갖 좋은 말을 다 모아다 늘어놓았지만, 천리(天理)를 모르고 천륜(天倫)을 거역했다. 그래서 방대한 팔만대장경의 내용보다 충효(忠孝)와 인의(仁義)라는 네 글자가 더 크고 더 무거운 것이다. 또 노자의 심오한 『도덕경』과 구만리 장천을 나르는 날개 길이가 3천 장이나 되는 대붕새의 기상을 가진 장자의 호방한 사상 역시 충효(忠孝)와 인의(仁義)라는 네 글자의 가치에 비하면 턱없이 작고도 초라한 것임을 알아야 한다. 하물며 원효의 일심이문(一心二門) 사상이나 최수운의 개벽 사상, 최한기의 기학 사상, 정다산의 실학사상 정도를 어찌 위대한 공맹지도(孔孟之道)에 비교할 수가 있겠는가? 물론 그런 사상들도 좋은 자산이지만, 우리 민

진정한 유법천지有法天地를 향하여 중

족의 자긍심은 오직 삼강오륜과 충효 정신이며 이 효치명륜 사상이야말로 장차 우리 민족이 모든 인류를 선도해 나갈 수 있는 가장 소중한 정신문화임을 모두 명심하길 바란다.

여기서 잠깐 노자의 도덕경과 노·장이 중심이 된 도가사상(道家思想)에 대해 언급을 하지 않을 수 없다. 왜냐하면 이 두 사람이야말로 세상을 끝없이 어지럽힌 '현학지사'들의 원조 격이기 때문이다. 유교의 대법(大法)에서 벗어나 청류지사(淸流之士)라 자칭하면서 여러 가지 형이상학적인 논쟁을 일삼는 무리를 현학지사(玄学之士)라고 한다. 현학(玄学)의 탄생과 과정에 대해서 얘기를 해보면 다음과 같다. 동한 시기에 청류지사(淸流之士)라고 자칭하는 무리가 생겼는데 이들이 위진남북조시대에 이르러 소위 청담(淸談)을 일삼다가 나중에 불가의 무리와 교우하면서 불교의 이치를 현담(玄談)과 혼용하여 조위 시대에 이르러 청담(淸談)은 드디어 현학(玄学)의 탄생을 촉진하게 되었다. 이들로 인해 정법대도(正法大道)인 충효(忠孝)와 인의(仁義)를 숭상하던 기풍이 위축되어 세상이 점차 어지러워지기 시작했는데, 이를 좀 더 들여다보면 그 당시 각 지방의 호족들이 자신들의 이익 보호를 위해 이러한 현학지사들을 앞장세워 군주(왕)의 무위(無爲)와 각 문벌들의 전권(全權)을 주장하게 되었다. 이로써 나라 경제와 민생이 피폐해졌으며 도시가 붕괴되고 대법(大法)이 무너졌으며 힘이 강한 호족들의 장원이 점점 늘어나는 난세가 되었는데, 중앙의 사대부들은 이를 바로잡을 엄두를 내지 못하고 그들과 영합하여 민생은 돌보지 않고 부귀영화를 누리면서 현학을 일삼았다. 이러한 현학지사들이 노자의 무위사상을 찬양하고 인의예법을 멸시하며 장자의 소요자족과 시비를 따지지 않는 초탈함에 새로운 가치를 부여했다. 이들이 선종을 세워 양생과 신선이 되는 법을 중시하고 부귀영화를 추구하는 데에 이르게 된 것이다. 그 무렵 왕필과 혜강(죽림칠현 중 한 사람) 같은 자들이 나타나 세상을 더욱 혼란스럽게 했다. 노자 도덕경의 알맹이를 이루는 사상은 사실 그렇게 어렵거나 심오한 것이 아니다. 모두 다 주역이나 불경 또는 전대의 여러 경전 속에 나와 있던 교훈들인데 노자가 그것을 어렵게 표현한 것이며 왕필이 역해를 하면서 다시 한번 비비 꼬아 오늘날의 도덕경이 된 것이다. 세상 사람들은 왕필이 겨우 18세 때 그 어려운 도덕경을 역해했다 하여 그를 불세출의 천재처럼 여기는데, 그가 도덕경을 역해할 때의 문리(文理)와 문체(文体)를 보면 다분히 현학적이며, 내용을 통달하여 쉬운 말로 표현할 수 있을 만큼의 학문적 소양이나 식견이 많이 부족했기 때문에 그를 진정한 천재라고 보기는 어려우며 그의 사람됨 역시 성현의 모습과는 거리가 멀다. 우리나라의 이이(율곡) 같은 분도 10세 이전에 이미 한시를 지었고 18세 무렵 땐 주역을 포함한 사서삼경을 비롯하여 거의 모든 동양 경전에 통달했지만 현명하게도 도덕경과 같은 현학지론을 멀리하고 정법대도인 유학과 성리학을 존숭하셨던 것이다. 하늘의 뜻인지 왕필은 23세를 끝으로 요절했고 혜강 역시 탕왕과 무왕, 그리고 공자와 주공까지 비난하다가 참형을 당하였다. 암우무능한 군주나 포악무도한 타국의 군주에 의해 백성들이 도탄에 빠졌을 때 충의지사(忠義之士)들이 앞장을 서겠는가, 아니면 이러한 현학지사(玄学之士)들이 앞장을 서겠는가? 노자와 장자, 그리고 왕필과 혜강 같은 무리는 결국 만고불변의 대진리이며 절대가치인 정법대도(正法大道)를 무시하고 자신들이 그 위에 있다고 외쳐대던 잘못된 오만 덩어리들에 다름 아니다. 『주역』은 삼경(三經) 중 하나이니 유교 경전임이 분명하다. 주역의 역사는 매우 오래된 것인데 이 주역 속에 이미 천지자연의 이치가 다 나와 있었기 때문에 이것을 깊이 공부한 유학자들은 대자연의 만물생육지심(萬物生育之心 : 만물을 낳고 기르는 대자연의 마음)이 바로 인(仁)이라는 사실을 잘 알고 있으며, 그러한 자연의 운행과 순리를 따름이 도(道)의 근본임을 익히 알고 있었던 것이다. 가장 뛰어난 이들은 율곡 선생처럼 젊은 시절에 이미 충효와 인의사상이 하늘 아래서 가장 큰 정법대도(正法大道)임을 깨달은 사람들이고, 그 다음가는 이들이 젊어선 노장사상 속에 깊숙이 빠졌다가 공부가 깊어진 중년 무렵에야 그것이 현학적인 말장난에 불과하고 진정으로 큰 것은 역시 충효와 인의의 대도(大道)임을 깨닫는 사람들(필자인 나도 여기에 속하는 사람임)이며, 가장 어리석은 무리가 바로 말년이 되어서도 여전히 정법대도(正法大道)의 위대함을 깨닫지 못하고 계속 노장사상이나 종교 속에 빠져서 그것을 만지작거리면서 찬양하는 무리다. 수많은 우리 동양의 유학자 중엔 장자보다도 더 호방하고 노자보다도 더 노자다운, 그 이상의 고매한 성품을 갖고 태어난 인물이 많았음을 알아야 한다. 기라성 같은 위대한 유학자들이 다 바보였는 줄 아는가? 오히려 그 반대였음을 알아야 한다는 말이다. 현대에 있어 노자의 도덕경을 해석하고 풀이하는 사람들은 유학에 대한 애착이 별로 없어 그 공부가 피상적이고 매우 일천하다. 그러한 사람들이 저서나 강연을 통하여 유교와 도덕경을 비교하곤 하기 때문에 일반 대중은 선입견이 좋지 않던 유교를 더욱 경시하게 되고 현학 속으로(종교 포함) 깊숙이 빠져들 수밖에 없는 것이다. 오늘날까지 도가 사상이 유교와 쌍벽을 이루면서 존숭되어온 것은 어리석은 무리가 노장사상에 심취해서 끊임없이 그 계보를 이어왔기 때문이지 진실로 그 크기와 가치가 유교와 거의 맞먹을 정도여서가 아님을 알아두시기 바란다. 타고난 인간 심성의 본질을 본성과 본능으로 나누시고, 4단의 근거를 들어 성선설을 주장하셨으며, 모든 천지 이치를 남김없이 통달하신 후 대법(大法)을 세워 우리 인류가 나아가야 할 큰길을 제시해주신 맹자 님은 전무후무하고 유일무이하신 태양과 같은 존재이며, 원숙한 학덕으로 우리에게 많은 가르침을 주시는 공자 님은 은은한 빛을 발해 갈 길을 제시해주는 달님과 같은 분이고, 노자와 장자 같은 이들은 밤하늘에 반짝이는 수십만 개의 별 중 그 크기와 빛이 조금 돋보이는 큰 별 중 하나 정도임을 밝혀두고자 한다. 나의 이 말이 지당함을 알아보는 이가 앞으로 언젠가는 한 명쯤 나오지 않을까 기대해본다. 그 옛날 맹자 님께서 그러했듯이. 도덕경은 사실 어려운 책이 아니다. 초등학교 때 배웠던 '어른에게 인사를 잘해라', '거짓말을 해선 안 된다' 등과 마찬가지로 인간으로서 갖추어야 할 기본적인 소양에 대해 적어놓은 책이다. 순리에 따르고 낮은 자세로 임하라는 등의 도덕경의 가르침은 초학자들이 갖추어야 할 기본적인 소양이라는 뜻이다. 그것을 현학적으로 비비 꼬아 놓은 것에 불과하다.

근자에 들어 일본에서 건너온 창가학회(S.G.I)라는 유사 종교가 무서운 기세로 그 영역을 확장해 나가고 있다. 한 민족을 황폐화시키는 방법엔 두 가지가 있다. 그 하나는 그 나라의 역사를 왜곡시키거나 없애버리는 것이고, 다른 하나는 그 민족의 혼이라고 할 수 있는 민족문화를 없애버리는 것이다. 그런데 우리는 우리 스스로 영명하신 조상님들께서 물려주신 위대한 민족문화를 쓰레기통에 처넣어버리고 다시는 돌아보지 않으려 하고 있다. 다른 민족을 침략하는 방법엔 세 가지가 있는데 그 하나는 옛날에 흔히 쓰던 군사적 침략이요, 그 두 번째가 경제적 침략이고, 가장 무서운 것이 바로 문화적 침략인데 어떤 사상이나 종교적 교리를 앞장세워 남의 나라에 그 세력을 확장하는 것이 가장 치명적인 문화적 침략인 것이다. 거기에 빠지면 그 나라의 고유한 민족문화가 시들고 그 나라의 민족혼도 죽어버리게 되는 것이다. 반만년의 유구한 역사를 이어온 자랑스러운 우리 민족의 위대한 정신문화가 군국주의 냄새가 물씬 풍기는 일본의 유사 종교 사상에 의해 훼손되어서야 되겠는가? 현재 S.G.I를 이끌고 있는 3대 회장인 일본인 이케다 다이사쿠는 인심(人心)에 매우 밝고 문자와 언어 구사력이 뛰어나 현자(賢者)의 삶을 흉내 내는 사이비 교주의 자질을 잘 갖춘 매우 야심 많고 집요한 인물이다. 우리나라를 문화대은의 나라라고 치켜세우면서도 한편으론 삼강오륜에 기초한 우리나라의 가부장 제도를 함부로 비하하고, 신라의 삼국통일을 치켜세우면서 우리나라의 역사적 비극을 은근히 조롱하고 있다. 우리 민족의 가부장 제도가 얼마나 위대한 제도인지 모르는 것은 그의 무식의 소치겠지만, 신라의 삼국통일에 대한 언급은 다분히 의도적이라고 보지 않을 수 없다. 그는 온 세계의 대학에서 학위를 다 받고 모든 나라에서 훈장을 다 받아야 직성이 풀리는지 극성스럽게 다니면서 학위와 훈장을 구걸하고 기를 쓰면서 교세를 확장해 나가고 있다. 마치 기업을 키우기 위해서 수단과 방법을 가리지 않고 밤낮없이 몰두하는 탐욕스런 기업인과 조금도 다르지 않다. 그에게 왜 그렇게 열심히 사느냐고 묻는다면 "그것은 세상 모든 사람의 잠자는 불성을 깨우쳐 바른 삶의 길에 들게 하고 잘못된 세상을 바로잡고 인류의 모든 난문제를 앞장서서 해결해나가기 위해서다."라고 강변할 것이다.

하지만 '법화경 : 묘법연화경'의 교리만을 신봉하던 니치렌(개종자)의 가르침으로 과연 세상을 바로 세울 수 있을까? 천만의 말씀이다. 이 세상은 한낱 법화경의 교리 따위로 바로 세울 수 있는 그런 대상이 아니다. 그것은 마치 네 개의 계란으로 천 톤 무게의 물탱크를 떠받칠 수 있다고 믿는 것과 같은 매우 어리석은 망상이다. 이케다 다이사쿠는 3대 회장에 취임한 지 50년이 되었지만 그동안 외형적인 교세의 확장만을 했을 뿐, 동양에서 서구 문명에 가장 철저하게 물들어가는 일본의 썩어 문드러진 모습을 바로 세우고자 했으나 그 뜻을 조금도 이루지 못했다. 그런 자가 어찌 세상을 바로잡고 세계를 구한단 말인가. 그와 같은 언어유희로 세상의 법도를 바로 세우려고 하다니 참으로 가소로운 자다. 그런 정도의 일본인을 스승으로 삼아 하늘처럼 존숭하고 따르는 배달민족의 후손들은 정신을 차려야 한다. 그렇지 못한 자들은 조부모를 죽인 원수에게 현혹되어 날마다 그 앞에 무릎을 꿇고 경배하는 어리석은 자들과 조금도 다름이 없음을 깊이 깨달아야 한다. 그는 자신의 국적과는 상관없이 그저 순수하게 진리만을 추구하는 학회 지도자일 뿐이라고 하겠지만 뼛속 깊이 일본의 군국주의적 정신이 배어있는 가장 일본인다운 일본인으로 우리나라에서 SGI 학회의 조직과 영향력을 확대시켜나가는 것은 명백한 문화적 침략에 다름 아니기 때문이다. 우리 민족이 일본 제국에게 얼마나 참혹하게 유린당하고 얼마나 큰 수모를 당했는지 결코 잊어서는 안 된다. 우리에겐 앞으로 전 인류를 선도해나갈 수 있는 우리 조상님들이 물려주신 위대한 윤리·도덕과 정신문화가 있는데 무엇 때문에 그런 가증스러운 일본인의 제자가 되려고 하느냐 말이다. 그의 가르침을 따르고 있는 우리 대한의 아들딸들은 하루빨리 귀에 짝짝 달라붙는 그의 언어의 마술에서 벗어나 우리의 전통문화를 배우고 익혀서 위대한 민족정기를 다시 일으켜 세우고 민족의 중흥을 위해서 앞장서야 할 것이며, 그처럼 사람의 심리에 밝고 요설과 조직에 능한 사특한 자는 순식간에 우리의 금수강산을 일본식 사고방식으로 길들이고 말 것이니 다시는 이 땅에 발을 붙이지 못하도록 당장 사제 관계를 끊고 각별히 경계하고 조심해야 할 것이다. 그는 일본 표 리본을 단 문화적 침략자일 뿐이다.

일본은 독도 문제 등 뭔가 트집을 잡아 반드시 우리를 침공할 것이다. 만약 그를 스승으로 받아들여 끝까지 따른다면 이는 어김없이 민족에 대한 반역으로 직결된다고 볼 수 있다. 이 말은 선견지명이 있어서 하는 말이니 모두 새겨들어야 한다. 그는 진정한 정법대도(正法大道)를 모르며, 그의 머릿속과 혈관 속에는 일본인의 의식과 일본인다운 피가 흐르고 있는 매우 위험한 자임을 모두 명심해야 한다는 말이다. 그들은 법화경의 가르침이 아니면 점점 더 강성해지는 이 인간 세상의 탐(貪: 탐욕), 진(瞋: 성냄), 치(痴: 어리석음)의 3독(三毒)을 결코 다스릴 방도가 없다고 강변하는데, 이것은 마치 한 번도 태평양같이 드넓은 대양을 본 적이 없는 사람이 자신의 마을 앞 호수가 가장 큰물이라고 우기는 것과 같다. 이는 이케다가 십 대 후반의 어린 나이에 2대 회장인 도다 조세이의 가르침에 깊이 동화되어 거기에 빠진 후 학문적 기초를 튼튼히 하지 못한 채 오직 법화경을 중심 삼아 교세 확장에만 일생을 바친 탓이다. 그들이 교주로 삼아 성인으로 존숭하는 니치렌(법명)이란 인물은 1253년 4월에 말법의 불행한 민중을 구할 수 있는 것은 오직 법화경밖에 없다면서 입종 선언을 하였는데, 매우 독선적이며 과격한 인물이었다. 그렇기는 하나 그래도 제법 기개가 있고 식견도 있는 사람이었으며, 화엄경, 금강경, 반야심경, 지장경 등 불교의 중요한 경문들 중 법화경이 유독 모든 인간의 심성 속에 불심이 들어있음을 강조하고 만인 존중의 사상을 담고 있는데 이는 맹자 님의 성선설과 닮아있다고 하겠다. 하지만 부처(석가)는 부모와 처자식 등의 가족을 등짐으로써 천륜(天倫)과 인륜(人倫)을 거역했다는 것이 치명적인 잘못이었고, 그의 모든 가르침 역시 공허한 곳으로 흘러 후세의 수많은 그의 추종자로 하여금 그것을 끝없이 확대시키고 왜곡시켜서 세상을 어지럽게 만든 원인을 제공했기 때문에 필자가 그를 인류 역사상 두 번째로 큰 죄를 지은 사람이라고 말하는 것이다. 기독교에서는 과거에 자신들이 성인이라고 믿는 전대의 요망한 기독교인들의 무덤을 파헤쳐 그 시신 쟁탈전을 벌여 그 시신의 유골 한 조각을 교회나 성당을 지을 터에 파묻은 후 건물을 짓거나 성당 건물 안에 모셔놓으면 성스러운 효험이 생겨 믿음이 깊어지고 복을 가져다준다고 굳게 믿었다. 그래서 그런 교회를 찾는 교인들이 구름처럼 몰려들어 그 교회는 큰돈을 벌어들였기 때문에 큰 싸움이 일어나서 그 죽은 시신들이 조각조각 토막이 나고, 짐승 뼈를 이용한 가짜 뼈를 파는 상인들이 수없이 생겨났다고 한다. 심지어는 그러한 과정에서 생겨난 도둑질이 깊은 신앙심에서 나왔기 때문에 '거룩한 도둑질'이고 죄가 되지 않는다고 생각했으며, 정성과 믿음만 있다면 짐승의 **뼈**도 성인(그들이 생각하는 성인)의 **뼈**와 다름없이 효험이 있다고 강변했으니 이 얼마나 한심한 일이며 또 이 얼마나 어리석은 무리인가. 그 사특함과 그 어리석음은 지금도 변함이 없으며 앞으로도 변함이 없을 것이다. 불가에서도 자신들이 고승이라고 믿는 이름 있는 승려들의 사리를 구하려고 애를 쓰고 있으며 그러한 사리를 절 안에 모셔놓고 그것을 내세워 신도들을 모으고 있으니 비록 기독교인들보다는 조금 나은 편이나 어리석기론 오십보백보인 것이다. 부모의 뜻을 거역하고 인륜을 무시하면서 그럴듯한 요설을 끝없이 늘어놓는 불가의 무리와 아집과 독선을 일삼으며 세상을 끝없이 어지럽히고 있는 예수 모자의 추종자들은 천손민족의 후손들로서 부끄러운 줄을 알고 조상님들의 영령 앞에 무릎을 꿇고 사죄한 후 정신을 차릴지어다. 과거에 교황청이 '면죄부'라는 것을 만들어 팔면서 지은 죄를 면해주고 사후에 천국으로 보내준다고 했는데, 지금도 일부 교회와 일부 사찰에서 그와 비슷한 행태를 보이고 있다. 신앙심이 깊다는 것이 아무 의심도 생각도 없이 맹목적으로 황당한 망언으로 가득 찬 가짜 역사책인 성경(위경)을 백 프로 믿고 추종한다는 것과 같은 의미라면 그런 신앙심은 버려야 한다.

현대의 '성녀'라고 일컬어지는 마더 테레사 수녀는 그녀의 비밀편지와 신앙고백을 통하여 그녀가 50년이란 삶 속에서 하나님의 존재를 느끼지 못한 채 고통스러운 영적 어둠을 겪으며 살아왔다고 했다. 이 고백은 그녀가 신이나 인생의 궁극적인 의미에 대해 전혀 의심을 품은 적이 없는 어리석고 석고상 같은 인물이 아님을 말해주는 것이다. 진지한 사고와 모색도 없이 금방 속아 넘어가서 마치 천국에서 몇 년쯤 살다가 온 사람처럼 열을 올려 선전을 해대는 어리석은 맹신자들과는 많은 차이가 있다고 하겠다. 이는 성철 스님이 불가의 교리에 많은 의심을 품은 것과 같다. 평생을 고독과 어둠 속에서 천국과 신의 존재를 찾으려 몸부림쳤던(있지도 않은 것을 찾으려 하니 힘들 수밖에), 그러면서도 애써 하나님이란 존재에 계속 미소 지으려고 노력했던 연약하고 가엾은 한 여인의 삶이 한없이 애처롭고 측은하게 느껴질 뿐이다. 왜 그러한 잘못된 길을 선택하여 그토록 힘든 삶을 살았단 말인가. 어리석은지고, 마더 테레사 수녀여! 결국 종교란 먼 옛날부터 모든 인류가 불안감에서 벗어나 마음의 안정을 얻고 복을 비는 마음으로부터 출발했는데, 각 지역마다 그 양상은 조금씩 달랐지만 그 심리는 똑같은 것이었다. 산중에 사는 사람들은 산신에게 제를 올리고 평지에 사는 사람들은 마을 앞의 오래된 당산나무 앞에서 제를 올리며, 어부들은 바닷속에 용왕님이 계실 거라 믿고 그를 향해서 제를 올렸던 것이다. 이런 현상이 바로 종교의 시발점인데 그들은 비록 어리석기는 해도 순수함이 있어 차라리 밉지가 않다. 내가 그들보다도 특히 종교와 종교인들을 미워하는 것은, 그들이 그럴듯한 궤변을 장황하게 늘어놓으면서 독선과 아집과 맹신에 빠져 분쟁과 탐욕과 위선과 자아도취에 탐닉하면서 인륜대도(人倫大道)와 진리(眞理)를 흐리게 하여 세상을 끝없이 어지럽히고 인류의 앞날을 어둡게 하고 있기 때문이다. 다음 장에서는 우리가 대수롭지 않게 여기고 있는 『명심보감』과 『소학』이 과연 어떤 책인지 깊이 있게 한번 살펴보고자 한다.

제 5 장

명심보감과 소학

명심보감(明心宝鑑)과 소학(小学)은 아이들 또는 초학자들이나 보는 그저 그런 책이 아니다. 명심보감은 마음을 밝혀주는(맑게 해주는) 보배로운 거울과 같고, 소학은 모든 동양 경전을 공부하기 전에 반드시 배워야만 하는 필독서이다. 이 두 가지 책을 확실하게 공부하지 않고 동양 고전을 논하는 사람은 기초공사 없이 지어놓은 고층 건물과 같다. TV에서 영상포교를 하는 종교지도자들이나 『논어』나 『도덕경』을 강설하며 동양 고전을 전공했다는 사람들의 강의가 어딘지 모르게 어설프고 깊이가 없으며 경박해 보이는 것은 모두 이들이 명심보감과 소학을 제대로 깊이 있게 공부하지 않았기 때문이다. 그래서 그들에게 남을 가르치는 일은 잠시 접어두고 먼저 이 두 권의 책을 다시 한번 정신을 가다듬고 정식으로 공부하라고 권하고 싶다. 그러면 다시금 진정한 학문의 세계에 발을 내딛게 될 것이며, 인간의 도리에 진실로 눈뜨게 될 것이다. 명심보감이나 소학을 그저 어린이들이나 보는 책이라고 가볍게 여기는 자들은 모두 수십 년째 눈으로만 글을 읽고 입으로만 말을 해온 천학(淺学)들이라고 봐도 틀림이 없는 것이다.

1부

『명심보감』

　명심보감은 1300년대 초, 고려 말 충렬왕 때 로당(露堂) 추적(秋適)이 옛 성현들의 말씀 중에서 가려 뽑아 썼다고 전해오고 있으며, 그로부터 250여 년이 흐른 1550년 봄에 율곡 선생이 처음으로 이 책의 서문(序文)과 발문(跋文 : 책의 끝에 책의 내용에 대해서 간략하게 적은 후기)을 썼는데 그 내용은 다음과 같다. 먼저 서문(序文)의 내용을 보자.

　"명심보감은 무슨 이유로 지었는가? 옛사람이, 후학들이 이(利)를 따르고 의(義)를 잊음을 근심하여 지었다. 대개 사람이 태어남에는 천명(天命)의 성(性)과 기질(氣質)의 성(性)이 있다. 천명의 성은 도심(道心)을 이르고, 기질의 성은 인심(人心)을 이른다. 도심(道心)은 인, 의, 예, 지(仁, 義, 禮, 智)와 성명(性命)의 바름이요, 인심(人心)은 지각(知覺)과 운동(運動) 그리고 형기(形氣)의 사사로움이다. 그 바른 것을 행하면 이(利)를 구하지 않아도 저절로 이롭지 않음이 없고, 그 사사로움을 따르면 이(利)를 구해도 얻지 못하며 오히려 해로움이 이미 따른다. 그런데 인심은 위태로운 것이고 도심은 그 의지가 미미하여 반드시 이 두 가지 사이를 살펴서 오직 정밀히 조심하고 오직 한결같이 하여 측은, 수오, 사양, 시비의 마음을 확충하여 일신(一身)의 주재가 되게 하고, 이목구비 사지백체의 욕심을 금지해서 매양 자기 마음의 올바른 명령을 따르면 위태한 것은 가라앉아 안전해지고 미미한 것은 드러나서 본심의 밝은 모습이 밝지 않음이 없을 것이다. 그러므로 중용의 솔성(率性)과 대학의 명덕(明德)이 모두가 이런 뜻을 담고 있는 것이다. 지금 이 책(명심보감)을 살펴보니 제유(諸儒)의 설(說)을 섞어 인용하여 문리와 어맥이 『중용』과 『대학』의 관통하는 바와는 같지 않다. 그러나 그 가르치고자 하는 바는 또한 천명(天命)이 부여한 혼연(渾然)한 이치에 근본하고, 사람의 일용과 윤리의 밖에서 구하려 하지 않아 글의 절(節)마다 인도하고 구(句)마다 깨우쳐서 사람으로 하여금 악을 버리고 선에 나아가며 의(義)를 따르고 이(利)를 잊게 했으니, 이 책의 지음이 어찌 우연한 것이라고 할 수 있으랴! 사람이 거울을 가지고 몸을 비춰서 그 용모의 바르지 못한 것을 보면 반드시 그것을 알아 바르게 할 것이다. 이 책을 보고 제 몸을 돌이켜 구해서 마음을 살피고 몸 닦기를 또한 거울로 얼굴을 비추어 그 모습을 고치는 것과 같이한다면 거의 이 책의 제목에서 보이는 뜻을 얻어서 그 마음의 바름을 잃지 않을 것이다."

약관(20세)의 나이 때 쓴 글이라고는 믿기지 않을 정도로 그 내용과 표현력이 뛰어난 글이다. 말년의 다산(정약용)보다도 월등하게 품격이 높고 큰 그릇임을 느끼게 해주는 글이다. 다음은 역시 그가 그 나이 때 쓴 발문(跋文)의 내용이다.

"지난겨울에 가친(家親: 아버지)께서 영남에서 돌아오실 적에 손수 명심보감 한 권을 가지고 오셨는데 거기에 실린 수백여 말들이 모두 선(善)을 권하고 악(惡)을 징계하는 글이었다. 나는 자주 펴 읽으면서 일찍이 팔을 치며 감탄치 않을 수 없었다. 대개 선현(先賢)의 가언(嘉言 : 아름다운 말씀)과 격설(格說 : 품위 있는 말씀)이 전(傳)과 기(記)에 뒤섞여 나옴이 어찌 이것에 그치겠는가마는 이 책처럼 말은 간략하면서도 뜻이 갖추어진 것은 있지 않았다. 책 이름이 『명심보감』이라고 한 것이 어찌 우연한 일이겠는가. 만일 배우는 자로 하여금 이렇게 좋은 말들을 보고 익히게 한다면, 이미 더럽혀진 허물을 씻고 아직 덜 묻은 때도 씻어낼 수 있을 것이니 세상의 마음을 밝히려는 자가 이 책을 버려두고 무엇으로써 할 수 있겠는가? 만일 마음을 가라앉히고 뜻을 음미하면서 살핀다면 모든 사람으로 하여금 선을 좋아하고 악을 미워하는 마음을 감발(感發) 시켜 반드시 작은 도움이라도 없지는 않겠기에 이와 같이 말하여 뒤에 덧붙인다."

독자들께서 율곡이 쓴 이 서문과 발문을 읽어보면 『명심보감』이 어떤 책인지 느낌이 오리라 믿는다. 명심보감은 기사증보 20편과 통행증보 5편까지 총 25편으로 되어있는데, 필자가 골라서 더욱 의미가 깊은 문장만을 소개하고자 하니 독자들께선 마음을 가다듬고 그 뜻을 깊이 생각해보면서 마음을 착하고 맑게 가지는 데 힘쓰길 바라는 마음 간절하다. 지면상 그 원문을 생략하고 역해한 뜻만 적으려 하니 반쪽 글이 된 듯하여 허전하지만 쉬운 말로 풀어써서 그 의미만 똑바로 전달된다면 필자의 노력이 헛된 일은 아닐 것이다. 글은 진실되고 알맹이가 있어야 한다. 읽을 때는 그럴 듯했지만 마지막 책장을 덮은 다음 머릿속에 남은 것이 별로 없다면 무슨 소용이 있겠는가? 오직 확실하게 깨우쳐 천지 이치에 융회관통한 사람만이 크고 작음을 분별할 줄 알고 참과 거짓을 가릴 줄 알아서 참으로 내용이 충실한 책을 쓸 수가 있는 것이다. 창작도 좋지만 그것이 알맹이가 보잘것없다면 어디에 쓰겠는가? 무엇보다도 중요한 것은 지금까지 인류가 남긴 모든 것 중에서 과연 무엇이 가장 크고 가장 보배로운 진주인가를 알아서 그것을 찾아내서 그 진수를 쉬운 말로 누구나 알기 쉽게 풀어써서 책으로 펴내 좋은 세상을 만드는 일인 것이다. 다른 책의 역해와 비교해 보시길 바란다.

1. 계선편(繼善篇 : 선행을 이어나감)

✼ 공자께서 말씀하셨다. "선한 일을 하는 사람은 하늘이 복으로 갚으며, 악한 일을 하는 사람은 하늘이 화로써 갚는다."

✼ 한나라 소열황제(유비 현덕)가 죽음에 임하여 아들에게 유언하였다. "선(善)이 작다고 해서 하지 않아서는 안 되고, 악(惡)이 작다고 해도 하지 말아야 한다."

✼ 장자(莊子)가 말하였다. "하루라도 선한 일을 생각하지 않으면 모든 악이 저절로 일어난다."

✼ 마원(馬援: 후한 광무제 때의 名將)이 말하였다. "평생 동안 선한 일을 행해도 선은 오히려 부족하고, 단 하루라도(한 가지라도) 악한 일을 행하면 그 악은 오래도록 남아있게 된다."

✼ 경행록(景行錄)에서 말하였다. "은혜와 의리를 널리 베풀어라. 사람이 살아가면서 어디서든 만나지 않겠는가? 원수와 원망을 맺지 말라. 길이 좁은 곳에서 만나면 피하여 돌아가기 어렵게 되느니라."

✼ 장자가 말하였다. "나를 선하게 대하는 사람에게도 선하게 대하며, 나를 악하게 대하는 사람에게도 역시 선하게 대해야 한다. 내가 남에게 악하게 대하지 않는다면 남도 나에게 악하게 대하지는 않을 것이다."

✼ 동악성제(東岳聖帝)가 내린 훈계에서 말하였다. "하루에 선한 일을 행했으면 복은 아직 이르지 않을지라도 화는 저절로 멀어질 것이며, 하루에 악한 일을 행했으면 화는 비록 이르지 않을지라도

복은 저절로 멀어지게 된다. 선한 일을 하는 사람은 봄 동산의 풀과 같아서 그 자라남이 보이지는 않지만 날마다 더한 바가 될 것이며, 악한 일을 하는 사람은 칼을 가는 숫돌과 같아서 그 손상됨이 보이지는 않지만 날마다 닳아지는 바가 될 것이다."

⊛ 율곡 선생이 말하였다. "선한 일을 하되 명예를 가까이하는 것이라면 이는 이익을 꾀하는 마음이다. 군자가 보기엔 이것은 담구멍을 뚫는 도둑보다 더 심한 잘못인데 하물며 선하지 못한 일을 하면서 이익을 취하는 것이랴!"

⊛ 장여헌(張旅軒 : 광해군과 인조 때의 성리학자) 선생이 말하였다. "선한 일을 보았을 때 반드시 따라가면 세상의 선한 일을 다 할 수 있을 것이며, 허물이 있을 때 반드시 고친다면 온몸의 허물을 다 없앨 수 있을 것이다. 선을 따라서 모두 선한 데에 이르고, 허물을 고쳐서 허물이 없는 데에 이르도록 노력해야 할 것이다."

2. 천명편(天命篇 : 하늘의 명)

❀ 맹자 님께서 말씀하셨다. "하늘의 이치에 순종하는 사람은 보존되고, 하늘의 이치에 거역하는 사람은 망하느니라."

❀ 현제(玄帝)가 내린 훈계에서 말하였다. "사람의 사사로운 말도 하늘이 듣기에는 우레와 같이 크게 들리고, 어두운 방에서 마음을 속일지라도 하늘의 눈은 번갯불과 같이 환하다."

❀ 익지서(益智書 : 중국 宋代의 교양서적)에서 말하였다. "나쁜 마음이 가득 차게 되면 하늘이 반드시 큰 벌을 주느니라."

❀ 장자가 말하였다. "만일 사람이 착하지 못한 일을 하고서 이름을 세상에 나타낸 자는 남이 비록 해치지 않더라도 하늘이 반드시 그를 벌하게 되느니라."

❀ 증광현문(增廣賢文)에서 말하였다. "오이를 심으면 오이를 얻을 것이요 콩을 심으면 콩을 얻을 것이니, 하늘의 그물은 넓고 넓어서 성긴듯하지만 하나도 빠뜨리지 않는다."

❀ 근사록(近思錄 : 南宋의 朱子와 여조겸의 공저)에서 말하였다. "하늘의 이치를 따르면 이로움을 구하지 않아도 저절로 이롭지 않음이 없고, 사람의 욕심을 따르면 이로움을 구해도 얻지 못할 뿐만 아니라 도리어 해로움이 따르게 된다."

❀ 공자께서 말씀하셨다. "하늘에 죄를 지으면 빌 곳이 없다."

❀ 충암(沖庵 : 조선 중종 때의 성리학자) 선생이 말하였다. "군자는 하늘의 이치를 즐기고 운명을 안다. 따라서 근심하거나 두려워하지 않는다."

3. 순명편(順命篇 : 하늘의 명에 따름)

❀ 자하(子夏: 孔門十哲 중의 한 사람)가 말하였다. "죽고 사는 것은 명(命)에 있고, 부하고 귀하게 됨은 하늘에 달려있다."

❀ 명현집(名賢集)에서 말하였다. "모든 일의 분수가 이미 정해져 있는데 속절없이 인생이 바쁘구나."

❀ 경행록에서 말하였다. "화는 요행으로 면할 수 없고, 복은 두 번 다시 구할 수 없다."

❀ 명을 아는 사람은 이익을 보더라도 동요하지 않고, 죽음에 임해서도 원망하지 않는다.

❀ 재물에 임해서는 구차하게 얻으려 하지 말고, 어려움에 임해서는 구차하게 면하려고 하지 말라.

4. 효행편(孝行篇 : 효도를 실천함)

❀ 시경(詩經)에서 말하였다. "아버님 날 생기게 하시고 어머님 날 기르셨으니 슬프고 슬프도다, 부모님이여! 나를 살게 하심에 고생만 하셨도다. 그 깊은 은혜를 갚고자 하는데 하늘이 다함이 없도다(하늘처럼 그 은혜가 너무나 크기 때문에 도저히 다 갚을 수 없다는 말. 즉 그 은혜가 큼을 깨닫고 불효하지 말고 정성껏 효도해야 한다는 뜻이다)."

❀ 효경(孝經)에서 말하였다. "효자가 어버이를 섬김에 있어서 거처함에는 공경을 다 하고, 봉양함에는 즐거움을 다 하고, 병중에는 근심을 다 하고, 상중에는 슬픔을 다 하고, 제사 때는 엄숙함을 다 해야 하는 것이다."

❀ 공자께서 말씀하셨다. "부모님이 살아 계시거든 멀리 가서 놀지 않으며, 놀더라도 반드시 일정한 방향이 있어야 한다."

❀ 예기(禮記)에서 말하였다. "부모님께서 명하여 부르시거든 속히 대답하고 느리게 대답하지 말며, 입에 음식이 있거든 뱉고 하던 일의 손을 놓고 달려갈지니라."

❀ 강태공이 말하였다. "어버이에게 효도하면 자식 또한 효도할 것이고, 자신이 이미 불효했다면 자식이 어찌 효도하겠는가?"

❀ 증광현문에서 말하였다. "부모에게 효도하고 순한 사람은 다시 효도하고 순한 자식을 낳을 것이며, 부모에게 거역한 사람은 또한 거역하는 자식을 낳을 것이다. 믿지 못하겠거든 저 처마 끝의 낙수를 보라. 방울방울 떨어짐에 조금도 어긋남이 없다."

❀ 증자(曾子)가 말하였다. "부모가 사랑하시거든 기뻐하여 잊지

말고, 부모가 미워하시거든 마음으로 두려워하되 원망하지 말고, 부모에게 잘못이 있으면 간하되(공손하게 말씀드리되) 거스르지 말아야 한다."

※ 나중소(羅仲素 : 중국 南宋 때의 성리학자)가 말하였다. "천하에 자식에게만큼은 옳지 않은 부모가 없다 하였으니 자식을 길러보아야 바야흐로 부모의 은덕을 알 것이다."

※ 퇴계 선생이 말하였다. "효도는 백 가지 행실의 근본이 되므로 한 행실이 어그러지면 그 효도는 온전한 효도가 될 수 없다."

5. 정기편(正己篇 : 몸을 바르게 함)

❀ 성리서(性理書)에서 말하였다. "남의 선함을 보면 나의 선함을 찾아보고, 남의 잘못을 보면 나의 잘못을 찾아야 할 것이니, 이렇게 해야만 바야흐로 유익함이 있느니라."

❀ 경행록에서 말하였다. "대장부는 마땅히 남을 용서할지언정 남의 용서를 받는 처지가 되어서는 안 된다."

❀ 강태공이 말하였다. "내 몸이 귀하다고 해서 남을 천시하지 말고, 자기가 크다고 해서 작은 것을 업신여기지 말고, 자기의 용기를 믿고서 적을 가볍게 여기지 말라."

❀ 마원이 말하였다. "남의 잘못을 들으면 마치 부모 이름을 들은 것처럼 귀로 들을지언정 입으로 말해선 안 된다."

❀ 강절소(康節邵) 선생이 말하였다. "남이 나를 비방하는 말을 듣더라도 화내지 말고, 남이 나를 칭찬하는 말을 듣더라도 기뻐하지 말며, 남이 어떤 이가 나쁘다는 말을 하는 것을 듣더라도 맞장구를 치지 말고, 남이 어떤 이가 착하다는 말을 하는 것을 듣거든 이에 화답하고 또 함께 기뻐해야 한다. 그는 또 시에서 말하였다. 선한 사람 보기를 즐겨하고 선한 일 듣기를 즐겨하고, 선한 말하기를 즐겨하고, 선한 뜻 행하기를 즐겨하고, 남의 잘못을 들으면 가시덤불을 등에 진 듯이 하고, 남의 선함을 들으면 향기로운 풀을 지닌 듯 하라."

❀ 증광현문에서 말하였다. "나의 잘함을 말해주는 사람은 나를 해치려는 사람이며, 나의 잘못을 말해주는 사람은 나의 스승이다."

❀ 강태공이 말하였다. "부지런함은 값을 따질 수 없는 보배가 되고, 삼감은 몸을 보호하는 부적이 되느니라."

❀ 마음을 안정하고 일에 응하면, 비록 글을 읽지 않았다고 하더라도 덕이 있는 군자가 될 수 있다.

❀ 근사록에서 말하였다. "분함 억누르기를 불 끄듯이 하고, 욕심 막기를 물 막는 것처럼 하라."

❀ 경행록에서 말하였다. "삶을 보전하려는 사람은 욕심을 적게 하고, 몸을 보전하려는 사람은 명예를 피해야 한다. 욕심을 없애기는 쉬우나 명예를 없애기는 어렵다."

❀ 공자께서 말씀하셨다. "모든 사람이 좋다고 할지라도 반드시 살펴보고, 모든 사람이 싫어할지라도 반드시 살펴보아야 한다."

❀ 모든 일을 너그럽게 처리하면 그 복이 저절로 두터워진다.

❀ 강태공이 말하였다. "외밭에서 신을 고쳐 신지 말고, 오얏나무 아래에서는 갓을 고쳐 쓰지 말라(즉 의심받을 일을 하지 말라는 뜻)."

❀ 무릇 노는 것은 무익하고, 오직 부지런함만이 공이 있다.

❀ 귀로는 남의 잘못을 듣지 말고, 눈으로는 남의 단점을 보지 말며, 입으로는 남의 허물을 말하지 않아야만 거의 군자라고 할 수 있다.

❀ 채백개(蔡伯喈 : 중국 후한 때 인물)가 말했다. "기쁨과 노여움은 마음에 있고, 말은 입에서 나오니 삼가지 않을 수 없다."

❀ 좋은 약은 입에 쓰지만 병에는 이롭고, 충성스런 말은 귀에는 거슬리지만 행실에는 이롭다.

6. 안분편(安分篇 : 분수에 편안함)

☸ 경행록에서 말하였다. "만족할 줄 알면 즐거울 것이요, 탐욕에 힘쓰면 근심하게 된다."

☸ 지나친 생각은 한갓 정신을 상하게 할 뿐이요, 망령된 행동은 도리어 재앙을 부르느니라.

☸ 만족할 줄 알아서 항상 만족하면 평생 치욕이 되지 않고, 그칠 바를 알아서 항상 그치면 평생 부끄러움이 없을 것이다.

☸ 서경(書經)에서 말하였다. "가득하면 줄어들게 되고 겸손하면 이익을 보게 된다."

☸ 안분음(安分吟 : 중국 南宋 때의 安分詩)에서 말하였다. "분수에 편안히 하면 몸에 욕됨이 없고, 기미(세상 이치)를 알면 마음이 한가롭다. 비록 인간 세상에 살지라도 도리어 인간 세상을 넘어선 것이다."

진정한 유법천지有法天地를 향하여 중

7. 존심편(存心篇 : 마음을 보존함)

❀ 경행록에서 말하였다. "밀실에 앉아 있어도 사거리에 있는 듯이 삼가고, 마음 다스리기를 여섯 마리 말을 부리듯이 조심하면 허물을 면할 수 있다."

❀ 범충선공(范忠宣公 : 중국 北宋 철종 대의 재상)이 자제에게 훈계하였다. "아주 어리석은 사람이라도 남을 꾸짖는 데는 밝고 아무리 총명한 사람이라도 자기를 용서함에는 어두운 것이니, 너희는 마땅히 남을 책망하는 마음으로 자신을 책망하고 나를 용서하는 마음으로 남을 용서한다면 성현의 지위에 도달하지 못할까 근심할 것이 없다."

❀ 소서(素書 : 보통 黃石公素書라 불린다)에서 말하였다. "조금 베풀고 많이 바라는 사람은 보답을 받지 못하고, 귀하게 되어 천할 때를 잊은 사람은 오래가지 못한다."

❀ 공자께서 말씀하셨다. "총명하고 생각이 슬기롭더라도 어리석은 듯 지켜야 하고, 공적이 천하를 덮을지라도 사양으로 지켜야 하며, 용기와 힘이 세상에 떨칠지라도 겁냄으로 지켜야 하고, 부함이 온 천하를 차지했을지라도 겸손으로 지켜야 한다."

❀ 은혜를 베풀었으면 보답을 바라지 말고, 남에게 주었으면 후회하지 말라.

❀ 주자가 말하였다. "입 지키기를 병마개 막듯이 하고 뜻 막기를 성 지키듯이 하라."

❀ 법을 두려워하면 언제나 즐겁고, 공적인 일을 속이면 날마다

근심하게 된다.

❈ 마음으로 남을 버림이 없다면 얼굴에 부끄러운 빛이 없다.

❈ 이경석(조선 인조 때의 재상)이 말하였다. "선비는 정직과 충후(진심 어린 후덕함)로 근본을 삼을 것이니, 정직하되 충후하지 않으면 각박하고, 충후하되 정직하지 않으면 나약하다."

8. 계성편(戒性篇 : 성품을 경계함)

⚘ 경행록에서 말하였다. "사람의 성품은 물과 같아서 물이 한 번 엎질러지면 되돌릴 수 없듯이 성품도 한 번 방종하게 되면 돌이킬 수 없다. 물을 막는 것은 반드시 제방으로써 하고, 성품을 제어하는 것은 반드시 예법으로써 한다."

⚘ 한때의 분을 참으면 백일 동안의 근심을 면한다.

⚘ 참을 수 있는 대로 참고 경계할 수 있는 대로 경계하라. 참지 않고 경계하지 않으면 작은 일도 크게 된다.

⚘ 어리석고 혼탁한 사람이 남을 꾸짖고 성내는 것은 모두 사리에 통하지 못했기 때문이다. 그런다고 마음에 불을 더하지 말고, 다만 귓가에 스치는 바람으로 여기라. 장점과 단점은 집집마다 있기 마련이고, 덥고 서늘함은 곳곳마다 마찬가지다. 옳고 그른 것을 다투면 서로 도움이 없어서 마침내는 빈 것이 되어버린다.

⚘ 자장(子張 : 공자의 제자)이 하직 인사를 하면서 "원컨대 몸을 닦는 데 좋은 말씀을 해주십시오."

공자 왈 "모든 행실의 근본은 참는 것이 제일이니라."

"어째서 참아야 합니까?"

"천자(황제)가 참으면 나라에 해로움이 없고, 제후가 참으면 큰일을 이루며, 벼슬아치가 참으면 지위가 올라가고 형제가 참으면 집안이 부귀해지며, 부부가 참으면 평생을 함께 지내고, 벗끼리 참으면 이름이 떨어지지 않으며, 자신이 참으면 근심과 해로움이 없게 된다."

자장이 다시 물었다.

"참지 않으면 어떻게 됩니까?"

"천자가 참지 않으면 나라가 위태롭고, 제후가 참지 않으면 그 몸을 잃으며, 벼슬아치가 참지 않으면 법에 걸려 죽고, 형제가 참지 않으면 각각 따로 떨어져서 살게 되며, 부부가 참지 않으면 서로 갈라져서 남이 되어 자식을 고아로 만들고, 벗끼리 참지 않으면 근심이 없어지지 않는다."

이에 자장이 말하였다.

"참으로 좋은 말씀입니다. 참는 것은 어려운 일입니다. 사람이 아니면 참을 수 없고 참지 못하면 사람이 아닙니다."

▣ 경행록에서 말하였다. "자신을 굽히는 사람은 중요한 일을 처리하고, 이기기를 좋아하는 사람은 반드시 적을 만나게 된다."

▣ 악한 사람이 선한 사람을 꾸짖으면 선한 사람은 전혀 상대하지 말라. 상대하지 않으면 마음이 한가하여 욕하는 자의 입만 들끓게 된다. 마치 사람이 하늘에 침을 뱉는 것과 같아서 도로 자기 몸에 떨어지는 것이다.

▣ 회재(晦齋 : 이언적. 조선 중종 때의 인물) 선생이 말하였다. "진리는 내 성품에 갖추어져 있고, 그 이론은 모두 책에 담겨있다. 진실로 그 뜻을 독실하게 한다면 얻지 못할 이치가 없다."

진정한 유법천지有法天地를 향하여 중

9. 근학편(勤学篇 : 부지런히 배움)

⑧ 예기(禮記)에서 말하였다. "옥도 다듬지 않으면 그릇이 될 수 없고, 사람은 배우지 않으면 도(道)를 알지 못한다."

⑧ 장자(莊子)가 말하였다. "사람이 배우지 않으면 하늘에 오르려고 하나 재주 없는 것과 같고, 배워서 지혜가 심원해지면 마치 상서로운 구름을 헤치고 푸른 하늘을 보고 높은 산에 올라 천하를 바라보는 것과 같다."

⑧ 강태공이 말하였다. "사람이 나서 배우지 않으면 마치 어두운 밤길을 가는 것과 같다."

⑧ 논어에서 말하였다. "배움은 늘 부족한 듯이 하고, 배운 것은 항상 잃어버릴까 두려워해야 한다."

⑧ 한문공(韓文公 : 중국 唐代의 유학자인 한유. 字는 退之이며 唐宋八大家의 으뜸이자 宋, 明 理學의 선구자로서 맹자 님의 위대함을 알아보는 지혜가 있었고 唐, 宋, 明 시대의 모든 학자 중 주자와 더불어 가장 크고 가장 뛰어난 분이다)이 말하였다. "사람으로서 옛날과 지금에 통하지 못하면(배우지 못해 무지하면) 말과 소에게 옷을 입혀놓은 것과 같다."

⑧ 주문공(朱子)이 말하였다. "집안이 가난하더라도 가난 때문에 배움을 그만둬서는 안 되며, 집안이 넉넉하더라도 넉넉함을 믿고서 배움을 게을리해서는 안 된다. 가난하더라도 부지런히 배우면 출세할 수 있고, 넉넉하더라도 부지런히 배우면 이름이 빛날 것이다. 오직 배운 사람이 높이 되는 것을 보았을 뿐 배운 사람으로서 성공하지 못하는 것을 보지 못했다. 배움은 몸의 보배요 배운 사람

은 세상의 보배다. 그러므로 배우면 군자가 되고 배우지 못하면 소인이 되니 후세에 배우려는 자는 마땅히 각각 이에 힘써야 할 것이다."

  보충설명 : 여기서 배운다는 것은 사람의 도리를 배운다는 것이고, 성공이라 함은 배움을 통해 인격을 완성한다는 뜻이며, 나아가서 그를 바탕으로 이름을 얻고 벼슬까지 한다는 뜻이다.

  ❀ 휘종황제(중국 北宋의 8代 임금)가 말하였다. "배운 사람은 벼와 곡식과 같고 배우지 못한 사람은 쑥대와 풀과 같다. 벼와 곡식 같음이여! 나라의 훌륭한 양식이자 세상의 큰 보배로다. 쑥대와 풀 같음이여! 농사짓는 자가 싫어하고 김 매는 자가 괴로워한다. 다음에 담장(막다른 곳, 즉 한심한 처지)에 마주쳤을 때 뉘우쳐도 이미 늙어버린 뒤다."

  ❀ 퇴계 선생이 말하였다. "국가에서 학교를 세우고 선비를 기르는 것은 그 뜻이 대단히 높다. 스승과 학생 사이는 더욱 마땅히 예의를 제일로 하여 스승은 엄하고 학생은 공경하여 각각 그 도(道)를 다해야 한다."

10. 훈자편(訓子篇 : 자식을 훈계함)

❀ 장자(莊子)가 말하였다. "일이 비록 작더라도 하지 않으면 이룰 수 없고, 자식이 비록 어질지라도 가르치지 않으면 총명하게 되지 못한다."

❀ 지극한 즐거움은 책을 읽는 것만 한 것이 없고, 지극한 요체는 아들을 가르치는 것만 한 것이 없다.

❀ 한서(漢書 : 중국 二十五史 중 하나로 후한의 사학자 班固가 前漢의 高祖로부터 왕망까지 12世 230년간의 역사를 기록한 책인데, 『후한서』와 대비되어 흔히 『전한서』라고도 불린다)에서 말하였다. "상자에 황금을 채워두는 것이 자식에게 경서 하나를 가르치는 것만 못하고, 자식에게 천금을 주는 것이 그에게 한 가지 재주를 가르치는 것만 못하다."

❀ 강태공이 말하였다. "아들을 가르치지 않으면 자라서 반드시 난폭하고 어리석게 되며, 딸을 가르치지 않으면 자라서 반드시 거칠고 솜씨가 없어지게 된다."

❀ 엄한 아버지는 효자를 길러내고, 엄한 어머니는 효녀를 길러낸다.

❀ 아이를 사랑하거든 매를 때리고, 아이를 미워하거든 밥을 많이 주어라.

❀ 사람들은 모두 구슬과 옥을 사랑하지만 나는 자식과 손자의 어짊을 사랑한다.

❀ 경행록에서 말하였다. "보화는 사용하는데 끝이 있지만 충효(忠孝)는 아무리 누려도 다함이 없다."

❀ 명현집(名賢集)에서 말하였다. "집이 화목하면 가난해도 좋거니와, 의롭지 못하면 부자가 된들 무엇 하겠는가? 다만 효성스러운 자식 하나만 있으면 좋을 것이니, 불효하는 자손이 많다고 해서 무엇에 쓰겠는가?"

❀ 아버지가 근심하지 않음은 자식이 효성스럽기 때문이고, 남편이 고민하지 않음은 아내가 어질기 때문이다. 말이 많아서 실수를 하는 것은 대부분 술 때문이고, 의가 끊어지고 친척과 멀어짐은 다만 돈 때문이다.

❀ 이미 평상시보다 넘치는 즐거움을 취하였거든, 모름지기 예기치 못한 근심에 대비해야 한다.

❀ 하늘에는 예측할 수 없는 바람과 비가 있고, 사람에게는 아침, 저녁으로 닥쳐올 수 있는 화와 복이 있다.

❀ 경행록에서 말하였다. "나무를 잘 기르면 뿌리가 굳고 가지와 잎이 무성하여 기둥과 들보의 재목을 이루고, 물을 잘 다스리면 샘의 근원이 풍부하고 흐름이 길어서 물을 대는 이로움이 많을 것이며, 사람을 잘 기르면 뜻과 기운이 크고 식견이 밝아서 충의로운 선비가 나올 수 있을 것이니 어찌 든든한 인재를 잘 기르지 않겠는가?"

❀ 증광현문에서 말하였다. "호랑이의 털과 가죽은 그릴 수가 있

어도 그 뼈를 그리기는 어렵고, 사람의 얼굴은 알지만 그 마음은 알 수가 없다."

🏵 얼굴을 마주하고 함께 이야기를 나누지만 마음은 천산(千山)이나 첩첩이 막혀있다.

🏵 경행록에서 말하였다. "남과 원한을 맺는 것을 화를 심는다고 말하며, 착한 일을 버리고 하지 않는 것은 스스로를 해친다고 말한다."

🏵 배부르고 따뜻하면 음욕을 생각하게 되고, 굶주리고 추워야만 도의의 마음이 나온다.

🏵 만약 한 쪽 말만 들으면 곧 서로의 사이가 멀어질 것이다.

🏵 총애를 받으면 욕됨이 올까 생각하고, 편안하게 살면 위험이 있을까 염려하라.

🏵 소광(疏廣 : 중국 전한 宣帝 때의 정치가)이 말하였다. "어진 사람이 재물이 많으면 그 뜻을 해치기 쉽고, 어리석은 사람이 재물이 많으면 그 허물을 더한다."

🏵 복이 있어도 다 누리지 말라. 복이 다하면 몸이 가난하게 될 것이다. 권세가 있어도 다 부리지 말라. 권세가 다하면 원수와 서로 만나게 된다. 복은 항상 스스로 아끼고, 권세는 항상 스스로 공손해야 한다. 사람이 살아가면서 교만하고 사치하면 처음은 있으나 끝이 없는 경우가 허다하다.

🏵 한 가지 일을 경험하지 않으면 한 가지 지혜가 자라지 못한다.

🏵 황금 천 냥이 귀한 것이 아니고, 덕을 지닌 사람의 한마디 말이 천금보다 낫다.

🏵 사람의 의리는 모두 가난한 데서 끊어지고, 세상 인정은 곧

돈 있는 집으로 향한다.

⚜ 공자께서 말씀하셨다. "선비로서 도(道)에 뜻을 두고서 나쁜 옷과 나쁜 음식을 부끄러워하는 자와는 더불어 의논할 수 없다."

⚜ 재동제군(梓潼帝君 : 도교 인물)이 내린 훈계에서 말하였다. "묘약도 원채병(자기가 잘못을 저지른 데에 따른 업보로 생긴 병)은 고치기 어렵고 횡재도 운수가 궁한 사람을 부자로 만들지는 못한다. 일을 만들고서 일이 생기는 것을 네가 원망하지 말고, 남을 해치면서 남이 해치는 것을 네가 성내지 말라. 천지자연은 모두 보답이 있기 마련이니 멀게는 자손에게 있고 가깝게는 자신에게 있느니라."

⚜ 하루 동안 맑고 한가로우면 하루의 신선인 것이다.

진정한 유법천지有法天地를 향하여 중

12. 성심편(省心篇 : 마음을 살핌) 二.

⊛ 진종황제(眞宗皇帝 : 중국 北宋의 3代 임금)의 어제(임금이 지은 글)에서 말하였다. "위태로움과 험함을 알면 끝까지 법을 어기지 않고, 착하고 어진 이를 천거하면 저절로 몸을 편안히 할 길이 있게 된다. 은혜와 덕을 베풀면 대대로 영광스럽게 되고, 시기하는 마음을 품고 원한을 사면 자손에게 위태로움과 근심을 물려준다. 남을 해치고 자기를 이롭게 하면 끝내 자손이 영달하지 못하고, 여러 사람을 해치고 집안을 이루면 어찌 그 부귀가 오래 가겠는가? 이름을 갈고 몸을 달리하는 것은 모두가 교묘한 말재주 때문에 생기고, 화를 일으켜 몸을 다치게 되는 것은 모두 어질지 못함이 부르는 것이다."

⊛ 신종황제(神宗皇帝 : 중국 北宋의 6代 임금) 어제에서 말하였다. "도리에 어긋난 재물을 멀리하고, 정도에 지나친 술을 경계하며, 반드시 이웃을 가려 살고, 반드시 벗을 가려 사귀며, 시기하는 마음을 품지 말고 헐뜯는 말을 입에 담지 말고, 동기간(同氣間: 형제자매간)에 가난한 자를 소원하게 하지 말고, 타성(他姓) 사람의 부유한 자에게 아첨하지 말며, 자신을 극복함에는 부지런하고 검소함을 첫째로 삼고, 대중을 사랑함에는 겸손하고 화목함을 우선으로 하며, 항상 지나간 잘못을 생각하고, 매양 앞날의 허물을 생각하라. 만약 나의 이 말을 따른다면 나라와 집안 다스림이 오래갈 수 있을 것이다."

⊛ 고종황제(高宗皇帝 : 중국 南宋 때의 첫째 임금) 어제에서 말하였다.

"하나의 불티가 수많은 섶 더미를 태울 수 있고, 반 마디 잘못된 말이 한평생의 덕을 그르치게 훼손한다. 몸에 한 벌 누더기를 입더라도 항상 베 짜는 여인의 노고를 생각하고, 하루 세 끼의 밥을 먹더라도 매양 농부의 고생을 생각하라. 구차하게 탐내고 시기하여 남에게 손해를 끼치면 마침내 십 년간의 편안함이 없게 되고, 선(善)을 쌓고 인(仁)을 보전하면 반드시 후손에게 영화가 있게 된다. 복된 인연과 좋은 경사는 흔히 덕행을 쌓음에서 생기며, 성인의 경지에 들어가고 범인(凡人)을 뛰어넘는 것은 모두 진실함에서 얻어진다."

⊛ 공자가어(孔子家語)에서 말하였다. "물이 너무 맑으면 고기가 없고, 사람이 너무 살피면 친구가 없다."

⊛ 남의 흉함을 불쌍히 여기고, 남의 착함을 즐거워하며, 남의 급함을 구제하고, 남의 위험을 구원해야 한다.

⊛ 경행록에서 말하였다. "대장부는 착한 것을 보는 것이 밝기 때문에 명분과 절개를 태산보다 소중하게 여기고, 마음을 쓰는 것이 깨끗한 까닭으로 죽고 사는 것을 기러기 털보다 가볍게 여긴다."

⊛ 눈으로 본 일도 오히려 진실이 아닐까 염려되는데, 등 뒤에서 한 말을 어찌 깊이 믿을 수 있겠는가?

⊛ 자기 집 두레박 줄 짧은 것은 탓하지 않고, 단지 남의 집 우물이 깊은 것만 탓한다.

⊛ 장원시(壯元詩)에서 말하였다. "나라가 바르면 천심(天心: 민심)이 순하고, 관리가 청렴하면 백성이 저절로 편안하다. 아내가 어질면 남편이 화를 당하는 경우가 적고, 자식이 효성스러우면 아비의 마

음이 너그럽게 된다."

❀ 공자께서 말씀하셨다. "나무가 먹줄을 따르면 곧아지고, 사람은 간(諫 : 충고)함을 받아들이면 성스러워진다."

❀ 증광현문에서 말하였다. "큰 집 천 칸이 있을지라도 밤에 눕는 곳은 여덟 자뿐이요, 좋은 밭 일만 이랑을 가졌더라도 날마다 먹는 것은 두 되뿐이다."

❀ 오래 머물면 사람이 천해지고, 자주 오면 친하던 사이도 멀어진다. 너무 자주 만나면 보는 것이 처음과 같지 않으리라.

❀ 주역(周易)에서 말하였다. "덕은 적은데 지위가 높고 지혜는 미약한데 큰일을 도모하면 화를 당하지 않는 경우가 드물다."

❀ 익지서(益智書)에서 말하였다. "백옥은 진흙탕에 던지더라도 그 빛을 더럽힐 수 없고, 군자는 혼탁한 곳에 가더라도 그 마음을 어지럽힐 수 없다. 따라서 소나무와 측백나무는 눈과 서리를 견디어낼 수 있고, 밝은 지혜는 위태롭고 어려운 일을 겪어낼 수 있다."

❀ 자기가 저지른 일은 다시 자신이 받는다.

❀ 성리서(性理書)에서 말하였다. "자기가 하기 싫은 것을 남에게 베풀지 말고, 행해서 얻음이 없으면(남에게 잘해줘도 외면하면) 돌이켜 자신을 반성해야 한다."

❀ 술이 사람을 취하게 하는 것이 아니라 사람이 스스로 취하는 것이고, 여색이 사람을 미혹시키는 것이 아니라 사람이 스스로 미혹되는 것이다.

13. 입교편(立教篇 : 가르침을 세움)

❀ 경행록에서 말하였다. "정치를 하는 요점은 공평함과 청렴함
이고 집안을 이루는 방법은 검소함과 부지런함이다."

❀ 독서는 집안을 일으키는 근본이요, 이치를 따름은 집안을 보
존하는 근본이요, 부지런하고 검소함은 집안을 다스리는 근본이
요, 화목하고 순종함은 집안을 정제하는 근본이다.

❀ 오교(五敎 : 다섯 가지 가르침, 즉 五倫)의 덕목은 아비와 자식 사
이에는 친함이 있어야 하고, 임금과 신하 사이에는 의리가 있어야
하고, 남편과 아내 사이에는 분별이 있어야 하고, 어른과 아이 사이
에는 차례가 있어야 하고, 친구 사이에는 믿음이 있어야 한다는 것
이다.

❀ 삼강(三綱)은 임금은 신하의 벼리(綱 : 모범, 근본, 벼리 줄)가 되고,
아버지는 자식의 벼리가 되고, 남편은 아내의 벼리가 되는 것이다.

❀ 격몽요결에서 말하였다. "자식을 낳아 조금 알기 시작할 때부
터 일찍이 참됨으로 인도해야 한다. 만일 어려서 가르치지 않고 어
른이 되어버리면 버릇이 나빠지고 본래의 마음을 잃게 되어 가르
치기가 매우 어렵게 된다."

❀ 우암(송시열) 선생이 말하였다. "학문을 의논함에는 사물의 이
치를 잊지 말고, 정치를 의논함에는 반드시 학문에 근본해야 한다.
사물을 잊어버리지 않음으로써 학문이 쓸모가 있게 되고, 반드시
학문에 근본함으로써 정치가 그 도리를 얻는다."

보충설명 : 여기서 사물의 이치란 하늘의 뜻 또는 대자연의 섭리,

진정한 유법천지有法天地를 향하여 중

즉 道 또는 道理를 말한다. 그리고 성리학에 있어서의 도리란 하늘의 이치(理)와 합일된 사람의 본성인 4단(四端: 인, 의, 예, 지의 작은 싹)을 키워 7정(七情: 기쁨, 노여움, 슬픔, 두려움, 사랑, 미움, 욕심)을 자제하고 조절해야 한다는 것이다. 또 사람의 본성인 4단은 우주의 법칙에 해당하는 理에서 온 것이고, 사람의 감정이나 기질에 해당하는 7정은 우주 안에 가득 찬 氣로부터 온 것이라고 할 수 있다.

  ※ 화서(이항로) 선생이 말하였다. "학문은 실제로 얻음(실천을 통한 인격 완성)이 귀중한 것이니, 만일 끝내 실제로 얻음이 없다면 천하의 낭패가 이보다 심한 것은 없다."

14. 치정편(治政篇 : 나라를 다스림)

❀ 명도(明道: 중국 北宋 때의 성리학자. 성명은 정호이며 정이의 형으로 함께 二程으로 크게 명성을 떨쳤음) 선생이 말하였다. "처음으로 벼슬을 하는 선비라도 진실로 사물(사람 포함)을 사랑하는 마음을 지닌다면 남들에게 반드시 도움이 될 바가 있을 것이다."

❀ 동몽훈(童蒙訓: 중국 宋代의 유학자 여본중이 쓴 책)에서 말하였다. "벼슬하는 방법에 오직 세 가지가 있으니, 청렴함과 신중함과 근면함이다. 이 세 가지를 알고 있다면 벼슬하는 사람으로서 처신하는 방법을 아는 것이다."

❀ 임금 섬기기를 어버이 섬기듯 하고, 관장(官長) 섬기기를 형 섬기듯 하며 동료를 가족처럼 여기고, 여러 아전을 내 집 하인처럼 대하며, 백성을 아내나 자식처럼 사랑하고, 관청 일을 집안일처럼 처리한 후에야 내 마음을 다 했다고 할 수 있다. 만약 털끝만큼이라도 그렇게 하지 못한 것이 있다면 모두 내 마음이 미진(未盡)한 바가 있는 것이다.

❀ 유안례가 백성을 대하는 도리를 묻자 명도 선생이 말하였다. "백성들로 하여금 참된 심정을 털어놓을 수 있도록 해야 한다." 또 관리를 다스림에 대한 물음에는 "내 몸을 바르게 함으로써 대상을 바로잡아야 한다."고 했다.

❀ 포박자(抱朴子 : 중국 晉代의 갈홍이 지은 책)에서 말하였다. "도끼를 맞아 죽을지라도 바른말로 간언하며, 솥에 삶아져 죽임을 당할지라도 옳은 말을 다 한다면 충신(忠臣)이라고 말할 수 있다."

진정한 유법천지有法天地를 향하여 중

❀ 목민심서에서 말하였다. "훌륭하게 정치를 하는 사람은 반드시 인자한 것이니, 인자하고자 하는 자는 반드시 청렴해야 하고, 청렴하고자 하는 자는 반드시 검소해야 하는 것이므로 절약해서 쓰는 것은 지방 장관의 첫째가는 힘쓸 바다."

15. 치가편(治家篇 : 집안을 다스림)

❀ 사마온공이 말했다. "모든 손아랫사람과 어린 사람은 크고 작은 일을 막론하고 제멋대로 하지 말고 반드시 집안 어른에게 여쭈어보아야 한다."

❀ 손님 접대는 풍성하게 하지 않을 수 없고, 집안 살림은 검소하게 하지 않을 수 없다.

❀ 강태공이 말하였다. "어리석은 사람은 아내를 두려워하고, 어진 여자는 남편을 공경한다."

❀ 자식이 효성스러우면 어버이가 즐거워하고, 집안이 화목하면 모든 일이 이루어진다.

❀ 때때로 불이 날까 예방하고, 밤마다 도둑이 들어올까 대비하라.

❀ 문중자(文仲子 : 중국 수나라 때의 유학자, 성명은 王通)가 말하였다. "혼인을 하면서 재물을 따지는 것은 오랑캐의 도리이다."

❀ 퇴계 선생이 말하였다. "부부는 인륜의 시작이며 만복의 근원이다. 비록 지극히 친밀한 사이지만 한편으론 지극히 바르고 조심해야 할 처지이거늘, 세상 사람들은 모두 예절과 공경을 잊고, 서로 너무 급히 가까워져서 마침내는 업신여기고 능멸하게 되고 하지 못할 바가 없게 되는 것이니, 이는 모두가 서로 조심하지 않는 데서 비롯된 것이다."

❀ 사소절(士小節)에서 말하였다. "검소한 사람은 절약하므로 항상 여유가 있어서 베풀 수 있고, 사치한 사람은 스스로에게 두텁게 하므로 항상 부족하여 남에게 인색하다."

16. 안의편(安義篇 : 義 안에 편안함)

❀ 소동파가 말했다. "부유하다고 가까이하지 않고 가난하다고 멀리하지 않음이 바로 인간 대장부요, 부유하면 찾아가고 가난하면 돌보지 않음이 바로 진짜 소인배이다."

❀ 장자(莊子)가 말하였다. "형제는 손발과 같고 부부는 의복과 같으니, 의복이 떨어지면 다시 새것을 입을 수 있지만 손발이 끊어지면 잇기 어렵다."

❀ 이충무공(이순신)이 일찍이 말했다. "대장부가 세상에 나서 나라에서 써주면 목숨을 바칠 것이고, 써주지 않으면 들에서 농사를 지어도 좋을 것이다. 권력층에 잘 보여서 한때의 영화를 바라는 것을 나는 심히 부끄러워한다."

❀ 순자가 말하였다. "자신을 아는 사람은 남을 원망하지 않고, 운명을 아는 사람은 하늘을 원망하지 않는다. 의리를 앞세우고 이득을 뒤로하는 사람은 영화롭고, 이득을 앞세우고 의리를 뒤로하는 사람은 치욕을 당한다."

17. 준례편(遵禮篇 : 예를 따름)

❀ 공자께서 말씀하셨다. "집안에 거할 때 예가 있으므로 어른과 아이의 분별이 있고, 규문(안방)에 예가 있으므로 삼족이 화목하며, 조정에 예가 있으므로 벼슬과 지위에 차례가 있고, 군대에 예가 있으므로 무공을 이룰 수 있다."

❀ 공자께서 말씀하셨다. "군자가 용기만 있고 예가 없으면 세상을 어지럽히게 되고, 소인이 용기만 있고 예가 없으면 도둑이 된다(여기서 군자라 함은 인격을 갖춘 대인을 말함이 아니고, 제후와 같은 지위를 가진 인물을 말함이다)."

❀ 맹자 님께서 말씀하셨다. "조정에서는 벼슬 높은 이를 존중하고, 마을에서는 나이 많은 이를 존중하며, 세상을 돕고 백성을 기름에는 덕이 높은 이가 으뜸이다."

❀ 늙은이와 젊은이, 어른과 아이는 하늘이 정한 차례이니 이치를 어기고 도를 상하게 해서는 안 되느니라.

❀ 공자께서 말씀하셨다. "문밖에 나가면 사람들을 귀한 손님을 대하듯이 하고, 백성을 부림에는 큰 제사를 모시듯이 해야 한다."

❀ 만약 남이 나를 소중히 여기기를 바란다면, 내가 남을 중히 여기는 것보다 나은 방법은 없다.

❀ 아비는 아들의 덕을 말하지 않고, 아들은 아버지의 허물을 말하지 않아야 한다.

❀ 소의(少儀 : 예기 속의 편 이름)에서 말하였다. "빈 그릇을 들더라도 가득 찬 그릇을 든 것처럼 조심하고, 빈방에 들어가더라도 사람

이 있는 것처럼 하라."

⚉ 정암(조광조) 선생이 말하였다. "몸가짐은 마땅히 엄한 가운데 공손함이 있어야 하고, 공손한 가운데 엄함이 있어야 할 것이니, 이것이 이른바 예와 악을 잠시라도 몸에서 버릴 수가 없는 것이다."

❀ 유희가 말하였다. "말이 이치에 맞지 않으면 말하지 않는 것만 못하다."

❀ 엄군평(전한 武帝 때 사람)이 말하였다. "입과 혀는 화와 근심의 문이요, 몸을 해치는 도끼이다."

❀ 남을 이롭게 하는 말은 솜처럼 따뜻하고, 남을 해치는 말은 가시처럼 날카롭다. 남을 이롭게 하는 한마디 말은 소중하기가 천금과 같고, 남을 해치는 한마디 말은 아프기가 칼로 베는 것 같다.

❀ 사람을 만나서는 조금만 말을 해야 하고, 완전히 속마음을 털어놓아서는 안 된다. 호랑이 세 마리의 입을 무서워하지 말고, 다만 인정의 두 마음 품는 것을 두려워하라.

❀ 기언(記言 : 조선 효종 때, 허목의 시문집)에서 말하였다. "잘못을 부끄럽게 여김은 마음을 경계하는 것만 못하고, 말을 조심함은 삼가 침묵하는 것만 같지 못한 것이니, 삼가 침묵하는 사람은 말이 적다. 말이 적으면 경계함이 온전하고 말을 경계하면 잘못이 적다."

19. 교우편(交友篇 : 벗과의 사귐)

❈ 공자께서 말씀하셨다. "선한 사람과 같이 지내면 마치 지초와 난초가 있는 방에 들어간 것 같아서 오래되면 그 향기를 맡지 못하지만 곧 그와 같이 변할 것이고, 선하지 못한 사람과 같이 지내면 마치 생선가게에 들어간 것과 같아서 오래되면 그 냄새를 맡지 못해도 곧 그와 같이 변할 것이다. 단사를 갖고 있는 사람은 붉어지고, 옻칠을 갖고 있는 사람은 검어진다. 그러므로 군자는 반드시 함께 지내는 사람을 삼가야 한다."

❈ 군자의 사귐은 담담하기가 물과 같고, 소인의 사귐은 달기가 단술과 같다.

❈ 술과 음식을 먹을 때 형제와 같은 친구는 천 명이나 되지만, 위급하고 어려울 때의 친구는 한 명도 없다.

❈ 공자께서 말씀하셨다. "안평중은 사람 사귀기를 잘한다. 오래될수록 공경하는구나."

❈ 서로 알고 지내는 사람은 세상에 가득하지만, 마음을 알 수 있는 사람은 몇이나 되겠는가?

❈ 길이 멀어야 달리는 말의 힘을 알 수 있고, 날이 오래되어야 사람의 마음을 알 수 있다.

❈ 송홍(중국 후한 광무제 때의 정치가)이 말하였다. "가난할 때 사귄 친구는 잊을 수 없고, 고생을 함께한 아내는 내쫓을 수 없다."

❈ 열매 맺지 않는 꽃은 심지 말고, 의리 없는 친구는 사귀지 말라.

❀ 퇴계 선생이 말하였다. "옛날의 이른바 군자는 스승과 벗이 없는 이가 없었다. 뜻을 같이하는 사람끼리 서로를 찾고, 길을 같이하는 사람끼리 서로 도왔으므로 학문을 이루고 덕을 세울 수가 있었다."

진정한 유법천지有法天地를 향하여 중

❀ 강태공이 말하였다. "부인의 예절은 말소리가 반드시 작아야 한다."

❀ 익지서에서 말하였다. "여자에게 훌륭한 네 가지 덕이 있으니 첫째는 부인의 덕이고, 둘째는 부인의 말이며, 셋째는 부인의 용모이고, 넷째는 부인의 솜씨이다. 부인의 덕이란 청렴하여 절개가 곧고 분수를 지키고 몸가짐을 가지런히 하며, 행동거지에 염치가 있고 동작에 법도가 있는 것이다. 부인의 말이란 말을 가려서 하고 예에 어긋나는 말을 하지 않고, 때에 맞게 말을 하여 남들이 그 말을 싫어하지 않게 하는 것이다. 부인의 용모란 얼굴 표정을 화순하게 하고 먼지와 때를 닦고 빨아서 의복을 깨끗이 하며, 때때로 목욕하여 온몸에 더러움이 없게 하는 것이다. 부인의 솜씨란 집안을 청결하게 정돈하고 주기가 많은 술을 좋아하지 않으며, 좋은 음식을 장만하여 가족과 손님을 잘 접대하는 것이다."

❀ 집안에 어진 아내가 있으면 남편은 뜻밖의 화를 당하지 않는다.

❀ 어진 아내는 육친(六親 : 부모, 형제, 처자의 여섯 친족)을 화목하게 하고, 간사한 아내는 육친의 화목을 깨뜨린다.

❀ 사조절에서 말하였다. "부드러우면서 정조 있는 것이 부인의 덕이고, 부지런하고 검소한 것이 부인의 복이다."

❀ 주역에서 말하였다. "선을 쌓지 않으면 족히 명예를 얻을 수 없고, 악(惡)을 쌓지 않으면 족히 몸을 망치지 않거늘 소인은 작은 선을 유익함이 없다 하여 행하지 않고, 작은 악을 해로움이 없다 하여 버리지 않는다. 그러므로 악이 쌓여서 가리지 못하고 죄가 커져 풀지 못한다."

22. 팔반가(八反歌 : 여덟 가지 거스름)

❀ 어린 자식들은 천 마디 말을 하되 그대가 듣기에 항상 싫지 않고, 부모는 한 번 입을 열면 한관(閑管 : 쓸데없는 참견)이 많다고 말한다. 이는 한관이 아니라 친히 마음에 걸리고 끌려서이니, 흰머리가 되도록 긴 세월에 아는 것이 많으니라. 그대에게 권하노니 늙은 사람의 말을 공경히 받들고 젖 냄새나는 입으로 길고 짧음을 함부로 다투지 말라.

❀ 어린 자식의 오줌과 똥의 더러움은 그대 마음에 싫어하거나 꺼려함이 없으되, 늙은 어버이의 눈물과 침이 떨어짐은 도리어 미워하고 싫어하는 뜻이 있느니라. 여섯 자의 이 몸이 어느 곳에서 왔는고, 아버지의 정(精)과 어머니의 피로 그대의 몸이 이루어졌느니라. 그대에게 권하노니 늙어가는 부모님을 공경하여 대접하라. 젊었을 때 그대를 위하여 살과 뼈가 닳으셨느니라.

❀ 어버이를 봉양함에는 다만 두 분인데도 항상 형제들과 다투고, 아이들을 기름엔 비록 열 자식이 되더라도 그대가 스스로 맡는다. 아이의 배부르고 따뜻함은 항상 친히 묻되, 부모의 배고프고 추운 것은 마음에 있지 않느니라. 그대에게 권하노니 어버이를 봉양함에 있는 힘을 다하라. 당초에 옷과 밥이 그대에게 빼앗김을 당했느니라.

❀ 어버이는 십 분의 사랑함이 있으되 그대는 그 은혜를 생각지 않고, 자식은 일 분의 효도함이 있으면 나아가 그 이름을 자랑하느니라. 이처럼 어버이를 대함은 어둡고 자식을 대함은 밝으니, 누가

어버이의 자식 기르는 마음을 알까? 그대에게 권하노니 아이들의 효도를 크게 믿지 말라. 아이들, 아버지와 자식은 그대의 몸에 달렸다(먼저 부모님께 효도하여 아이들의 본보기가 되어야 한다는 뜻이다).

23. 효행편(孝行篇 : 효도하는 행실) 二.

　　⑧ 손순(경주 孫氏의 시조, 신라 42대 흥덕왕 때 신라 三器의 하나였던 석종을 얻은 효자)이 젊을 때 집이 가난하여 그의 아내와 더불어 남의 집에 품을 팔아 어머니를 봉양하였는데, "아이가 있어 언제나 어머니의 밥을 빼앗아 먹으니, 아이는 또 얻을 수 있거니와 어머니는 가시면 다시 뵙기 어렵다." 하고 마침내 아이를 업고 귀취산 북쪽 교외로 가서 눈물을 흘리면서 묻으려고 땅을 팠는데 문득 심히 기이한 석종(石鍾)이 있거늘 놀랍고 괴이하게 여겨 시험 삼아 쳐보니 소리가 멀리 퍼져 듣기가 좋았다. 이에 아내가 말하기를 "이 기이한 물건을 얻은 것은 아마도 우리 아이의 복인 듯하니 땅에 묻는 것은 옳지 못하다." 하거늘 손순도 그러리라 여겨 아이와 종을 가지고 집으로 돌아와 대들보에 매달고 쳤더니 이때 왕이 그 종소리가 맑고 멀리 퍼져 이상함을 듣고서 그 사실을 자세히 조사하여 알고 말씀하시기를 "옛적에 곽거(중국 후한 때의 효자)가 아들을 묻으려 했을 적엔 금으로 만든 가마솥을 얻었는데, 이제 손순이 아들을 묻음엔 땅에서 석종이 나왔으니 앞과 뒤가 서로 꼭 맞는다."라고 하면서 집 한 채를 주고 해마다 쌀 50석을 주었다.

24. 염의편(廉義篇 : 청렴과 의리)

☸ 인관이 장에서 솜을 파는데 서조라는 자가 있어 곡식으로 솜을 사 가지고 돌아갈 즈음 솔개가 그 솜을 채가서 인관의 집에 떨어뜨렸다. 인관이 서조에게 솜을 돌려보내며 말하기를 "솔개가 너의 솜을 내 집에 떨어뜨렸으므로 너에게 돌려보낸다."고 하니, 서조가 말하기를 "솔개가 솜을 채다가 너에게 준 것은 하늘이 한 것이다. 내가 어찌 받겠는가?"라고 했다. 인관이 말하기를 "그렇다면 솜 값으로 받은 너의 곡식을 돌려보내겠다."고 하자, 서조가 말하기를 "내가 너에게 준 지가 벌써 두 장이나 지났으니 곡식은 이미 너의 소유다."고 했다. 그리하여 두 사람이 서로 사양하다가 솜과 곡식을 다 함께 장에 버리니, 장을 맡아 다스리는 관원이 이 사실을 임금께 아뢰어 모두 벼슬을 받았다.

☸ 홍기섭(조선 순조 때의 인물)이 젊었을 때에 가난하여 집안에 먹을 것 입을 것 등의 생활용품이 떨어졌는데, 하루는 아침에 어린 계집종이 기뻐하여 뛰어와 돈 일곱 냥을 바치면서 말하기를 "이것이 솥 안에 있으니 쌀이 몇 섬이요, 나무가 몇 바리 어치입니다. 참으로 하늘이 주신 것입니다."고 했다. 이에 공이 놀라서 말하기를 "이것이 어찌된 일인고?" 하고 곧 돈 잃은 사람은 찾아가라는 글을 써서 대문 위에 붙여놓고 기다렸다. 얼마 후 유 씨라는 자가 찾아와 글 뜻을 묻자 공은 자세히 내용을 말해주었다. 유 씨가 말하기를 "남의 솥 안에다 돈을 잃을 리가 없으니 참으로 하늘이 주신 것입니다. 왜 취하지 않으십니까?" 하자 공이 말하기를 "나의 물건이

아닌데 어찌 취하겠는가?" 하였다. 유 씨가 엎드려 말하기를 "소인이 솥을 훔치러 왔다가 가세(家勢)가 너무 쓸쓸한 것을 가엾게 여겨 도리어 이것을 놓고 갔습니다. 소인은 이제 공의 청렴함에 감동하고 양심이 저절로 우러나와 다시는 도둑질을 않을 것을 맹세하옵고 앞으로는 항상 옆에서 모시기를 원하오니 염려 마시고 취하소서."라고 했다. 이에 공이 즉시 돈을 돌려주며 말하기를 "네가 어진 사람이 된 것은 좋으나 이 돈은 취할 수 없다." 하고 끝내 받지 않았다. 뒤에 공은 판서가 되고 그의 아들 재룡은 헌종의 부원군이 되었으며, 유 씨 또한 신임을 얻어 자기 몸과 집안이 크게 번창하였다.

⚅ 고구려 평원왕의 딸이 어렸을 때에 울기를 잘하니, 왕이 희롱하여 말하기를 "너를 장차 바보온달에게 시집보내리라."고 했다. 딸이 장성하자 상부(上部) 고 씨에게 시집을 보내려 하니, 딸이 임금은 식언(食言)을 해서는 안 된다 하며 굳이 사양하고 마침내 온달의 아내가 되었다. 온달이 집이 가난하여 구걸하여 어머니를 봉양하니, 당시 사람들이 지목하여 바보온달이라고 한 것이다. 하루는 온달이 산속으로부터 느릅나무 껍질을 짊어지고 돌아오니, 임금의 딸이 찾아와 "나는 그대의 아내입니다." 말하고 머리의 장식품 등을 팔아 밭과 집과 기물을 꽤 많이 사고, 말을 많이 길러 온달을 내조하여 마침내 크게 영달하게 하였다.

❀ 주자가 말하였다. "오늘 배우지 않아도 내일이 있다고 말하지 말며, 금년에 배우지 않으면서 내년이 있다고 말하지 말라. 해와 달은 점차 지나가는 것이니, 세월은 나를 위해 기다려주지 않는다. 아! 늙었구나. 이 누구의 허물인고."

❀ 소년은 늙기 쉽고 학문은 이루기 어려우니, 한 치의 시간도 가벼이 여기지 말라. 연못가의 봄풀이 아직 꿈에서 깨지 못했는데 어느덧 뜰 앞의 오동나무는 벌써 가을 소리를 내는구나.

❀ 도연명의 시에서 말하였다. "성년은 거듭 오지 않고 하루의 새벽은 두 번 있기 어려우니, 때에 맞추어 마땅히 학문에 힘쓸지어다. 세월은 결코 사람을 기다려주지 않느니라."

❀ 순자가 말하였다. "반걸음을 점차 쌓아가지 않으면 천 리에 이르지 못할 것이고, 작은 물을 모으지 않으면 결코 강하(江河)를 이루지 못하느니라."

2부

『소학(小学)』

『소학』 역시 『명심보감』과 마찬가지로 인간 도리의 가장 근본적인 정신이 담긴 보배로운 책이다. 세상 사람들은 흔히 『소학』을 어린아이들이나 보는 책으로 생각하기 쉬우나, 저 유명한 조광조의 스승이던 김굉필도 '소학 동자'라고 불릴 만큼 성인이 된 뒤에도 『소학』을 항상 곁에 두고 반복해서 읽었다고 한다. '소학파'란 학통이 생겨난 것은 고려 신하로 굳게 지조를 지켰던 길재로부터 시작하여, 세조에게 항거하여 관직을 버린 김숙자(金叔滋)로 이어졌고, 다시 김숙자의 아들인 김종직에게, 김종직은 그의 제자인 김굉필에게 영향을 주었고, 스승인 김굉필로부터 영향을 받은 조광조 역시 『소학』을 중심으로 경서 공부를 열심히 했다고 전해지고 있다. 그래서 『소학』은 사림파의 핵심교재로 사용되었으니 전술한 『명심보감』과 이 『소학』이야말로 우리 인류가 남긴 동서양의 수많은 책 중에서 이 시대의 보통 사람들에게 가장 중요하고 가장 필요한 책이라고 말하고 싶은 것이다. 『소학』은 내(内), 외(外) 두 편으로 나뉘어 있으며, 내편에서는 경전(經傳)을 인용한 유교 윤리의 개론을 말하고, 외편에서는 내편에서 설명한 것을 중국 고대와 한(漢)나라 이후 사람들의 언행에 의하여 실증하고 있다. 앞부분인 내편은 입교(立敎), 명륜(明倫), 경신(敬身), 계고(稽古)의 네 권으로 이루어져 있고, 뒷부분인 외편은 가언(嘉言 : 아름다운 말씀)과 선행(善行)의 두 권으로 이루어져 있다.

소학(小学)은 남송(南宋)의 대 유학자인 주자(朱子)가 지은 것으로 알고 있는데, 실은 그의 친구였던 유청지(劉淸之)의 원고에 주자가 가필(加筆)하여 꾸민 것이라고 전해지고 있다.

소학의 머리말

　옛날 『소학』에서 사람을 가르치되, 물 뿌리고 쓸며 응하고 대답하며 나아가고 물러서는 예절과 부모를 사랑하고 어른을 공경하며 스승을 존경하고 벗을 가까이하는 도리로써 하니, 이는 다 몸을 닦고 집안을 정제하며, 나라를 다스리고 천하를 편안하게 하는 근본이 되는 까닭이니, 반드시 그들로 하여금 아직 어렸을 때에 배우고 익히게 하는 것은 그 습관이 지혜와 더불어 자라게 하고, 교화가 마음과 더불어 이루어져서 서로 막아서 이르지 못하게 하여 배움을 감당하지 못하는 근심을 없애고자 함이다. 이제 그 완전한 글을 비록 볼 수는 없으나 전해오는 기록에 섞여 나오는 것이 또한 많건만, 읽는 사람들이 때때로 옛날과 지금이 마땅함이 다르다 함으로써 실행하지 않거니와 이는 특히 소학의 도리가 예와 지금에 조금도 다를 것이 없어 지금도 충분히 행하지 못할 것이 없음을 알지 못하기 때문이다. 이제 자못 찾아 모아서 이 책을 만들어 아이들에게 주어 그 배우고 익힘을 도우려 하니 풍속을 교화하는데 만분의 일이라고 도움이 있기를 바랄 뿐이다.

　〈보충설명 : 지금 전해지는 『소학』이 나오기 전에도 아이들을 가르치던 책(예전의 소학)이 있었는데 진시황제의 분서갱유로 소실되고, 남은 여러 가지 책에서 조금씩 찾아 모아 오늘날까지 전해져 오는 『소학』을 다시 쓰게 되었다는 말이다. 원래 소학이란 아이들을 가르치는 학교를 의미하기도 했으며, 사서(四書)인 대학, 논어, 맹자, 중용에 이 『소학』을 더해 오서(五書)라 하는 것이다.〉

1. 내편(內篇)

一. 입교편(立敎篇 : 교육의 내용과 방법을 수록함)

스승 된 사람으로 하여금 어린이들을 가르치는 방법을 깨닫게 하고, 아이들로 하여금 배우는 방법을 깨닫게 하려는 것이다.

✼ 자사(子思 : 공자의 손자로 이름은 급이며 『중용』을 지음)가 말하기를 "하늘이 명한 것을 도리(道理)라 하며, 도리를 닦는 것을 교육이라 이른다." 하였으니 하늘의 밝음을 본받고 성인의 법도를 좇아 이 책을 지어서 스승이 된 사람들로 하여금 가르치는 까닭을 알게 하고, 제자로 하여금 배우는 까닭을 알게 하려는 것이다.

✼ 열녀전(한나라 때 유향이 엮은 책)에서 말하였다. "옛날에 부인이 자식을 임신하면 잘 때 옆으로 눕지 아니하고, 앉을 때 가에 앉지 아니하고, 설 때 한쪽 발로 서지 아니하며, 자른 것이 바르지 않으면 먹지 않고, 자리가 반듯하지 않으면 앉지 아니하며, 눈으로 간사한 색(광경, 모습)을 보지 아니하고 귀로 음란한 소리를 듣지 아니하며, 밤이면 소경악사로 하여금 좋은 시를 외우게 하고 올바른 일만을 말하였다." 이렇게 하면 자식을 낳음에 용모가 단정하고 재주가 남보다 뛰어날 것이다.

✼ 내칙(內則 : 예기의 내칙 편으로 주로 가정에서의 예절이 적혀 있음)에서 말하였다. "무릇 자녀를 낳으면 함께 있어도 좋을 만한 사람을 가리되, 반드시 너그럽고 넉넉하고 인자하고 은혜롭고 온순하고 어

질고 공손하고 공경하며 신중하고 말이 적은 사람을 구하여, 그로 하여금 자식의 스승으로 삼아야 한다."

〈보충설명 : 이는 유아기 때의 보살핌을 말하는데 옛적에 중국에 선 생모와 보모와 스승으로 삼을만한 여인, 이렇게 세 사람에게 어린이의 보육을 맡게 했다. 그리고 일반 서민들은 생모가 이 세 사람의 역할을 다 하도록 노력했다. 이를 참고로 하여 오늘날의 어머니들도 본을 받도록 하고 유아원이나 보육원을 선택할 때도 신중해야 할 것이다.〉

⑧ 여덟 살이 되면, 문을 출입할 때와 자리에 나아가 음식을 먹을 때 반드시 어른보다 뒤에 하여 사양하는 법을 가르쳐야 한다. 열 살이 되면 바깥 스승에게 나아가서 밖에서(사랑채) 거처하고 자며, 글과 셈하기를 배우고 옷은 비단으로 만든 저고리와 바지를 입지 아니하고 예절을 따르기 시작하여 아침저녁으로 아이로서의 기본예의를 가르치되 간단하여 알기 쉬운 것을 청하여 익히게 해야 한다. 열세 살이 되면 음악을 배우고 시를 외우며 부드러운 춤인 작(勺)을 춤추고, 열다섯 살부터는 씩씩한 춤인 상(象)을 춤추고 활쏘기와 말타기를 배우게 해야 한다. 스무 살엔 관례를 통하여 갓을 쓰고 어른의 예절을 배우며, 가히 털가죽 옷과 비단옷을 입으며 문무가 겸비한 대하(大夏)를 춤추고 효도와 공경함을 돈독하게 실행하며 널리 배우되 남을 가르치지 아니하고 덕을 안으로 쌓아 밖으로 드러내지 말아야 한다. 서른 살이 되면 아내를 두어 비로소 남자의 일을 다스리며 더욱 널리 배워서 모든 일을 이치에 맞게 처리하여 인격을 완성하고 벗을 사귀되 그 뜻을 보아 사귀어야 한다. 마흔 살이 되면 비로소 벼슬하여 일을 대하여 꾀를 내고 생각

을 발하며, 군주나 상관의 말이나 하는 일이 도리에 맞으면 복종하고 옳지 않으면 그만 물러나야 한다. 쉰 살엔 명하면 대부가 되어 나랏일을 다스리고, 일흔 살에는 벼슬에서 물러나야 한다.

❀ 맹자 님께서 말씀하셨다. "사람에겐 도리(道理)가 있어서, 배불리 먹고 따뜻하게 입고 편안히 살더라도 가르침이 없으면 곧 새나 짐승에 가깝기 때문에, 성인(순임금)이 이를 근심하여 설(契)로 하여금 사도(司徒)를 삼아 인륜(人倫)으로써 가르치게 하니, 아버지와 아들은 친함이 있어야 하고(부자유친), 임금과 신하 사이에는 의리가 있어야 하며(군신유의), 남편과 아내는 분별이 있어야 하고(부부유별), 어른과 어린이는 차례가 있어야 하며(장유유서), 벗과 벗 사이에는 신의가 있어야 하느니라(붕우유신)."

❀ 순(舜)임금께서 설(契)에게 명하여 말씀하셨다. "백성들이 친화하지 않고 오륜(五倫)에 따르지 않기 때문에 너를 사도(司徒)로 삼으니, 공경하여 다섯 가지 가르침을 펴되 너그럽게 하라." 또 기에게 명하여 말씀하시길 "너에게 명하여 음악을 맡게 하니, 맏아들을 가르치길 곧되 온화하며, 너그럽되 엄숙하며, 강직하되 사나움이 없으며, 간략(대범)하되 거만함이 없어야 하거니와 시는 뜻을 말하는 것이고 노래는 그 시를 길게 읊는 것이고, 악기의 소리(궁, 상, 각, 치, 우)는 그 노래에 맞춘 것이고 음률은 그 악기의 소리를 조화시키는 것이니 여덟 가지 악기의 음을 능히 조화시켜서 서로 차례를 뺏음이 없어야 신(자연)과 사람이 그로써 화합하게 된다."고 하셨다.

❀ 주례(周禮: 주나라 왕조의 제도를 기록한 것)에 의하면 대사도(大司徒: 국토와 인구를 맡아 다스리는 관리)는 향대부들에게 명하여 세 가지

진정한 유법천지有法天地를 향하여 중

일로 만백성을 교화시켜 어진 사람을 빈객으로 천거하게 했는데, 그 첫째는 여섯 가지 덕이니 지혜와 어진 마음과 도리에 밝음과 의리와 충성(성실)과 조화이고, 둘째는 여섯 가지 행실이니 효도와 우애와 화목함과 친애함과 벗 사이의 신임과 가난한 사람들을 구제함이고, 셋째는 여섯 가지 재주이니 음악과 활쏘기와 말타기와 서예와 계산하는 것과 예절이다.

〈보충설명을 하자면 육덕(六德)에 있어 지(智)는 옳고 그름을 분별하는 지혜이고, 인(仁)은 사욕이 없는 어진 마음이고, 성(聖)은 모든 도리(道理)에 다 통하는 것이고, 의(義)는 올바른 도리를 지키는 일이고, 충(忠)은 마음의 진실을 다하는 것이고, 화(和)는 성격이 온화하여 한쪽으로 치우침이 없는 것을 말함이다. 다음으로 육행(六行)의 효(孝)는 부모에게 효도함이고, 우(友)는 형제간에 우애가 있음이며, 목(睦)은 친척 간의 화목함이고, 인(婣)은 인척간의 친근함이며, 임(任)은 벗 사이에 신임이 있는 것이고, 휼(恤)은 가난한 사람들을 구제함을 뜻한다. 다음으로 육예(六藝)란 여섯 가지 재주를 말함인데, 예(禮)는 예절인데 그것이 중도에 맞아야 하고, 악(樂)은 음악인데 조화를 유도하고, 사(射)는 활쏘기인데 덕행을 관찰하고, 어(御)는 말타기인데 달리는 것을 바르게 하고, 서(書)는 글쓰기인데 그 마음씨를 보고, 수(數)는 수를 계산하는 것인데 사물의 변화를 극진하게 하니 모두가 지극한 이치가 존재하는 것으로 일상생활에 꼭 필요한 수련들이다.〉

❀ 각 고을에서는 여덟 가지 형벌로써 만백성을 바로 잡으니, 첫째는 불효에 대한 형벌이고, 둘째는 친척 간에 화목하지 않은 것에 대한 형벌이고, 셋째는 인척과 친근하지 않은 것에 대한 형벌이고,

넷째는 형제간에 우애가 없는 것에 대한 형벌이고, 다섯째는 신의가 없는 것에 대한 형벌이고, 여섯째는 구제하지 않는 것에 대한 형벌이고, 일곱째는 말을 만들어낸 것에 대한 형벌이고, 여덟째는 백성을 어지럽게 한 것에 대한 형벌이다(이 여덟째 형벌은 범위가 매우 넓다).

❀ 제자직(弟子職 : 관중이 지은 『管子』의 편 이름)에서 말하였다. "선생이 가르침을 베풀면 제자는 이를 본받아서 온화하고 공손하고 스스로 겸허하여 배움 받은 바를 극진히 해야 한다. 착함을 보면 따르고 옳음을 들으면 행하며, 온화하고 유순하고 효도하고 공경하여 교만하게 힘을 믿지 말아야 한다. 뜻은 거짓되고 간사하지 말고 행실은 반드시 바르고 곧아야 하며, 놀고 거처함에 떳떳함을 두어 반드시 덕이 있는 사람에게 나아가야 한다. 얼굴빛을 정제하면 속마음도 반드시 공경스럽게 되거니와 밤에는 잠자고 아침엔 일찍 일어나며 옷과 띠를 반드시 갖추어야 한다. 아침에 더욱 많이 배우고 저녁엔 그것을 복습하여 익히고, 마음을 작은 일에까지 두어 삼가고 공경하라. 이것들을 한결같이 하여 게을리하지 않으면 이를 배우는 법이라고 한다.〉

❀ 공자께서 말씀하셨다. "모든 배우는 사람들은 우선 집에 들어오면 부모에게 효도를 다 하고, 밖에 나가서는 어른들을 공경하며, 모든 행실을 삼가고 올바른 도리를 행하여 사람들에게 신뢰가 있어야 하며, 널리 모든 사람을 사랑하되 특히 마음이 어질고 행실이 올바른 사람을 가까이 사귀어야 한다. 이와 같은 일들을 다 실천한 연후에 여력이 있거든 비로소 학문을 배워야 한다."

〈보충설명 : 위에 열거한 공자 님의 말씀은 오늘날에 와서 더욱 무게감 있게 다가오고 있다. 부모에게 불효하고, 밖에 나가서는 사람들에게 함부로 대하며 나이 든 어른을 무시하고 사람들에게 신뢰감이 없으며, 사람 사귐에 이해득실이나 따지고 힘 있는 사람들에게로만 향하는 자들이 공부를 해서는 어디에 쓰고 판검사와 박사가 된들 무엇에 쓰겠는가. 즉 인간으로서의 가장 중요한 기본들을 먼저 몸에 익힌 후 공부를 해야 한다는 말씀이다.〉

　❀ 공자께서 말씀하셨다. "시(詩)로 일으키고, 예절로 세우며, 음악으로 이루어야 한다."

　〈보충설명 : 예전의 시(詩)는 사람의 본성을 발로 시켜 사람의 착한 마음이 저절로 움직이게 하였다. 그래서 공자는 올바른 성정을 시(시경)를 읽어 일으키라고 말씀하신 것이다. 그다음 예절은 생활의 규범이고 질서의 표현이다. 그래서 무례한 사람은 세상에 설 수가 없는 것이다. 또 음악은 사람의 마음을 즐겁고 부드럽게 해준다. 시(詩)로 올바른 성정을 일으키고 예절로 다듬어 몸을 세우고 음악으로 인격을 완성하는 것은 무한히 순환되는 과정인 것이다.〉

二. 명륜편(明倫篇 : 인륜을 밝힘)

오륜(五倫)을 통해 교육의 목적과 기본 방향을 제시했으며 특히 효도(孝道)를 강조했다. 맹자 님께서 "상(庠)과 서(序)와 학(学)과 교(校)를 설치하여 가르치는 것은 다 인륜(人倫)을 밝히려는 까닭이다."라고 말씀하셨으니, 성인의 글을 상고(자세히 생각함)하고 현인의 전함을 이어받아 이 편을 지어서 이로써 어린 선비를 가르치고자 한다.

〈보충설명 : 庠, 序, 学, 校는 모두 교육기관이었는데, 상(庠)은 노인 봉양을 가르치고, 서(序)는 활쏘기를 가르치고, 교(校)는 백성을 교화함을 가르치니 이들은 모두 향학(鄕学)이며, 학(学)은 나라에서 세운 국학(国学)을 말함이다.〉

※ 예기(禮記) 내측편(內則篇)에서 말하였다. "무릇 안팎(남, 여)의 사람들은 첫닭이 울거든 다 세수하고 양치질하고, 옷을 입고 베개와 이부자리를 거두고 방과 집과 뜰을 물 뿌리고 쓸고, 자리를 잡아 각자 자기의 일을 해야 한다."

※ 곡례(曲禮)에서 말하였다. "무릇 사람의 아들이 된 자의 예절은 겨울에는 따뜻하게 해드리고 여름에는 서늘하게 해드리며 밤에는 잠자리를 봐 드리고 새벽에는 안부를 살피며 나갈 때는 반드시 방위를 고하고 돌아오면 여쭙고 안색을 살피며 노는 곳에 반드시 일정함을 두며 익히는 바를 반드시 힘써야 하고 부모 앞에서는 항상 늙었다는 말을 하지 않아야 한다."

※ 예기(禮記)에서 말하였다. "효자로서 부모에 대한 사랑이 깊은

사람은 반드시 얼굴에 온화한 기운이 있고, 온화한 기운이 있는 사람은 반드시 기쁜 빛이 있고, 기쁜 빛이 있는 사람은 반드시 태도에 온순한 모습이 있거니와, 효자는 값진 옥(玉)을 쥐고 있는 것같이 하고 가득한 것을 받들고 있는 것같이 하여 조심하기를 한결같이 하고 이기지 못하는 것같이 하며 장차 잃을 것같이 하니, 엄숙하고 위엄 있고 엄정하고 근엄함은 부모를 섬기는 도리가 아니다."

❀ 곡례(曲禮)에서 말하였다. "무릇 사람의 아들 된 자들은 아랫목에 거처하지 아니하고, 가운데 자리에 앉지 아니하며, 길 중앙으로 다니지 아니하고 출입문 가운데 서지 않아야 한다. 부모를 봉양하고 손님을 대접할 때는 계산하여 따지지 말고 제사에 대해 이러쿵저러쿵 주장하지 아니하며, 부모의 소리가 없는 데서도 그 말씀을 듣고, 부모의 모습이 보이지 않는 곳에서도 부모의 모습을 보면서 그 뜻을 헤아려야 한다. 높은 곳에 올라가지 말고 깊은 곳에 들어가지 말며, 함부로 남을 헐뜯고 욕하거나 경솔하게 웃지 말아야 한다."

❀ 공자께서 말씀하셨다. "부모가 계시거든 멀리 떠나 놀지 말아야 하며, 놀되 반드시 가는 곳을 알려드려야 한다."

❀ 곡례(曲禮)에서 말했다. "부모가 계시거든 벗에게 죽음으로써 허락하는 약속을 해서는 안 된다."

❀ 예기(禮記)에서 말하였다. "아버지께서 명하여 부르시거든 곧 대답해야지 머뭇거려서는 안 되며, 손에 일을 잡았으면 던지고 입에 밥이 있으면 뱉고 급히 가야지 천천히 걸어가선 안 된다. 부모가 늙으셨으면 나감에 방위를 바꾸지 말고, 돌아옴에 때를 지나지 말며, 부모가 병드셨으면 안색과 용모를 펴지 아니하는 것, 이것이

효자로서의 대략의 예절이다."

❀ 증자가 말하였다. "효자가 늙으신 부모를 봉양함에는 그 마음을 즐겁게 해드리고 그 뜻을 거역하지 아니하며 부모의 귀를 즐겁게 해드리고 부모의 눈을 즐겁게 해드리며 그 잠자고 거처하는 곳을 편안히 해드리고 그 음식으로써 성심껏 봉양해야 한다. 그러므로 부모가 사랑하시는 바를 또한 사랑하며 부모가 공경하시는 바를 또한 공경해야 한다. 심지어는 부모가 기르시는 개나 말까지도 다 그리해야 하거늘 하물며 부모가 사랑하고 공경하시는 사람들을 어찌 사랑하고 공경하지 않을 수 있겠는가."

❀ 증자가 말하였다. "부모가 사랑해 주시거든 기뻐하며 잊지 말아야 하고, 부모가 미워하시거든 두려워하여 조심하고 원망하지 말아야 하며, 부모가 잘못하심이 있거든 공손하게 간하되 거역하지 말아야 한다."

❀ 내칙(內則)에서 말하였다. "부모가 잘못하심이 있거든 기운을 낮추고 낯빛을 온화하게 하고 부드러운 말로써 간할 것이며, 만약 간함이 받아들여지지 않거든 공경함을 일으키고 효심을 일으켜서 기뻐하시거든 다시 간해야 한다. 기뻐하시지 않더라도 지으신 그 죄를 향당과 주려에 얻게 하기보다는 차라리 자식이 간절히 간해야 한다. 자식의 간함을 받으시고 화를 내고 종아리를 쳐서 피가 흐르더라도 감히 미워하거나 원망하지 말고 공경함을 일으키고 효도하는 마음을 일으켜야 한다."

〈보충설명 : 향(鄕), 당(黨), 주(州), 려(閭)는 모두 행정구역의 명칭인데, 향(鄕)이 가장 크고 그 다음이 당(黨), 주(州), 려(閭) 순이다.〉

❀ 내칙(內則)에서 말했다. "부모가 비록 돌아가셨더라도 장차 착

한 일을 함에는 부모에게 착한 이름을 끼칠 것을 생각하여 반드시 결행하고, 장차 착하지 못한 일을 함에는 부모에게 부끄럽고 욕됨을 끼칠 것을 생각하며 반드시 결행하지 말아야 한다."

✻ 공자께서 증자에게 일러 말씀하셨다. "몸과 터럭과 살갗은 부모에게서 받은 것이니 감히 헐고 상하지 않음이 효도의 시작이요, 몸을 세우고 도(道)를 행하여 이름을 후세에 빛내어 이로써 부모를 드러냄이 효도의 마침이다. 효도는 부모를 섬기는 데서 시작되고, 벼슬길에 나아가 임금을 잘 섬기는 것이 효도의 중간이며 나라에 공훈을 남기고 인격을 완성하여 몸을 세우는 것이 효도의 완성이다. 부모를 사랑하는 사람은 남에게 미움을 받지 아니하고, 부모를 공경하는 사람은 남에게 업신여김을 받지 아니하거니와 사랑과 공경함을 부모 섬기는 데 다하면 덕의 가르침이 백성들에게 더해져서 천하의 법도가 되는 것이니 이것이 천자(天子: 황제)의 효도이다. 위에 있어도 교만하지 않으면 벼슬이 높아도 위태하지 않고, 예절로 자제하고 법도를 삼가면 가득 차도 넘치지 않거니와 그런 뒤에야 능히 그 사직을 보전하고 백성들을 화평하게 할 수 있으니 이것이 제후의 효도이다. 선왕의 법도에 맞는 옷이 아니면 감히 입지 아니하고, 선왕의 법도에 맞는 말이 아니면 감히 말하지 아니하며, 선황의 덕행이 아니면 감히 행하지 말아야 하거니와 그런 뒤에야 능히 그 종묘를 보존할 수 있으니 이것이 경대부의 효도이다. 효도하는 마음으로 임금을 섬기면 충성이요 공경함으로써 어른을 섬기면 순종함이니 충성과 순종함을 잃지 아니하여 이로써 그 윗사람을 섬긴 뒤에라야 능히 그 제사를 지킬 수 있거니와 이것이 선비의 효도이다. 하늘의 법도인 계절에 맞추고 땅의 이점을 살려 농사

를 잘 짓고, 근신하여 악에 빠지지 않고 생활을 검소하고 절약하여 이로써 부모를 봉양해야 하거니와 이것이 서민들의 효도이다. 그러므로 천자로부터 서민에 이르기까지 효도는 끝남과 시작이 없어서 불효하고 재앙이 미치지 않는 사람은 이제까지 없었다."

▦ 효경(孝經)에서 말하였다. "부모가 나를 낳으시니 이음이 이보다 더 큼이 없고, 임금과 부모가 나를 길러주시고 가르쳐 주셨으니 그 은혜의 두터움이 이보다 더 중함이 없도다. 그러므로 그 부모를 사랑하지 않고 다른 사람을 사랑하는 것을 덕에 어긋난다고 말하고, 그 부모를 공경하지 않고 다른 사람을 공경하는 것을 예절에 어긋난다고 말하는 것이다."

▦ 효경(孝經)에서 말하였다. "효자가 부모를 섬김에는 살아계실 때에는 그 공경함을 다 하고, 봉양함에는 그 즐거움을 다 하고, 병환이 드시면 그 근심을 다 하고, 돌아가시면 그 슬픔을 다 하고, 제사 지낼 때는 그 엄숙함을 다해야 하거니와 이 다섯 가지가 갖추어진 뒤에라야 능히 부모를 섬긴다고 할 수 있다. 부모를 섬기는 사람은 윗자리에 있어도 교만하지 않고, 아랫사람이 되어도 난동하지 아니하며, 동류에 있어도 다투지 아니하거니와 윗자리에 있으면서 교만하면 망하고, 아랫사람이 되어 난동하면 형벌을 당하고, 동류에 있으면서 다투면 치고받게 된다. 이 세 가지를 행동에서 제거하지 못하면 비록 날마다 소와 양과 돼지고기로 부모를 봉양할지라도 오히려 불효가 되는 것이다."

▦ 맹자 님께서 말씀하셨다. "세상 풍속에 불효라고 일컬어지는 것이 다섯 가지가 있으니, 그 팔다리를 게을리하여 부모의 봉양을 돌아보지 않는 것이 첫째 불효요, 장기·바둑과 술 마시기를 좋아하

여 부모의 봉양을 돌아보지 않는 것이 그 둘째 불효요, 재물을 좋아하고 처자식만을 사랑하여 부모의 봉양을 돌아보지 않는 것이 셋째 불효요, 귀와 눈의 욕망(여색과 풍류)에 방종하여 부모를 욕되게 하는 것이 넷째 불효요, 용맹을 좋아하여 싸우고 사나워서 부모를 위태롭게 하는 것이 그 다섯 번째 불효이다."

❀ 공자께서 말씀하셨다. "다섯 가지 형벌의 종류가 삼천 가지나 되지만 불효보다 더 큰 죄는 없다."

〈보충설명 : 다섯 가지 형벌이란 목 베고(200가지), 코 베고(1,000가지), 다리 자르고(500가지), 거세하고(300가지), 얼굴에 먹물 넣는 것(자자: 1,000가지)이다.〉

❀ 공자께서 말씀하셨다. "천박한 사나이가 어찌 임금을 섬길 수가 있겠는가! 지위를 얻지 못했을 때에는 얻을 것을 근심하고, 이미 얻고 나면 잃을 것을 근심하거니와 진실로 잃을 것을 근심한다면 못 할 짓이 없을 것이다."

❀ 맹자께서 말씀하셨다. "어린아이도 그 부모를 사랑할 줄 알지 못하는 아이가 없고, 그 자라남에 이르러 그 형을 공경할 줄 알지 못하는 아이가 없다."

❀ 맹자께서 말씀하셨다. "천천히 걸어서 어른보다 뒤에 가는 것을 공손하다 말하고, 빨리 걸어서 어른보다 앞서가는 것을 공손치 못하다고 말한다."

❀ 곡례(曲禮)에서 말했다. "아버지의 친구를 뵙거든 나오라고 말하지 않으면 감히 나아가지 말아야 하고, 물러가라 말하지 않거든 감히 물러가지 말며, 물으시지 않거든 감히 대답하지 말아야 한다."

❀ 곡례(曲禮)에서 말했다. "향리에서는 나이 많음이 나보다 배가 되거든 아버지처럼 섬기고 열 살 이상 많거든 형처럼 섬기며, 다섯 살이 많거든 거의 어깨를 나란히 하고 따라야 하느니라."

❀ 예기(禮記)의 왕제편(王制篇)에서 말했다. "아버지와 비슷한 나이면 뒤따라가고, 형의 나이와 같으면 약간 뒤따라가고, 친구 사이에는 서로 넘어 앞서지 말아야 한다."

❀ 증자가 말했다. "군자(君子)는 글로써 벗을 모으고, 그 벗들로 인하여 자신의 덕을 쌓아 인(仁)을 기른다."

❀ 자공(子貢)이 벗에 대하여 여쭈어보자 공자께서 말씀하셨다. "벗에게 진심으로 고하여 선으로 인도하되 듣지 않으면 그만두어 자신까지 욕되지 않게 해야 한다. 유익한 벗이 셋 있고 해로운 벗이 셋 있으니, 정직한 사람을 벗하고 성실한 사람을 벗하며 견문이 많은 사람을 벗하면 유익하고, 마음이 바르지 못한 사람을 벗하고 행동이 성실하지 못한 사람을 벗하고 말만 잘하고 아는 것이 없는 사람을 벗하면 해롭다."

❀ 맹자께서 말씀하셨다. "착함을 권고하는 것은 벗 사이의 도리이다."

❀ 만장(萬章 : 맹자의 제자)이 벗을 사귐에 대해 묻자 맹자 님께서 말씀하셨다. "나이를 따져 믿지 말고, 부귀를 따져 믿지 말고, 그 형제들의 권세를 따져 믿지 말고 친구를 사귀어야 한다. 벗이란 오직 그 덕을 보고 벗하는 것이니 그 외의 것을 믿는 마음이 있어서는 안 된다."

❀ 곡례에서 말하였다. "군자(君子)는 벗의 환대를 다 하지 못하게 하고, 벗의 성의를 다하지 못하게 하여서 그 사귐을 온전하게 해야

한다."

⊛ 효경(孝經)에서 말하였다. "군자(君子)는 부모를 섬김이 효성스럽기 때문에 충성을 능히 임금에게 옮길 수 있고, 형을 섬김이 공경스럽기 때문에 공경함을 능히 어른에게 옮길 수 있으며, 집에 거처함에 잘 다스리기 때문에 다스림을 능히 관직에 옮길 수 있는 것이니, 그러므로 행실이 안에서 이루어져서 이름이 후세에 세워지는 것이다."

⊛ 안자(晏子 : 제나라의 대부. 자는 平仲)가 말하였다. "임금은 올바른 명령을 하고 신하는 공손하며, 아버지는 인자하고 아들은 효도하며, 형은 사랑하고 아우는 공경하고, 남편은 온화하고 아내는 부드러우며, 시어머니는 자애롭고 며느리는 따르는 것이 예절이다. 임금은 명령하되 도리에 어긋나지 말아야 하고 신하는 공손하되 두 마음을 품지 말아야 하며 아버지는 인자하되 아들을 가르쳐야 하고 아들은 효도하되 간해야 하며 형은 사랑하되 우애가 두터워야 하며 동생은 공경하되 화순(和順) 해야 하며 남편은 온화하되 의로워야 하고 아내는 부드럽되 발라야 하며 시어머니는 자애롭되 며느리의 옳은 말은 듣고 따라야 하며 며느리는 따르되 화순(和順)해야 하는 것이 예절의 좋은 상태다."

⊛ 증자가 말하였다. "부형(父兄)을 기쁘게 받들 수 없거든 감히 외부 사람들과 사귀지 말아야 하고, 친척과 서로 친할 수 없거든 감히 먼 사람을 구하지 말아야 하며, 작은 것을 살필 수 없거든 감히 큰 것(나라를 다스리고 평천하하는 것)을 하지 말아야 한다."

⊛ 관리는 벼슬이 이루어진 후(진급하여 안정된 후) 게을러지고, 병은 조금 나을 때 더하며, 재앙은 게으른 데서 생기고, 효도는 처자

로 인하여 쇠하여지거니와 이 네 가지를 살펴서 끝을 삼가기를 처음같이 해야 할 것이니, 시경에도 "처음은 있지 않음이 없으나 능히 끝이 있기는 드물다." 하였다.

⚜ 순자가 말하였다. "사람에게 세 가지 상서롭지 못한 것이 있으니 어려서 어른 섬기기를 즐겨하지 않고, 천하면서 귀한 사람 섬기기를 싫어하며, 어질지 못하면서 현명한 사람 섬기기를 즐겨하지 않는 것. 이것이 바로 사람의 세 가지 불길한 것이다."

⚜ 순자가 말하였다. "무익한 의논이나 급하지 않은 고찰은 버리고서 다스리지 않아야 하거니와 임금과 신하의 의리와 아버지와 아들의 친함과 남편과 아내의 분별은 날로 갈고 닦아서 버리지 말아야 한다."

三. 경신편(敬身篇 : 몸가짐을 조심함)

이 경신편에서는 몸과 마음을 단속하는 요체와 절차를 밝히고 있다. 착한 행동은 착한 마음에서 나오기 마련이다. 사람이 자기 마음을 선량하게 지녀 나간다는 것은 현대사회에서는 몹시 어려운 일이다. 하지만 사람은 마음 하나를 가꾸기 위하여 이 세상에 살고 있는 것이라고 말할 수 있다. 마음만 선량하게 수양하면 모든 행동은 올바름에서 벗어나지 않게 된다. 어찌 힘써 노력하지 않겠는가!

⚚ 공자께서 말씀하시기를 "군자(君子)는 공경하지 않음이 없으나 몸가짐을 조심하는 것을 가장 크게 여긴다. 몸이란 것은 부모의 가지이니 감히 공경하지 않을 수 있으랴! 능히 그 몸가짐을 조심하지 못하면 이는 그 부모를 상하게 하는 것이요, 그 부모를 상하게 하면 이는 그 근본을 상하게 하는 것이며 그 근본이 상하면 가지 역시 따라서 망하게 된다."고 하셨으니, 성인의 법을 우러르고 현인의 법을 사모하여 이 편을 지어서 이로써 어린 선비들을 가르치려 한다.

〈보충설명 : 가지인 자식들이 언행을 삼가지 못하면 그 욕됨이 부모와 조상에게까지 미쳐 결국 모든 것을 망치게 된다는 뜻이다.〉

⚚ 단서(丹書 : 강태공이 周나라 武王에게 바친 글)에서 말하였다. "공경함이 게으름을 이기는 사람은 길하고, 게으름이 공경함을 이기는 사람은 멸망하며, 의리가 욕심을 이기는 사람은 순조롭고, 욕심이 의리를 이기는 사람은 흉하다."

❀ 곡례에서 말하였다. "모든 일을 공경하고 조심하여 태도를 엄정하게 깊이 생각하고, 말이 안정되어 변함이 없으면 이로써 백성들은 편안하게 될 것이다. 거만함을 자라지 못하게 하고 욕심을 억제하며, 뜻을 가득 채우지 말고(생각의 만족을 채워서는 안 된다는 뜻) 즐거움을 다 누려서는 안 된다. 어진 사람을 가까이하되 존경하고, 두려워하되 사랑하며, 사랑하되 그 결점을 알고, 미워하되 그 좋은 점을 알며, 재물을 쌓았을지라도 능히 흩어서 베풀 줄 알고, 안정된 생활을 즐기되 능히 의로운 곳으로 옮길 줄 알며, 재물에 임하여는 구차하게 얻으려 하지 말고, 어려움에 당하여는 구차하게 모면하려 하지 말며, 싸움에선 이기기를 구하지 말고, 재물을 나눌 때에는 많음을 구하지 말아야 하며, 의심나는 일에 책임 있는 말을 하지 말고, 바르게 말했더라도 뽐내면서 자신의 의견이 옳다고 고집함이 있어선 안 된다."

❀ 공자께서 말씀하셨다. "예가 아니면 보지 말고 예가 아니거든 듣지 말며, 예가 아니거든 말하지 말고, 예가 아니거든 움직이지 말라."

❀ 논어(論語)에서 말하였다. "문밖에 나가 다른 사람들을 대할 때는 귀한 손님을 보는 것같이 하고, 백성들을 부릴 때는 큰 제사를 받드는 것같이 하며, 내가 하고 싶지 않은 것을 남에게 베풀지 말아야 한다."

❀ 논어(論語)에서 말하였다. "말이 항상 진심에서 우러나와 성실하고 미덥고, 행동이 항상 경박하지 않아 독실하고 공경스러우면 비록 오랑캐 나라에서도 행해지거니와 언행이 독실하지 못하고 공경스럽지 못하면 비록 고향이라 할지라도 어찌 통할 수 있겠는가!"

❋ 논어(論語)에서 말하였다. "군자(君子)는 아홉 가지 생각하는 것이 있으니 사물을 볼 때는 밝기를 생각하고, 들을 때는 총명하기를 생각하고 얼굴빛은 온화하기를 생각하고, 모양은 공손하기를 생각하며, 말은 성실하기를 생각하고, 일은 공경(신중)하기를 생각하며, 의심나는 것은 묻기를 생각하고, 분할 때는 환난을 생각하며, 이득을 보면 의로운 것을 생각한다."

❋ 곡례에서 말하였다. "예절이란 각자가 지켜야 할 절도를 넘지 않고, 다른 사람의 영역을 침범하고 모욕하지 않으며, 지나치게 가까이하지 않는 것이며, 예절에 따라 몸을 수양하고 말한 것을 실천하는 것을 좋은 행실이라 한다."

❋ 공자께서 말씀하셨다. "먹는데 배부름을 구함이 없고, 거처함에 편안함을 구함이 없으며, 자기가 할 일에는 민첩하게 실행하고, 도리를 지닌 사람에게 나아가 자기 행실을 바로잡는다면 배우기를 좋아한다고 말할 수 있다."

❋ 관의(冠義 : 예기의 관의편)에서 말했다. "대저 사람이 사람답게 되는 까닭은 예절과 의리이니, 예절과 의리의 처음은 용모와 자세를 바르게 하고 안색을 가지런히 하며 말씨를 순하게 하는 데 있다. 얼굴 모습과 몸의 자세를 바르게 하고 안색이 가지런하며 말씨가 순하게 된 뒤라야 예의가 갖추어지거니와 이로써 임금과 신하 사이의 도리를 바르게 하며, 아버지와 아들 사이를 친애하게 하며, 어른과 아이 사이를 화순 하게 하나니 임금과 신하 사이가 바르게 되며, 부자 사이가 친애하며, 어른과 아이 사이가 화순 하게 된 뒤라야 예의가 확립되는 것이다."

❋ 논어(論語)에서 말하였다. "어느 장소 어떠한 지위에 있더라도

항상 공손이라는 몸가짐을 잊지 않으며, 일을 집행하는데 있어서는 항상 공경이라는 마음가짐을 잊지 않고, 사람과 더불어 사귀기를 성실히 하는 것, 즉 공(恭)과 경(敬)과 충(忠) 이 세 가지는 비록 오랑캐 땅에 가더라도 버려서는 안 된다."

⑧ 예기(禮記)에서 말하였다. "군자(君子)의 용모는 한가하고 조용하지만 존경하는 사람을 보면 엄숙하고 공손해진다. 발의 모습은 무겁고 손의 모습은 공손하며, 눈의 모습은 단정하고 입의 모습은 꽉 다물어 움직이지 않으며, 목소리의 모습은 고요하고 머리의 모습은 곧으며, 숨 쉬는 모습은 조용하고 서 있는 모습은 기대지 않고 덕스럽고 낯빛의 모습은 장중하여 자부심이 있다."

⑧ 사상견례(士相見禮)에서 말했다. "임금과 더불어 말할 때는 신하를 대하는 도리를 말하고, 대부(大夫)와 더불어 말할 때는 임금을 섬기는 도리를 말하며, 늙은 사람과 더불어 말할 때는 자제를 대하는 도리를 말하고, 어린 사람과 더불어 말할 때는 아버지와 형에게 효도하고 공경하는 도리를 말하며, 여러 사람과 더불어 말할 때는 성실과 신의와 인자함과 선행의 도리를 말하고, 관직에 있는 사람과 더불어 말할 때는 충성과 신의의 도리를 말해야 한다."

⑧ 공자께서 한가하게 거처하실 때에는 태도가 유연하여 쫙 펴인 것 같으시고, 안색에 온화한 기운이 어려 있었다.

⑧ 소의(少儀)에서 이렇게 말하였다. "빈 그릇 들기를 가득 찬 그릇 들 듯이 하고, 빈방에 들어가기를 사람 있는 방에 들어가는 것 같이 하라."

⑧ 공자께서 말씀하셨다. "선비가 도에 뜻을 두고서 나쁜 옷과 나쁜 음식을 부끄러워하는 사람과는 더불어 의논하기에 족하지 못

하다."

⊛ 맹자께서 말씀하셨다. "입에 맞는 음식만 생각하는 사람을 사람들은 천하게 여기거니와, 그것은 작은 것을 기름으로써 큰 것을 잃기 때문이다."

四. 계고편(稽古篇)

　이 계고편에서는 옛것(하·은·주 시대의 행적)을 돌아보고 입교와 명륜과 경신의 행적을 증명했다. 즉 옛 성현들의 올바른 마음과 언행을 모아, 읽는 사람들로 하여금 올바른 도리를 깨닫고 이를 실천하도록 한 것이다. 이 가운데는 부모에게 효도하는 방법과 국가에 충성하고 어른을 공경하고 친구를 잘 사귀는 모든 행동이 다 포함되어 있으므로 깊이 읽으면 유익함이 클 것이다. 맹자께서 사람의 천성이 착함을 이르시되, 말씀마다 반드시 요순(堯舜)을 예(例)로 일컬으시더니, 그 말씀에 이르기를 "순임금은 천하에 법도가 되시어 가히 후세에까지 전하셨거늘, 나는 오히려 아직 범인 됨을 벗어나지 못하니 이것이 가히 근심이다. 근심한다면 어떻게 할 것인가? 순임금과 같아지기를 노력할 뿐이다."라고 하셨으니, 지나간 착한 행실들을 모으고 선인들의 말씀을 실증하여 이 편을 지어서 읽는 사람들로 하여금 감흥하여 분발함이 있게 하려는 것이다.

　❀ 맹자의 어머니께서 그 집이 공동묘지에 가깝더니 맹자가 어릴 때 놀며 장난하기를 무덤을 쌓고 매장하는 흉내를 내거늘, 맹자의 모친께서 말씀하시길 "이곳은 자식을 기를 만한 곳이 못 된다." 하고 시장가에 가서 사니 그 놀고 장난하기를 물건 파는 흉내를 내거늘, 맹자의 어머니께서 말씀하시길 "이곳도 자식을 기를 만한 곳이 아니다." 하시고, 이에 집을 학궁 곁으로 이사하니 그 놀며 장난하기를 대그릇과 나무 그릇을 차려놓고 읍하고 사양하고 나아가고 물러가거늘 맹자의 모친께서 말씀하길 "이곳이야말로 참으로 아들

을 키울 만한 곳이다." 하시고 드디어 거기에서 사셨다.

⊛ 맹자가 어릴 때 "동쪽 집에서 돼지를 잡는 것은 무엇을 하려고 합니까?" 하고 묻자 어머니가 무심코 "너에게 먹이려고 하는 것이다."고 하였으나 곧 후회하고 생각하기를 "내 들으니 예로부터 태교가 있었다 하는데 이제 막 철이 들려는 아이를 속인다면 이것은 불신을 가르치는 것이다." 하고 돼지고기를 사다가 먹였다고 한다. 맹자는 장성하여 학문에 전념하여 드디어 대성인이 되셨다.

⊛ 공자께서 홀로 서 계실 때 아들 이(鯉)가 달려서 뜰을 지나가니, 공자께서 "너는 시(詩)를 배웠느냐?"고 물으셨다. 이가 대답하기를 "아직 배우지 못했나이다." 공자께서 말씀하시길 "시(詩)를 배우지 않으면 말을 할 줄 모르느니라." 하시자 이가 물러가 시경(詩經)을 공부했다. 후일에 공자께서 또 홀로 서 계실 때 이(鯉)가 달려서 뜰을 지나가니 공자께서 "예기(禮記)를 배웠느냐?"고 물으셨다. 이가 대답하기를 "아직 배우지 못했나이다." 공자께서 말씀하시기를 "예를 배우지 아니하면 세상에 설 수가 없느니라." 하시자 이가 물러가 예기(禮記)를 배웠다.

⊛ 소년인 맹자가 학문을 중단하고 어느 날 어머니를 돕겠다고 말하자, 베틀에 앉아 베를 짜고 계시던 어머니가 칼로 짜고 있던 베의 날실을 끊었다. 학문을 중도에서 그만두면 이와 같이 된다는 것을 자식인 맹자에게 가르쳐주기 위해서였다. 맹자는 이와 같은 어머니의 격려로 공자의 손자인 자사(子思)의 문하(門下)에서 학문을 익혀 드디어 그 스승을 크게 능가하는 대성인이 되셨다.

⊛ 공자께서 백어(伯魚: 아들인 鯉)에게 말씀하셨다. "너는 주남(周南)과 소남(召南)을 배웠느냐? 사람으로서 주남과 소남(시경의 편명)을

읽지 않으면 그것은 마치 담에 얼굴을 맞대고 서는 것과 같으니라."

❀ 순임금의 아버지는 완악하며, 새어머니는 어리석고 사나우며, 이복동생 상은 거만하거늘, 순이 능히 효도로써 화목하게 하시어 점점 다스려서 간악한 데로 이르지 않게 하셨다.

❀ 만장이 물어 말하기를 "순이 밭에 나가서 하늘을 보고 소리쳐 울었다 하는데 어찌하여 하늘을 부르며 울었나이까?" 하였다. 맹자께서 대답해 말씀하셨다. "자신을 원망하고 부모를 사모한 것이다. 내가 힘을 다하여 밭을 갈아서 공손하게 자식의 직분을 다할 뿐인데, 부모가 나를 사랑하시지 아니함은 나에게 어떤 잘못이 있어서인가 한 것이다. 요임금이 자기 아들 아홉과 딸 둘로 하여금 백관(百官)과 소와 양과 창고를 갖추고서 순을 밭 가운데서 섬기게 하니, 천하의 선비들이 그 앞으로 모여들었다. 이에 요임금이 다시 천하를 다 옮겨 주었으나, 순임금은 부모에게 사랑받지 못함 때문에 마치 궁한 사람이 돌아갈 곳이 없는 것처럼 근심하였다. 천하의 선비들이 기뻐해 주는 것은 사람이면 누구나 원하는 일이건만 그것으로 순의 근심을 풀기에는 부족했으며, 아름다운 여인은 사람들이 원하는 것이건만 요임금의 두 딸을 얻고도 순의 근심은 풀리지 않았으며, 부(富)는 사람들이 누구나 원하는 것이건만 온 천하를 다 차지하였는데도 순의 근심을 풀기에는 부족하였으며, 존귀하기가 천자(天子: 황제)로까지 되었는데도 그것으로도 그의 근심을 풀기에는 부족하였으니, 남들이 자기를 좋아하는 것도 아름다운 여색도 부귀도 그 근심을 풀 수 없고 오직 부모에게 사랑을 받는 것만이 그의 근심을 풀어줄 수 있는 것이었다. 사람이 어려서는 부모를 사모하다가 여자가 좋은 줄을 알게 되면 젊고 아름다운 여자를

생각하고, 처자가 있으면 처자를 생각하고, 벼슬을 하면 임금을 사모하게 되고, 임금에게 받아들여지지 않으면 속이 달아오르거니와 큰 효도는 자신이 죽을 때까지 부모를 사모하나니 50세가 되도록 부모를 사모하는 것을 나는 위대한 순에게서 보았노라."

❀ 양자(楊子 : 楊雄. 한나라의 학자)가 말했다. "부모를 섬기되 모든 것을 스스로의 부족함으로 여기는 사람은 저 순임금이로다. 얻어서 오래일 수 없는 것은 부모를 섬기는 일인데 그러므로 효자는 날을 아낀다."

〈보충설명 : 부모께서 계속 기다려 주시지 않으니 살아계시는 남은 날을 함께하고자 날을 아낀다는 말이다.〉

❀ 문왕(文王)이 병이 나면 무왕(武王)이 갓과 띠를 벗지 않고 봉양했는데, 문왕이 밥을 한 끼 먹으면 무왕도 한 끼 먹고, 문왕이 두 끼 먹으면 무왕도 두 끼 먹었다.

❀ 공자께서 말씀하셨다. "무왕(武王)과 주공(周公 : 文王의 아들이며 武王의 동생)의 효는 통달한 효도로다. 대저 효도란 것은 선인(先人)의 뜻을 잘 이어받으며 선인의 일을 잘 펴는 것이다. 그 선왕(先王)의 지위에 나아가 그 예법을 행하며, 그 음악을 연주하며, 그 높이던 바를 공경하며, 그 친하던 바를 사랑하며, 죽은 이 섬기기를 산 사람 섬기듯 하며, 없는 이 섬기기를 있는 이 섬기듯 하는 것이 효도의 지극함이다."

〈보충설명 : 여기서 선인(先人)이란 조부인 계력과 부왕인 문왕을 말함이며, 주공은 형인 무왕을 도와 은(殷)나라의 폭군인 주왕(紂王)을 멸하고 주(周) 왕조를 반석 위에 올려놓고 어진 정치를 베풀어 백성들을 편안히 살 수 있게 하였으니 선인의 뜻을 이어받고 선인의 일을 잘 편 것이다. 뿐만 아니라 무왕은 새로이 왕위에 오른 뒤에도 할아버지와 아버지인 선왕들이 제정해 놓은 예법을 그대로 시행하고, 음악도 그대로 연주하였고, 그분들이 우대하던 친족과 관리들은 물론 그 후손들까지 변함없이 사랑해 주었다. 이와 같이 하여 돌아가 안 계신 선왕들 섬기기를 마치 살아서 생존해 계신 분들을 섬기듯 하였으므로 공자님께서 이 두 분 형제의 효도를 지극한 효도라고 말씀하신 것이다.〉

※ 태임(太任)은 주(周) 문왕의 어머니이시다. 태임의 천성이 단정하고 한결같으며, 성실하고 엄숙하여 오직 덕스러운 행동만 하더니, 그가 문왕을 임신함에 이르러서는 눈으로는 나쁜 빛(색깔: 광경)을 보지 않으며, 귀로는 음란한 소리를 듣지 않으며, 입으로는 오만한 말을 하지 않았다. 문왕을 낳으니 총명하고 사물에 통달하여 태임이 하나를 가르치면 백을 알더니 마침내 뛰어난 군주가 되었다. 이에 군자(君子)들은 태임이 태교(胎敎)를 잘하였다고 말했다.

※ 백유(伯兪 : 성명은 韓兪. 한나라 때의 효자)가 허물이 있어 그의 어머니가 종아리에 매질을 하였는데 유가 눈물을 흘리자 그의 어머니가 묻기를 "다른 때는 매를 쳐도 네가 울지를 않더니 지금 우는 것은 무슨 까닭인가?" 백유가 대답해 말했다. "제가 죄를 지음에 매질이 항상 아프더니, 이제 어머니의 힘이 능히 아프게 하지 못하는지라, 그러므로 우나이다."

※ 백유의 효심에 대해 유향(劉向)이 논(論)하였다. "그러므로 부모가 화내심에 마음에 반발을 일으키지 않고 낯빛에 불만을 나타내지 않으며, 자신의 잘못을 깊이 깨닫고 그 벌을 공손히 받아 부모로 하여금 가엾게 여기도록 하는 것이 최상이요, 부모가 화를 내

시고 책망할 때 마음에 반발하지 않고 낯빛에 불만을 나타내지 않는 것이 그다음이요, 부모가 화내심에 아들이 마음에 반발심을 일으키며 얼굴에 원망의 빛을 나타내는 것이 최하의 태도이다."

❀ 기자(箕子 : 폭군 紂王의 숙부, 아버지의 이복형제)는 紂가 상아 젓가락을 쓰자 탄식하여 말했다. "그가 상아 젓가락을 쓰니, 이제 반드시 옥잔을 만들 것이다. 옥잔을 만들면 반드시 먼 지방의 진귀하고 괴이한 물건을 생각하여 사용할 것이니, 수레와 말과 궁궐이 점점 이로부터 시작하여 구원할 수 없게 되리로다." 그 이후로 주왕이 점점 방탕한 생활에 빠지자 기자가 올바른 도리를 간하였지만 주왕은 그의 간함을 받아들이기는 고사하고 그를 가두어 버렸다. 이에 어떤 사람이 기자에게 주왕의 곁에서 떠나라고 말하자 "남의 신하가 되어서 간함이 받아들여지지 않는다고 떠난다면 이는 임금의 악함을 드러내고 자신만 백성들에게 칭찬받는 존재가 되는 것이니, 차마 그런 일은 하지 못하겠다." 하고 머리를 풀어헤치고 거짓으로 미친 체하여 종이 되어 다시는 세상에 나오지 않고 거문고를 타면서 스스로 슬퍼했다. 그래서 '기자의 절개'라는 거문고의 곡명이 전해지게 되었다고 한다.

❀ 비간(比干) 역시 주왕(紂王)의 친척이었다. 그는 기자가 간하다가 받아들여지지 않자 종이 됨을 보고 말하였다. "임금이 허물이 있는데 죽음으로써 간하지 아니하면 백성들은 무슨 죄인가?" 하고 이에 올바른 말로 주왕에게 간하자 주왕이 화가 나서 말하기를 "내 들으니 성인의 심장에는 일곱 구멍이 있다 하니 진실로 있는가?" 하고 드디어 비간을 죽여 그 심장을 쪼개어 보았다.

❀ 미자(微子 : 紂王의 서형)가 말하기를 "아버지와 아들은 뼈와 살

이 이어져 있는데 신하와 임금은 의리로써 이어져 있으므로, 아버지에게 잘못이 있으면 아들은 세 번 간하여 듣지 아니해도 울면서 따르지만, 남의 신하는 세 번 간하여도 듣지 아니하면 그 의리를 버릴 수 있다." 하고 이에 드디어 떠나갔다.

❀ 이를 두고 공자께서 말씀하셨다. "은나라에는 세 어진 사람이 있었다."

❀ 만장이 맹자에게 물었다. "상이 날로 순을 죽이려는 것으로써 일을 삼았거늘, 순이 천자가 되어 그를 죽이지 않고 추방한 것은 무슨 까닭입니까?" 이에 맹자께서 대답해 말씀하셨다. "제후에 봉했는데 모르는 사람들은 추방했다고 하거니와 어진 사람은 아우에게 성냄을 간직하지 않으며 원망을 품지 아니하고 친하게 사랑할 뿐이니라."

〈보충설명 : 이복동생인 상은 순을 살해하려고 순에게 창고 위에 올라가 지붕을 수리하라고 한 후 사다리를 치우고 창고에 불을 질렀으나 다행히 죽음에서 벗어나자, 이번에는 순에게 우물 속에 들어가 우물을 퍼내고 우물 청소를 하게 한 후 우물 뚜껑을 덮고 돌을 올려놓고 가 버렸다. 계모와 상은 이로써 순이 완전히 죽었다고 믿었다. 상은 순의 소와 양과 창고는 부모의 것이고 창과 방패와 거문고는 자기의 것이며 두 형수도 이제는 자기의 아내라고 기뻐하며 얼마 후 형의 집으로 가보니 순이 침상에서 거문고를 타고 있다가 미소를 지으며 동생을 맞았다고 한다. 이런 사건들은 요임금이 천하를 맡길 만한 인물을 찾던 중 순임금의 사람됨을 전해 듣고 그에게 소와 양과 곡식과 여러 신하를 보내 순을 섬기게 한 직후의 일이었다고 한다. 요임금의 두 딸은 순의 아내가 되었고, 일 년이

진정한 유법천지有法天地를 향하여 중

지나자 큰 마을을 이루었고, 2년이 지나자 큰 읍이 되었고, 3년이 지나자 도읍이 되어 천하의 이름 있는 선비들은 순에게로 나아가자 요임금은 드디어 온 천하를 들어 순에게 주어 보위에 오르게 했는데 이것을 선양(禪讓)이라 한다. 그러나 순임금은 그때까지도 부모에게서 사랑받지 못해 마치 돌아갈 곳이 없는 궁한 사람처럼 근심하고 있었다. 그 무엇도 이러한 순의 근심을 풀지 못했는데 오직 부모에게 더욱 효순하고 아우를 지극히 사랑하여 결국 가족의 화목을 이루고 그 근심을 풀 수 있었다고 전해진다."

⊛ 백이와 숙제는 고죽군(孤竹國의 王)의 두 아들이다. 아버지가 숙제(셋째 아들)를 임금으로 세우고자 하더니 돌아가신 뒤에 숙제가 큰형인 백이에게 사양하자, 백이가 생전의 아버지의 명령이라 하고 드디어 도망가거늘 숙제 또한 임금에 서지 않고 도망가자 나라 사람들이 둘째 아들을 임금으로 세웠다. 후에 주(周)나라의 무왕(武王)이 종주국인 은나라의 폭군인 주왕(紂王)을 치려 할 때 백이와 숙제가 나서서 무왕의 말고삐를 잡고 "제후국인 주나라가 신하로서 은나라를 치려는 것은 불의가 아니냐?"고 간하자 옆의 신하들이 그들을 죽이려고 했는데 강태공이 "그들은 의리가 있는 사람이다."라고 말한 다음 죽이지 않고 떠나게 해 주었다. 무왕이 드디어 폭군으로 이름난 주왕(紂王)을 죽이고 은나라를 평정하자 천하의 모든 나라가 곧 주(周)나라를 종주국으로 삼았다. 그러나 백이와 숙제는 주나라 곡식을 먹지 않으려고 수양산(首陽山)에 들어가 고사리를 캐어 먹다가 죽었다.

⊛ 증자가 말했다. "유능한데 무능한 사람한테 묻고, 지식과 견문이 많은데 적은 사람한테 물으며, 재능과 덕이 있으면서도 없는 것

같이 하고, 찼으되 빈 것 같이 하며, 침범당해도 앙갚음을 하지 않음을 전에 내 친구(안자: 안회)가 일찍이 이에 종사하였다."

⌘ 맹자께서 말씀하셨다. "백이는 눈으로 악한 빛(색깔: 광경, 모습)을 보지 아니하고, 귀로는 악한 소리를 듣지 아니하였다."

⌘ 제자인 자유(子游)가 무성의 장관이 되었는데 공자께서 물으셨다.

"너는 사람을 얻었느냐?" 자유가 말했다. "담대멸명이란 자가 있는데, 다닐 때 지름길로 가지 아니하며 공적인 일이 아니면 일찍이 저의 방에 이르지 않았나이다."

⌘ 고시(高柴)가 공자를 뵙고부터는 발로 사람의 그림자를 밟지 않고, 새로 나온 벌레를 죽이지 아니하며, 바야흐로 자라나는 풀과 나무를 꺾지 않았다.

⌘ 공자께서 말씀하셨다. "떨어진 무명 두루마기를 입고서 여우와 담비의 털가죽 옷을 입은 사람과 함께 섰어도 부끄러워하지 않는 사람은 저 자로일 것이다."

⌘ 공자께서 말씀하셨다. "어질도다 안회여! 한 소쿠리의 밥과 한 표주박의 마실 것으로 누추한 거리에 사는 것을, 사람들은 그 근심을 견디지 못하거늘 안회는 오히려 그 즐거움을 고치지 아니하니 어질도다 안회여!"

2. 외편(外篇)

　뒷부분의 가언(嘉言)편과 선행(善行)편에서는 한나라 이후 선현들의 아름다운 말씀과 행적들을 모아놓은 것으로 입교와 명륜과 경신의 뜻을 더욱 넓히고 실천케 하려는 뜻이 담겨있다. 시경에 이르기를 "하늘이 모든 백성을 내시니 사물이 있으면 반드시 법칙이 있도다. 백성들이 떳떳한 성품을 지녀 아름다운 덕을 좋아한다."고 하였는데 공자께서 "이 시를 지은 사람이여! 그 도(道)를 알고 있도다. 사물이 있는 곳에는 반드시 법칙이 있기 마련이므로 백성들이 불변의 천성을 지녀 아름다운 덕을 좋아하는 것이다."라고 풀어 말씀하셨다. 그러므로 전하는 기록을 참고하고 보고 들은 것을 추려서 가언(嘉言)을 짓고 선행(善行)을 기록하여 소학(小學)의 외편으로 삼아 사람들로 하여금 착한 본성을 밝히도록 하고자 함이다.

一. 가언편(嘉言 : 아름다운 말씀)

❀ 장횡거 선생이 말했다. "어린아이를 가르치되 먼저 안정함과 자세함과 공손함과 공경함이 필요한데 지금 세상엔 배움을 익히지 아니하여 남·여가 어릴 때부터 문득 교만하고 게으르고 무너져버려 자라남에 이르러 더욱 흉악하고 사나워지니, 이는 단지 일찍이 아들과 아우로서의 교육을 받지 않았기 때문이다. 곧 자기의 부모에게 이미 남과 나라는 생각이 있어 나라는 것을 고집하여 부모에게 굴복하고 낮추는 일을 즐겨하지 않아서 교만하고 게으른 병의 뿌리가 항상 있으며, 또 거처함을 따라 점점 자라서 죽음에 이르기까지 못된 성격을 버리지 못하게 되는 것이다."

❀ 아들과 아우가 되어서는 물 뿌리고 쓸고 응하고 대접하는 것을 하려 하지 않고, 친구와 접촉함에는 벗에게 자신을 낮출 줄 모르고, 재상이 되어서는 천하의 어진 선배들에게 자신을 낮추어 그들을 존경하지 않는다. 심한 경우에는 사리사욕에 따르고 의리(義理: 옳은 도리)를 모두 잃고 말거니와 이는 모두 교만하고 게으른 병의 뿌리를 버리지 못하여 환경과 접촉함에 따라 그 병의 뿌리가 점점 자라나기 때문인 것이다.

❀ 양문공(楊文公 : 송나라 眞宗때 사람. 성명은 楊億)의 가훈(家訓)에서 말하였다. "어린이를 가르칠 때는 단지 기억하고 외우는 일에 그쳐서는 안 된다. 어린이의 타고난 지혜와 재능을 길러주어야 하거니와 우선 올바른 도리에 대한 말을 넣어주어 그것을 바탕을 삼도록 해야 한다. 옛날과 지금을 가리지 말고 날마다 올바른 이야기를 기억하게 하되, 우선 효도, 공경함, 성실, 신의, 예절, 염치, 부끄

러움 등에 관한 일을 가르쳐야 한다. 황향(黃香)이 베갯머리에서 부채질을 한 것과 육적(陸續)이 귤을 품어간 것과 숙오(叔敖)가 남몰래 덕을 쌓은 것과 자로(子路)가 쌀을 져온 이야기들 같은 것을 세속의 이야기와 같이 들려주어 도리를 깨닫게 하고, 오래도록 이와 같은 도리를 가르치면 이윽고 그것이 성숙해져서 타고난 덕성이 자연스럽게 이룩될 것이다.”

〈보충설명 : 황향선침(黃香扇枕)이란 후한 때의 황향이 9세에 모친을 여의고 그 슬픔으로 거의 몸을 가누지 못하더니 아버지를 지극한 효도로써 섬겼는데, 여름엔 부친께 부채질을 해 드리고 겨울엔 찬 이불 속에 들어가 몸으로 자리를 덥힌 다음 들어가시게 했다는 고사이고, 육적회귤(陸績懷橘)이란 중국 삼국시대의 오나라 사람인 육적이 여섯 살 때 원술의 집에 갔을 때 귤을 받았는데 3개를 가슴 속에 품어 와서 돌아와 그 모친에게 드렸다는 고사(古事)이며, 숙오음덕(叔敖陰德)이란 초나라 사람인 숙오가 어렸을 때 나가 놀다가 머리가 둘 달린 뱀을 보고 죽여서 땅속에 묻었다. 그리고 집에 돌아와서 울었는데, 그의 모친이 우는 까닭을 묻자 숙오가 “머리가 둘 달린 뱀을 보면 죽는다 하는데 제가 그런 뱀을 보았사오니 어머니를 두고 죽을 것이 두렵나이다.” 하고 대답했다. 어머니가 “그 뱀이 지금 어디에 있느냐?”고 묻자 숙오는 “다른 사람들이 볼까 걱정되어 죽여서 묻었나이다.” 하고 대답했다. 이에 어머니는 “내가 들으니 숨은 덕을 베푼 사람에게는 하늘이 복으로써 갚는다 했는데 이제 네가 다른 사람들을 걱정하여 그 뱀을 죽여서 묻었으니 너는 죽지 않을 것이다.”라고 말했다. 자로부미(子路負米)란 공자의 제자인 자로가 집이 가난해도 부모를 효성으로 봉양하여, 자기는 항상 나물죽을 먹고 부모에게는 백 리 밖에서 쌀을 가져다 봉양했는데 부모가 돌아가신 뒤에 자로는 초나라의 대부가 되어 수레가 많고 곡식도 많이 쌓아 놓고 먹는 부귀를 누리게 되었으나 그가 "나는 지금도 나물죽을 먹고 부모를 위하여 쌀을 져오고 싶어도 그렇게 할 수가 없구나!" 하고 탄식했다는 이야기다.〉

✤ 명도선생(明道先生 : 송나라 때의 학자. 성명은 정호, 이천 선생인 정이의 형. 세상 사람들은 이 두 형제를 二程 또는 二程子라고 한다.)이 말했다. "아들과 아우가 재주를 믿고 경박하게 굴 것을 근심하는 사람은 오직 경서의 학문과 글을 소리 내어 읽음을 가르쳐야 하고 문장을 짓게 해선 안 된다. 또 아들과 아우의 백 가지 좋아하는 놀이와 취미는 다 뜻을 빼앗거니와 편지를 쓰는데 이르러서는 선비의 일에 가장 가깝지마는, 그러나 한결같이 좋아하면 이 역시 스스로 올바른 뜻을 잃게 된다."

✤ 이천선생(伊川先生)이 말하였다. "사람을 가르치되 의미와 흥취를 알지 못하면 반드시 배움을 좋아하지 않을 것이니, 우선 노래와 춤을 가르쳐야 한다. 시경(詩經)의 시 삼백 편은 모두 옛사람들이 지은 것이니 관저편 같은 것은 집안을 바로잡는 시작이다. 그러므로 시골 사람들이 읊고 나라에서 사용하여 날로 사람들로 하여금 듣게 했다. 이와 같은 시는 그 말이 간략하고 심오하여 지금 사람들이 쉽게 깨닫지 못하니, 따로 시를 지어서 대략 어린이들을 가르치되 물 뿌리고 쓸고 응하고 대답하고 어른 섬기는 절차를 말해서 하여금 아침과 저녁으로 노래하게 하고자 하니 마땅히 도움이 있을 것 같다."

✤ 진 충숙공(陳忠肅公 : 송나라 사람, 성명은 진관)이 "어려서 배우는

사람은 먼저 사람의 품격의 상·하를 분별하는 것이 필요하니, 어떤 것이 바로 성현들이 하는 일이며 어떤 것이 바로 아래의 어리석은 사람들이 하는 일인가를 분별하여 착한 것으로 향하고 악한 것을 등져 저것을 버리고 이것을 취하는 것, 이것이 어려서 배우는 사람이 마땅히 먼저 해야 할 일인 것이다. 안자(안회)와 맹자는 공자 다음가는 성인이다. 배워서 비록 그들에게 이르지는 못할지라도 어진 사람은 될 수 있으니, 이제 배우는 사람이 만일 능히 이것을 알면 안자나 맹자와 같이 되는 일을 나도 또한 배워야 할 것이다. 말이 온순하여 기운이 화하면 안자의 노여움을 옮기지 아니한 것을 점차 배우게 되고, 잘못하고서 능히 뉘우치며 또 고치기를 꺼리지 않으면 안자의 두 번 잘못하지 아니함을 점차 배울 수 있게 될 것이다. 매장하고 장사하는 놀이가 배움만 못하다는 것을 알고, 어머니의 사랑이 세 번 이사하기에 이름을 알고, 어릴 때부터 늙음에 이르기까지 싫어하지 않고 그치지 아니하여 처음부터 끝까지 한결같은 뜻을 지니면 불의와 악에 물들지 않는 마음이 가히 맹자와 같아질 수 있을 것이다."라고 말하였다.

⚘ 제갈무후(제갈공명)가 아들을 경계하는 편지에서 이렇게 말했다. "군자의 행실은 안정함으로써 몸을 닦아야 하고, 검소함으로써 덕을 길러야 하거니와 마음이 담박하지 않으면 뜻을 밝힐 수 없고, 마음이 편안하고 고요하지 않으면 원대함에 이르지 못한다. 대저 배움은 모름지기 마음이 고요해야 하고, 재주는 모름지기 배워서 얻어야 하거니와 거만하고 게으르면 능히 정밀한 도리를 닦지 못하고, 마음이 들뜨면 능히 성품을 다스리지 못한다. 나이는 시간과 더불어 달리고 뜻은 세월과 더불어 가서, 드디어 마르고 떨어짐을

이루고서야 궁한 집에서 슬퍼하고 탄식한들 장차 다시 어떻게 할 수가 있겠는가?"

유변(柳玭 : 당나라 때 名門大家의 자손)이 일찍이 글을 지어 자제들을 훈계하여 말하였다. "이름이 무너지고 몸이 재앙을 받아 조상을 욕되게 하고 집안을 망치게 하는 것에 가장 큰 것이 다섯 가지이니, 마땅히 깊이 마음에 새기도록 하라. 그 첫째는 스스로 안일을 구하고 맑고 안정함을 달갑게 여기지 아니하여 구차하게 자기에게 이익이 되면 다른 사람들의 욕을 먹어도 거리낌 없이 끝내 행하는 것이다. 그 둘째는 선비의 도리를 알지 못하고 옛날의 도덕을 기뻐하지 아니하여 성현들의 글을 모르면서도 그것을 깨닫지 못하고 지금 세상의 옳고 그름을 논하여 크게 웃으며 자기는 아는 것이 적으면서 남의 학식 있는 것을 무시하며 미워하는 것이다. 그 셋째는 나보다 나은 사람을 싫어하고 나에게 아첨하는 자를 좋아하며, 오직 희롱하는 말을 좋아하고 옛날 도덕을 생각지 아니하여 다른 사람의 선행을 들으면 시기하고, 다른 사람의 악함을 들으면 떠들어대어 점점 악에 물들어 올바른 도덕과 의리를 깎아 해치면 점잖은 갓과 옷이 있은들 종들과 무엇이 다르겠는가. 그 넷째는 하는 일 없이 노는 것을 좋아하고 특히 술을 몹시 좋아하여 술잔 마심으로써 높은 풍치라 하고 일에 부지런한 것을 속된 무리라 하면서 안일하고 방탕한 생활이 습관이 되어 그 습관이 잘못임을 깨달아도 이미 고치기는 어렵게 된다. 그 다섯째는 이름 있는 벼슬자리가 탐이 나서 남몰래 권세 있는 사람과 요직에 있는 사람에게 접근하여 비록 벼슬 한자리를 얻을지라도 다른 사람들이 성내고 시기하여 그것을 보존하는 자는 드무니라. 내가 보니 명문 귀족들이 어느 집이

진정한 유법천지有法天地를 향하여 중

나 다 조상의 충효와 근검에 말미암음으로써 성립되지 않음이 없고 어느 집이나 다 자손이 완악하고 경솔하고 사치하고 거만한 것으로써 몰락하지 않음이 없으니 명문 귀족을 이루기는 하늘에 오르는 것과 같이 어렵고, 집안을 몰락시켜 명예를 땅에 떨어지게 하는 것은 깃털을 불사르는 것처럼 쉬운 일이다. 이와 같은 말을 하자니 마음이 아프거니와 너희는 마땅히 이와 같은 사실을 마음에 깊이 새겨 잘못되는 일이 없도록 하기를 바란다."

⊛ 범노공(范魯公 : 송나라 때 인물. 성명은 범질)이 재상(宰相)이 되었는데 그 형의 아들 고(杲)가 일찍이 그에게 임금께 아뢰어 자신이 승진을 하도록 해주기를 요청하였는데 공이 시를 지어 조카를 타일렀다. 그 시에서 말하기를 "네게 훈계하여 입신(立身)의 방법을 배우라 이르나니 먼저 효도하고 공손함만 같은 게 없다. 기쁜 마음으로 부모와 어른을 봉양하여 감히 교만하거나 업신여기는 마음을 일으키지 말라. 두려워하고 또 조심하여 급하고 구차한 때라도 반드시 이에 마음을 두라. 네게 훈계하여 관록을 구하는 방법을 배우라 하나니 사람이 마땅히 행해야 할 도리와 육예에 힘씀보다 더 나은 게 없다. 일찍이 내가 옛사람의 모든 격언(格言)을 들어보니 '배운 것이 넉넉하면 벼슬한다.' 하였으니 남이 나를 알아주지 않는 것을 걱정 말고 오직 학문이 부족한 것을 걱정할 것이다. 네게 훈계하여 치욕을 멀리하라 이르나니 공경하여 예절에 맞으면 치욕을 멀리하게 된다. 자신을 낮추고 남을 높이며 남을 먼저 세우고 자신을 뒤로하니 『시경』의 상서편과 모치편에 예(禮) 없음을 풍자한 시를 감상해 보아라. 네게 훈계하여 방자하고 자유분방하지 말라 이르나니 방자하고 자유분방함은 단정한 선비의 도리가 아니다. 주

공과 공자가 명교(名敎: 인륜의 명분을 밝히는 교육)를 남기었거늘 제나라와 양(梁)나라가 청담(淸談)을 숭상하여 남조(南朝: 강남에 도읍을 정한 제나라와 양나라)의 팔달사(八達士)가 비록 당시엔 칭찬을 받았으나 그들은 무례 무법 하여 명교(名敎)에 죄를 얻은 그 성명은 오래도록 청사(靑史)를 더럽히었다. 네게 훈계하여 술 마시기를 즐기지 말라 하나니, 술이란 천성을 어지럽게 하여 미치게 하는 약으로 능히 사람의 근후(謹厚: 신중하고 중후함)한 성격을 옮겨다가 흉악하고 음험한 인간으로 만드나니 옛날과 지금에 술 때문에 집이 기울고 몸을 망친 인간을 우리는 분명히 다 기억할 수 있느니라. 네게 훈계하여 말 많은 사람이 되지 말라 하나니, 말 많은 사람을 사람들은 싫어한다. 진실로 말을 삼가지 않으면 재앙과 액난이 이로부터 시작될 것이다. 옳으니 그르니 하면서 헐뜯고 하는 사이에 족히 몸을 허물게 하기에 알맞을 것이다. 온 세상 사람들이 벗과 교우하기를 소중히 여겨 금란지계(金蘭之契 : 두 사람 교분의 굳은 것이 쇠보다 단단하고 난초 향 같이 아름다운 관계)를 맺는 것처럼 하지만 이로써 오히려 원망하는 마음이 쉽게 생겨서 풍파가 생겨나는 것이다. 그러므로 군자의 벗 사귀는 마음은 깊고 넓으나 담담하기가 물과 같은 것이다. 온 세상이 떠받들어 좋아하고 의기양양하여 뽐내나니 떠받드는 사람들이 이로써 곧 너를 놀림감으로 삼는 것을 알지 못한다. 그러기에 옛사람의 병에 거저(위만 볼 수 있고 아래는 볼 수 없는 병)와 척이(아래만 보고 위는 볼 수 없는 병)가 있느니라. 또 온 세상이 유협을 소중히 여겨 사람들이 그들을 호기스럽고 의협심이 있다고 말한다. 남을 위하여 위급하고 어려운 일에 달려들어 이따금 죄수로 구금되는 일에 빠지나니 그러기에 마원은 편지에서 은근히 모든 자제를 경계했던 것이니라. 세상 사람들은 청렴하고 검소한 것을 천시하여 몸을 받드는 데 화려하고 사치하는 것을 좋아한다. 살찐 좋은 말을 타고 가벼운 갑옷을 입고서 의기양양하여 마을 거리를 지나가나니 비록 시가(市街)의 어린애들의 부러움을 받을지라도 도리어 식자(識者)들은 천하게 여길 것이다. 나는 본디 딴 나라에서 온 남의 나라에 붙어있는 신하로 요순의 다스림 같은 훌륭한 임금을 만나서 지위는 높으나 재능이 넉넉하지 못하다. 근심과 두려운 마음을 가지고서 깊은 못가와 엷은 얼음을 밟는 것처럼 오직 빠질까 두렵나니 너희는 마땅히 나를 가엾게 여겨서 나로 하여금 허물을 더하게 하지 말 것이다. 문을 닫고 발걸음을 거두어 머리를 움츠리고 명성과 권세를 피하라. 권세와 벼슬은 오래 있기가 어려우니 마침내는 어찌 믿기에 족하겠느냐? 만물은 생하면 반드시 쇠하게 되고 일어남이 있으면 도로 폐함이 있나니 빨리 이룬 것은 견고하지 못하고, 빨리 달리면 엎드러지는 일이 많은 것이다. 곱게 빛나는 정원 속의 꽃은 일찍 피면 도로 먼저 시들고, 더디고 더딘 시냇가의 소나무는 울창하여 늦도록 푸르름을 머금는다. 타고난 운명이 빠르고 더딤이 정하여져 있나니 입신출세를 사람의 힘으로 이루기는 어렵다. 말을 일러 보내어 제군에게 거절하나니 조급히 승진하려 함은 부질없는 짓일 뿐이다." 하였다.

  ※ 강절 소선생(康節 邵先生 : 송나라 학자. 성명은 소옹)이 『황극경세서』에서 인용하여 다음과 같이 자손을 경계했다. "상품의 사람은 가르치지 않아도 착하고, 중품의 사람은 가르친 뒤에라야 착하고, 하품의 사람은 가르쳐도 역시 착하지 못하다. 가르치지 않아도 착한 것은 성인이 아니고 무엇이며, 가르친 뒤에라야 착한 것은 어진

사람이 아니고 무엇이며, 가르쳐도 역시 착하지 못한 것은 어리석은 사람이 아니고 무엇이겠느냐? 이것으로 착하다는 것은 길함에 이르는 것이고, 착하지 못하다는 것은 흉함에 이르는 것임을 알 수 있다. 길하다는 것은 눈으로 예가 아닌 광경을 보지 않고, 귀로는 예가 아닌 소리를 듣지 아니하고, 입으로는 예가 아닌 말을 하지 아니하며, 발로는 예가 아닌 땅을 밟지 아니하며, 사람이 착하지 않으면 사귀지 아니하고, 재물이 의롭지 않으면 취하지 아니하며, 어진 사람과 친하기를 지초와 난초에 나아감 같이 하고, 악한 것 피하기를 뱀과 전갈을 두려워하는 것같이 하면 어떤 사람이 비록 길한 사람이라고 말하지 않더라도 나는 믿지 않을 것이다. 흉하다는 것은 말을 속여 거짓말을 하고, 행동거지가 음흉하고 험악하며, 이욕을 좋아하여 그른 것을 바른 것처럼 꾸미며, 음탕한 일을 탐내고 재앙을 불러오며, 어질고 착한 사람을 원수처럼 미워하고, 형벌과 법 범하기를 밥 먹는 것처럼 하여 작으면 몸을 망치고 심지어는 목숨까지 잃으며 크게는 집안을 멸망시키고 자손이 끊어지거니와, 이런 사람을 어떤 사람이 흉한 사람이라고 이르지 않더라도 나는 믿지 않을 것이다. 전해지는 말에 의하면 '길한 사람은 선을 행하되 오직 날이 부족하게 여기며, 흉한 사람은 불선(不善)한 일을 행하되 역시 오직 날이 부족하게 여긴다.' 했으니 너희는 길한 사람이 되고자 하느냐, 흉한 사람이 되고자 하느냐."

　　❋ 절효 서선생(節孝 徐先生: 송나라 학자. 성명은 서적)이 『여씨동몽훈』에서 인용하여 그의 제자들을 훈계했다. "제군들이 군자(君子)가 되고자 함에, 몸의 힘을 수고롭게 하고 자기의 재물을 허비한다면 군자가 되지 않아도 되겠지만, 몸의 힘을 수고롭게 하지 않고 자

기의 재물을 허비하지도 아니하거늘 어찌 군자가 되려고 하지 않은
가? 또 (군자가 되는 것을) 마을 사람들이 천하게 여기고 부모가 싫어
하신다면 군자가 되지 않아도 좋다. 그러나 부모와 그대가 군자가
되는 것을 바라고, 마을 사람들도 영광으로 생각하는데 어찌 군자
가 되지 않을 수가 있겠는가. 군자가 되는 것은 누구나 마음만 먹
으면 할 수 있는 일이다. 착한 말을 하고 착한 행동을 하고 착한 생
각을 하는 것, 이 세 가지를 실천하면 누구나 군자가 될 수 있다.
그러나 악한 말을 하고, 악한 행동을 하고, 악한 것을 생각한다면,
누구나 소인이 되는 것이다."

⊛ 호 문정공(胡 文定公 : 송나라 학자. 성명은 호안국)이 아들에게 준
편지에서 이렇게 말했다. "뜻을 세우기를 정명도(明道先生)와 범희문
(범중엄)처럼 되기를 스스로 기약하며, 마음 세우기를 성실하고 믿
음성이 있으며 속이지 않는 것으로써 주된 근본을 삼으며, 몸가짐
을 단정하고 장중하고 청렴하고 근신하는 것으로써 삼아 일을 처
리함에 밝고 민첩하고 과감한 결단으로써 옳고 그른 것을 분별하
며, 또 법의 시행을 조심하여 입법의 뜻을 생각하고 그 취지에 맞
도록 운용한다면 이에 정치를 함이 다른 사람의 뒤에 있지는 않을
것이다."

⊛ 고령 진선생(古靈 陳先生 : 송나라 인물. 성명은 진양)이 선거(仙居)
고을의 원으로 있을 때 그 고을의 백성들에게 말하기를 "나의 관하
의 백성이 된 사람들은 아버지는 의롭고 어머니는 자애로워야 하
며 형은 우애하고 동생은 공손하며 부부 사이에 은애가 있으며 남
자와 여자는 분별이 있어야 하며 자제(子弟)들은 배움이 있어야 하
고 마을에는 예의가 있어야 하며 빈궁과 환난에는 친척들이 서로

구제해야 하며 혼인과 초상에는 이웃들이 서로 부조해야 하며 농업을 게을리하지 말며 도둑질을 하지 말고 도박을 배우지 말며 다투고 소송하는 일을 좋아하지 말고 악으로써 선을 업신여기지 말며 부로써 가난함을 빼앗지 말며 길을 가는 사람은 길을 서로 양보하고 머리털이 반이 하얀 중늙은이가 길에서 지고 이고 다니는 일이 없으면 예의가 있는 풍속이 될 것이다." 하였다.

꠸ 무릇 사람의 아들 된 자들은 부모의 명령을 받거든 반드시 치부책에 기록하고 그것을 휴대하여 때때로 살펴보아서 속히 실행하고, 일이 끝나면 반드시 처리한 일의 결과를 보고해야 한다. 혹 부모의 명령한 일이 실행할 수 없는 것이 있으면 얼굴빛을 온화하게 하고 말소리를 부드럽게 하여 옳고 그르고 이롭고 해되는 점을 구체적으로 의견을 사뢰어 부모의 허락을 기다렸다가 허락을 받은 연후에 고치고, 만일 허락하지 않으실지라도 진실로 일에 큰 해가 없거든 또한 마땅히 자신의 의사를 굽혀서 따라야 할 것이니, 만일 부모의 명령이 그르다고 하여 바로 자기의 뜻대로 실행한다면 비록 자기의 의견이 다 옳다 하더라도 오히려 불순한 아들이 될 것인즉, 하물며 아직 반드시 자신의 의견이 옳지 않을 경우에 있어서랴!

꠸ 이천선생(伊川先生)이 말하였다. "병들어 자리에 누웠는데 의술이 시원치 않은 용렬한 의사에게 맡겨두는 것은 비유하자면 부모가 자식을 사랑하지 않는 것과 같고, 자식이 부모에게 효도하지 않는 것과 같나니, 부모를 섬기는 자는 또한 의술을 알지 않을 수 없을 것이다."

꠸ 이천선생(伊川先生)이 말하였다. "사람이 부모가 생존해 계시지 않으면 자신의 생일에 마땅히 비통한 마음이 배나 더할 것이니,

더욱 어찌 차마 술잔치를 벌이고 음악을 연주하여 즐길 수 있겠는가? 만일 양친이 다 생존해 계신다면 그러한 사람은 그렇게 하여도 좋을 것이다."

❀ 여씨동몽훈에서 말하였다. "임금 섬기기를 부모 섬기듯이 하며, 관장 섬기기를 형을 섬기듯이 하며, 동료들과 지내기를 한 집안 사람처럼 하며, 여러 아전 대우하기를 자기 집 노복과 같이 하며, 백성을 사랑하기를 친자식처럼 하며, 관청의 일 처리하기를 자기 집 일처럼 한 뒤라야 자신의 마음을 다 했다고 할 수 있을 것이다. 만일 털끝만큼이라도 관리로써 부족한 때가 있다면 다 나의 마음이 다하지 못한 바가 있기 때문이다."

❀ 횡거선생이 일찍이 말하였다. "부모를 섬기고 제사 받드는 일을 어찌 사람을 시켜서 할 수 있으랴."

❀ 명도선생이 말하였다. "비록 제9품의 낮은 벼슬에 있는 조사(朝士)라도 그가 진실로 만물을 사랑하는 데 마음을 두면 사람들에게 반드시 혜택을 미치게 하는 바가 있을 것이다."

❀ 유안례가 백성을 다스리는 법을 묻자 정명도(정호)선생이 말하기를 "백성으로 하여금 각각 자신의 심정을 털어놓게 하여 귀담아듣고 상달해야 한다." 하였다. 또 아전들을 통솔하는 방법을 묻자 "자신의 몸가짐을 바르게 함으로써 남을 바로 잡아야 한다." 하였다.

❀ 경험 없는 젊은 사람이 갑자기 지방관의 직책을 맡게 되면 교활한 아전들의 미끼에 걸리는 것을 스스로 살피지 못하고 아주 작은 이득이라도 챙기게 되면 이에 꼬리를 잡히어 재임 동안 다시는 감히 힘을 행사하지 못하게 된다. 이처럼 대체로 관리가 되어 이득

을 즐겨하면 그 자신이 챙기는 바는 얼마 되지도 않으면서 아전들이 그를 팔아서 도둑질하는 액수는 헤아릴 수 없게 되며 이로써 결국 무거운 견책을 입게 되는 것이니 참으로 애석한 일이다.

❀ 명도선생이 말하였다. "벼슬길에 처음 나간 선비라도 진실로 백성을 사랑하는 데 마음을 두면 백성들에게 반드시 구제하는 바가 있다."

❀ 동몽훈에서 말하였다. "관리가 명심해야 할 법도가 세 가지 있다. 첫째는 청렴결백함이요, 둘째는 언행을 삼가는 것이고, 그 셋째는 직무에 부지런해야 함이다. 이 세 가지를 알면 몸가짐을 안다고 할 수 있다."

❀ 관직에 있는 사람은 먼저 사납게 성내는 것을 경계해야 하며, 일에 옳지 않은 것이 있거든 마땅히 자세히 살펴서 차근차근 처리해 나가면 도리에 맞지 않음이 없을 것이다. 만일 먼저 사납게 성내면 이는 오직 자기 자신만을 해칠 뿐이다.

❀ 문중자(文中子 : 수나라 용문 사람. 성명은 왕통)가 말하였다. "혼인에 재물을 논하는 것은 오랑캐의 도리이다. 군자는 그러한 풍속이 있는 마을에 들어가 살지 않는다. 옛날에는 남자 쪽이나 여자 쪽이나 각기 상대편의 덕성을 보고 가렸고, 재물을 많이 보내는 것으로써 예를 삼지 않았다."

❀ 사마온공이 서의(書儀)에서 인용하여 말하였다. "무릇 혼인을 의논함에 있어서는 마땅히 먼저 그 사위나 며느리의 성품과 행실 및 그 집안의 법도가 어떠한가를 살펴야 하고 구차하게 그 부귀를 흠모하지 않아야 한다. 사위 될 사람이 진실로 어질다면 지금은 비록 가난하고 신분이 낮을지라도 어찌 후일에 부귀하지 않을 것이라

　　　　　진정한 유법천지有法天地를 향하여 중

고 하겠는가? 또 진실로 불초하다면 지금은 비록 부하고 성할지라도 어찌 다른 때에 빈천해지지 않음을 장담할 수 있으랴. 며느리라는 것은 한 집안의 성쇠가 그로부터 연유하는 것이니 구차스럽게 한때의 부귀를 흠모하여 며느리를 맞는다면 자기 남편을 가볍게 여기고 자기 시부모에게 거만하게 굴지 않는 경우가 드물어 교만하고 질투하는 성질이 길러지게 되나니 후일에 걱정거리가 됨이 어찌 끝이 있겠는가? 가령 아내의 재산으로 인하여서 부자가 되며, 아내의 권세에 의지함으로써 지위를 얻을지라도 대장부다운 지조와 기개가 있는 자라면 어찌 부끄럽지 않을 수가 있겠는가?"

❀ 사람이 생겨나자 부부가 생겼고, 부부가 있은 뒤에 부자(父子)가 생겼고 부자가 있은 뒤에 형제가 생긴 것이다. 그러므로 이 세 가지가 가장 가깝고 친하다 하겠다. 여기에서 구족(九族: 고조, 증조, 조부, 부, 자기, 자, 손, 증손, 현손과 그 방계의 친족)에 이르기까지 다 이 세 가지 지친(至親)에 근본 하는 것이다. 그러므로 인륜에 있어서 소중하게 여기는 것이니 두텁게 하지 않을 수 없다. 형제란 것은 형체는 나뉘어 있으나 기운은 연속되어 있는 사람이다. 그 어린 시절에 있어서는 부모가 왼쪽에 형의 손을 이끌고 오른쪽에 아우를 안으며 형은 앞에서 부모의 옷깃을 끌고 아우는 뒤에서 부모의 옷깃을 당기면서 함께 데리고 다니었다. 밥은 같은 밥상에서 먹고 옷은 형이 입던 옷을 물려받아 입고 배우면 책을 물려받고 놀면 방위를 함께 했으니 비록 도에 벗어나고 행실에 어지러운 사람이 있어도 자기의 형제는 서로 사랑하지 않을 수 없는 것이다. 그러나 그 장성함에 이르러서는 각각 자기 아내를 아내로 하고 각각 자기 아들을 아들로 하여 비록 돈독하고 후한 사람이 있더라도 우애가 조

금 쇠하지 않을 수 없다. 원래 여자 동서끼리는 형제에 비하면 멀고 박하기 마련이니 이와 같이 우애가 멀고 박한 아내들과 우애가 가깝고 후한 형제들을 비교하면 마치 네모진 그릇에 둥근 뚜껑과 같아 잘 맞지 않을 것인즉, 오직 형제간의 정이 깊고 지극해서 아내에게 마음을 옮기지 않는 자들만이 형제의 정이 쇠하는 것에서 벗어날 수 있을 것이다.

❀ 유개중도(柳開는 성명이고, 仲塗는 字다. 송나라 때 인물)가 말하기를 "돌아가신 아버지께서 집안을 다스리셨는데 효도를 존중하셨고 또 집안사람에게 엄격하셨으니 매월 초하루와 보름날에는 자제와 며느리들이 마루 아래서 절하고 나서 손을 들고 머리를 낮추고 아버지의 훈계를 들었다. 그때 말씀하시기를 '사람의 집에 형제들은 본래는 의롭지 않은 자가 없건만, 다 장가들어 아내가 집안에 들어오게 됨으로 인하여 타성(他姓)들이 서로 모여서 장단을 경쟁하여 부인의 참언이 점점 물이 젖어들 듯 귀에 들어와서 자기의 처자만 사랑하고 재물을 사사로이 축적하여 이로써 형제의 도리에 어그러지게 하여 분가하여 별거하고, 재산을 갈라 소유를 달리하여 서로 미워하기를 도둑과 원수같이 한다. 이런 일은 다 너희 부인이 만드는 것이다. 남자가 몇 사람이나 굳센 의지를 지녀 능히 부인의 말에 미혹되지 않는 자가 있겠는가. 나는 이러한 좋지 못한 경우를 본 일이 많다만 너희에겐 어찌 이런 일이 있겠느냐?'라고 하셨는데, 물러 나와서는 두려워하여 감히 한마디의 말도 불효 된 일을 하지 않았다. 우리 집안은 지금에 이르기까지 그 교훈에 힘입어 우리 집을 보전할 수 있었다." 하였다.

❀ 횡거선생이 말하기를 "형과 아우는 서로 사랑해야 하고, 서로

같음이 없어야 한다." 했다. 그 말은 형제는 마땅히 서로 사랑하고 화합해야 하되, 서로 그 좋지 못한 점을 배울 필요는 없다는 뜻이다. 다시 말해서 "가령 형이 그 아우를 우애하되 아우는 도리어 그 형을 공경하지 않는다고 하여 형이 어찌 아우의 공경하지 않는 것을 배워 그 우애를 잊을 수 있겠는가. 다만 마땅히 변함없이 그 우애를 다해야 한다. 또 가령 아우가 그 형을 공경하되 형은 도리어 그 아우를 우애하지 않는다고 해서 아우가 어찌 형의 우애하지 않는 것을 배워 결국 그 공경함을 잊을 수 있겠는가. 다만 마땅히 그 공경을 다 할 뿐이다."라는 뜻이다.

♨ 이천(伊川)선생이 말하였다. "요사이 세상 사람들이 천박하여서 서로 즐거하면서 예절 없이 무관하게 지내는 것을 지기상합(志氣相合)한 벗이라 하고 모 없이 둥글게 지냄으로써 서로 좋아하고 사랑한다고 한다. 그러나 이와 같은 우정이 어찌 오래갈 수 있겠는가. 만일 우정을 오래도록 지속하려 할진대 모름지기 바로 공경해야 할 것이다. 임금과 신하 사이도 벗 사이도 다 마땅히 공경함으로써 주를 삼아야 할 것이다."

♨ 횡거선생이 말하였다. "지금 세상에서는 친구를 선택하는 데 부드러운 태도로 잘 아첨하는 자를 가리어 이로써 서로 더불어 교제하여 어깨를 치고 소매를 잡아당기며 마음이 서로 맞는다고 한다. 그러나 한마디 말이라도 의견이 서로 맞지 않으면 성낸 기운으로 서로 다투게 된다. 붕우 사이는 서로 자신을 낮추기를 게을리 말아야 한다. 그러므로 붕우 사이에 공경을 주로 하는 사람이라야 날마다 친교(親交)를 더하여 서로 학문을 돕고 올바른 도리에서 벗어나지 않도록 충고를 해줄 수 있는 것이다."

❀ 범문정공(范文正公 : 송나라 오현 사람. 성명은 범중엄)이 참지정사(參知政事)로 있을 때에 여러 아들에게 고하여 말하기를 "내가 가난하였을 때에 너의 어머니와 함께 나의 어머니를 봉양하였는데, 너의 어머니가 몸소 음식을 장만하는 일을 하였으나 가난하여 내 어머니에게 드릴 맛 좋은 음식은 아직 일찍이 만족한 때가 없었다. 지금 내가 많은 봉록을 받으니, 이로써 어머니를 봉양하고 싶으나 어머니는 계시지 않고 너의 어머니도 또한 이미 일찍 죽었으니 내가 가장 한스럽게 여기는 것이다. 이런 마당에 차마 너희로 하여금 부귀의 즐거움을 누리게 할 수 있겠느냐? 우리 오현(吳縣) 안에 사는 종족(宗族)이 매우 많으니 내게 있어서 그들은 진실로 친근한 이와 소원한 이가 있다. 그러나 우리 조종(祖宗)께서 본다면 그들은 모두 똑같은 그분의 자손이다. 원래로 친소가 없는 것이니 진실로 조종의 뜻에 친소가 없다면 그들 중 굶주리고 추위하는 자들을 내가 어찌 구휼하지 않을 수 있겠느냐? 조종 때로부터 덕을 쌓기 백여 년에 그 응보가 나에게 나타나서 대관(大官)을 얻기에 이르니, 만일 홀로 부귀를 누리고 종족을 구휼하지 않는다면 다른 날에 어찌 이로써 조종을 지하에서 뵈올 수 있으며 지금은 무슨 면목으로 가묘(家廟)에 들어갈 수 있겠느냐?" 하고, 특별한 은례(恩例)로 받은 하사품과 봉급을 항상 족인(族人)들에게 균등하게 나누어주고, 그와 함께 의전택(義田宅 : 친척의 가난한 사람들을 구제하기 위한 밭과 집)이 있는 장원, 즉 일족을 위한 공동 소유의 농장을 설치하였다.

❀ 동중서(董仲舒 : 한나라 때의 학자)가 한서(漢書)에서 인용하여 말하였다. "어진 사람은 그 의(義)를 바르게 하고 그 이(利)를 도모하지 않으며, 그 도(道)를 밝히고 그 공(功)을 계산하지 않는다."

❀ 손사막(당나라 때의 학자. 도교숭상)이 당서(唐書)에서 인용하여 말하였다. "담은 커야 하고 마음은 작아야 하며, 지혜는 둥글어야 하고 행동은 방정해야 한다."

〈**보충설명** : 사람은 담이 커야 올바른 일을 용감히 할 수 있고, 마음은 작아야 도리를 살피는 데 있어 세밀하며 매사에 신중을 기해 실수가 없다. 또 지혜는 둥글어야 사물의 모든 이치를 환히 알아 통하여 막히지 않고, 행동은 방정해야 모나서 바르기 때문에 흐르지 않고 올바른 도리에서 벗어나지 않는다. 다시 말해서 담이 크면 비록 천만 사람이 방해할지라도 내가 옳다고 생각하면 결행하고, 마음이 소심하면 삼가고 조심한다. 대개 뜻이 크지 못하면 비루하고 마음이 잘지 않으면 곧잘 도리에 어그러지며, 둥글고 모나지 않으면 거짓에 흐르게 되고 모나고서 둥글지 않으면 고집불통이 되는 것이다.〉

❀ 옛말에 이르기를 "선을 따르는 것은 높은데로 오르는 것과 같고, 악을 따르는 것은 낮은 곳으로 무너지는 것과 같다." 하였다.

❀ 염계 주선생(송나라 때의 대학자. 성명은 주돈이. 유명한 태극도설을 지어 宋學의 開祖가 됨)이 말하였다. "성인은 하늘의 법도를 배워 하늘과 같이 되기를 바라고, 현인은 성인의 법도를 배워 성인과 같이 되기를 바라며, 선비는 현인의 법도를 배워 현인과 같이 되기를 바란다. 그런데 은나라의 명신인 이윤(伊尹)과 공자님의 수제자인 안연(顏淵)은 대현인이다. 이윤은 그의 임금을 요순과 같게 보필하지 못함을 부끄러워하며, 한 사람의 백성이라도 그가 안주(安住)할 곳을 얻지 못함을 보면 자신이 시장의 많은 사람 앞에서 매 맞는 것처럼 여겼고, 안연(안회)은 노여움을 옮기지 않고 같은 잘못을 두

번 저지르지 않았으며, 석 달 동안 인(仁)을 어기지 않았다. 만약 이윤이 뜻한 바를 자기의 뜻으로 삼고, 안연이 배우고 닦던 바를 자기의 배움과 덕행으로 삼는다면 이윤이나 안연 보다 나으면 성인이 될 것이요, 미치지 못하여도 또한 어진 이름을 잃지 아니할 것이다."

❖ 통서(通書)에서 말하였다. "성인의 도는 귀로 들어와 마음에 두어서 쌓아 나가면 덕행이 되고, 이를 실천하면 정치나 경제에 유익함이 있다. 그런데 저 성인의 도리를 그저 말이나 글로만 할 뿐인 자는 비루하다."

❖ 명도선생이 말하였다. "성현들이 남기신 수많은 말씀은 놓아서 잃어버린 올바른 마음을 거두어들여 다시 몸속으로 들어오게 하기 위함이다. 그러므로 배우는 사람들은 마땅히 위를 지향하여 걸어가되 아래로 사람의 도리를 배움으로써 점차 천지와 자연의 섭리에 통달하게 될 것이다."

❖ 이천선생이 말하였다. "안연이 자기를 이기고 예로 돌아가는 조목에 대하여 여쭙자, 공자께서 '예가 아닌 것은 보지 말고, 예가 아닌 것은 듣지 말고, 예가 아닌 것은 말하지 말고, 예가 아닌 것은 움직이지 말라.' 하셨느니라."

❖ 마음은 모름지기 가슴속에 있어야 한다.

〈보충설명 : 마음이란 지허, 지령, 신묘하여 헤아릴 수 없으며, 항상 몸의 주인으로 모든 일의 기강을 이끌어서 잠깐 동안이라도 없을 수 없는 것이다. 그런데 분주히 돌아다니며 물욕에 이끌리어 그 마음이 밖으로 나가버리면 사람의 몸이라는 것은 빈 껍질에 불과하여 일신의 주인도 없고 만사의 기강도 없게 되니 비록 굽어보고

진정한 유법천지有法天地를 향하여 중

돌아보고 흘겨보는 사이라도 어찌 자기 몸의 소재를 깨달을 수 있겠는가. 그래서 마음이란 항상 제가 있어야 할 가슴 속에 있어야 한다는 말이다.〉

⑧ 이천 정선생이 말하였다. "정제하고 엄숙하면 마음이 곧 전일하게 되나니 마음이 전일하면 저절로 부정하고 사특한 것이 침범하지 못한다."

⑧ 이천 정선생이 예기(禮記)의 표기편에 "군자가 씩씩하고 공경하면 날로 굳세어지고, 편안하고 방종하면 날로 게을러진다."고 한 말을 몹시 좋아하셨는데, 대개 보통사람의 심정은 조금만 방종하면 날로 예절과 법도를 무시하고 제멋대로 함부로 행동하게 되고, 스스로 단속하면 날로 법도가 있게 된다.

⑧ 사람의 마음의 움직임이 말로 인해 표현되나니, 발언을 할 때에는 조급하고 망녕됨을 금지하여서 안으로 이에 마음이 안정되고 전일(專一)할 것이다. 말 한마디로 전쟁을 일으킬 수도 있고 우호를 가져올 수도 있나니 길한 것도 흉한 것도 영광도 치욕도 오직 말이 불러오는 바이다. 말을 쉽게 하는 결함이 있으면 그 말은 신실성이 없어지고, 말이 번거롭고 수다스러우우면 지루하고, 내 말이 방자하면 남에게 거슬리게 되고 가는 말이 예에 어그러지면 오는 말도 무례하나니 선왕의 법언이 아니거든 감히 말하지 말라는 옛사람의 가르친 말씀을 공경하라 하였다. 명철한 사람은 마음의 움직이는 기미를 알아서 생각하는 데 있어 정성 되게 하고, 지사(志士)는 실행하는 것을 힘쓴다. 행위에서 사악한 데로 흐르지 않도록 자신을 지키나니 바른 이치에 순종하면 여유가 있고, 욕심을 좇아 행동하면 오직 위태로울 뿐이다. 잠깐 사이에도 잘 생각하여 삼가고 조심

하는 마음으로 자신을 지키라.

그러한 습관이 천성과 함께 성장하면 성현과 같은 경지에 돌아갈 수 있을 것이다.

❀ 이천 정선생이 말하였다. "사람에게 세 가지 불행한 일이 있나니, 소년으로서 높은 과거에 합격하는 것이 첫째의 불행이고, 부형의 권세에 힘입어 좋은 벼슬에 오르는 것이 둘째의 불행이고, 뛰어난 재주와 문장에 능함이 있는 것이 셋째의 불행이다."

〈보충설명 : 소년으로서 높은 과거에 합격한다는 것은 학문(인격)이 아직 넉넉지 못할 것이고, 부형의 권세에 힘입어 고관이 된다는 것은 사람과 벼슬자리가 맞지 않을 것이며, 뛰어난 재주와 문장에 능한 사람이라면 덕이 없이 피상적이 되기 쉽고 또 경솔하게 문장을 자랑하게 되며 스스로 만족하기 쉽다. 결국 이 삼자(三者)는 다 궁극의 심원한 경지에 이르기는 부족하므로 이를 불행하다고 지적하여 경계한 것이다.〉

❀ 범충선공(范忠宣公 : 송나라 오현 사람. 범중엄의 둘째 아들. 이름은 순인)이 말하였다. "사람은 지극히 어리석은 자라도 남을 꾸짖을 때에는 마음이 밝게 움직이게 되고, 아무리 총명한 자라도 '괜찮다'하고 자기를 용서하고 있을 때에는 마음이 어두워 움직이지 아니하나니, 너희는 다만 늘 남을 꾸짖는 경우의 밝은 마음으로 자신을 꾸짖고, 자신을 용서하는 경우의 어두운 마음으로 남을 용서한다면 성현의 지위에 도달하기 어렵다는 근심은 하지 않아도 될 것이다."

❀ 여형공(呂滎公 : 송나라 사람. 공저의 아들. 이름은 희철)이 말하였다. "후배로 처음 학문을 하는 자는 모름지기 기상(氣像)을 살펴서

바로 잡아야 한다. 기상이 바른 때에는 온갖 일이 이에 마땅하게 되는 것이다. 기상이라는 것은 말씨와 몸가짐의 경솔하고 중후(重厚)하고 빠르고 느린 것에서 이로써 넉넉히 볼 수 있을 것이니, 오직 군자와 소인이 이에서 구분될 뿐 아니라, 또한 신분이 귀히 되고 천하게 되는 일과 장수하고 단명하게 되는 것도 이것에 연휴하여 정해지는 것이다.”

🏵 장사숙(張思叔 : 송나라 때 학자로 성명은 장역.)의 좌우명(座右銘)은 다음과 같다. “모든 말은 반드시 성실하고 믿음성이 있게 하고 행동은 반드시 독실하고 경건해야 하며, 음식은 반드시 삼가고 절제가 있어야 하며 글자는 반드시 해서로 바르게 써야 하며, 얼굴의 모양은 반드시 단정하고 장중해야 하며 의관은 반드시 엄숙하고 정제해야 하며, 걸음걸이는 반드시 편안하고 정중하게 하고 집에 있을 때는 반드시 자세를 바르게 하고 고요하게 해야 하며, 무슨 일을 할 때에는 반드시 계획을 세워서 시작해야 하며, 말을 꺼냄에는 자신의 행동을 돌아보아야 하며, 변함없는 덕을 반드시 굳게 가지고 승낙함을 반드시 신중하게 응하고, 선한 것을 보면 자신이 한 것처럼 기뻐하며 악한 것 보기를 내 몸의 병처럼 할 것이니 이 열네 가지를 내가 아직 다 살피지 못하였다. 그래서 이를 써서 자리 구석에 붙여 놓고 아침저녁으로 보면서 경계를 삼고자 한다.”

〈보충설명 : 위의 열네 가지는 모두 ‘공경’으로 주를 삼는다.〉

🏵 안씨가훈(顔氏家訓)에서 말하였다. “사람이 글을 읽고 배우고 묻는 이유는 마음을 넓게 열고 눈을 밝게 떠서 사람의 도리를 알게 함으로써 행실을 올바르게 하기 위해서다. 그러므로 아직 부모를 잘 봉양할 줄 모르는 사람은 글과 배움을 통하여 옛날에 어진

효자들이 부모의 마음을 미루어 짐작했음을 살펴 부모의 안색을 보고 바라시는 바를 알아 부모를 섬기며, 또 부모에게는 목소리를 부드럽게 하여 기운을 낮추어 말씀드리고, 수고를 아끼지 않고 일해서 맛있는 음식과 연한 고기를 드려 봉양하고, 또 부모를 공경하여 잘못을 반성하고 두려워하면서 부모를 극진히 봉양하는 법을 알게 하기 위한 것이다. 두 번째로 아직 임금 섬기는 도리를 알지 못하는 자는 옛사람이 각기 자기의 직분을 지키는 것을 살피고 어긋나는 일이 없게 하며, 위급한 경우를 보면 임금을 위하여 목숨을 바치고 정성을 다하여 간하는 것을 잊지 아니하여 이로써 국가에 유익하게 하고, 도리 모름을 스스로 부끄럽게 생각하고 잘 헤아려서 옛사람들의 행적을 본받으려고 배우고 독서하는 것이다. 셋째로 평소에 교만하고 사치스러운 자는 그 옛사람이 공손하고 검소한 것을 살펴서 재용을 절약하고 겸허하게 처신하며, 예는 모든 가르침의 근본이 되며 공경한다는 것은 몸가짐의 기초인 것을 보고 부지런히 힘써 목에 힘을 빼고 얼굴빛을 가다듬어 교만하고 사치한 뜻을 억제하려고 배우고 독서하는 것이다. 넷째 평소 재리에 더럽고 인색한 자는 그 옛사람이 의(義)를 소중히 여기는 것을 살펴서 재물을 가볍게 여기며, 사심(私心)이 적고 욕심이 적으며 가득히 찬 것을 싫어하고 궁한 사람을 구하고 가난한 이를 구휼하며 그 도리 모름을 얼굴이 붉어지도록 부끄러워하면서 재물을 능히 가치 있게 쓸 줄 알게 하도록 배우고 독서하는 것이다. 다섯째 평소에 사납고 모진 자는 그 옛사람이 조심하는 것을 살펴서 자신의 감정을 억제하며 강한 이는 깨져도 부드러운 혀는 남는다는 이치를 생각하며 남의 더러운 것을 감싸주고 남의 과오를 감추어 숨겨주며 어진 이를 높이고 여러 사람을 포용하는 것을 보고 고달픈 듯 기운을 낮추어 마치 몸의 옷을 이겨낼 기운도 없는 것처럼 하려고 배우고 독서하는 것이다. 여섯째 평소 나약하고 비겁한 자는 그 옛사람이 생사의 떳떳한 이치에 통달한 것을 살펴서 천명에 맡기고, 정신은 굳세고 하는 일은 바르고 곧으며, 자기주장을 세울 때는 반드시 신념을 가지며, 복을 구하는데 있어 간사하지 아니했음을 보면서 불끈 일어나듯 분발하고 가다듬어 겁내고 두려워하는 일이 없도록 하기 위해 독서를 하고 학문을 하는 것이다. 위의 이러한 일을 거쳐 감으로써 온갖 행실이 다 그러한 것이니 비록 능히 완전한 선에 이르지 못할지라도 기운이나 습관이 너무 지나치거나 심한 것을 제거하면 배워서 아는 것을 시행하여 이롭지 않은 것은 없을 것이다. 세상 사람들은 글을 읽되 다만 말할 수는 있어도 실행하지는 못하나니 무인들과 보통의 속된 관원들에게서 비웃음과 헐뜯음을 당하게 되는 것은 진실로 이에 말미암는 것이다. 또 세상에는 수십 권의 책을 읽는 것을 가지고 문득 스스로 높은 척하여 어른들을 업신여기고 홀대하며, 동배며 동료들을 가볍게 여기고 업신여기어 사람들이 그를 미워하기를 원수같이 하며, 나쁜 새처럼 싫어하나니 이렇게 되면 학문으로 유익함을 구하자는 것이거늘 이제 도리어 자신을 손상하게 하니 이는 학문을 하지 않는 것만 같지 못한 것이다.”

　❀ 이천 선생이 말하였다. “대학(大學)은 공가(孔家)의 가전(家傳)을 세상에 남기어 전한 것으로 배우는 사람이 덕으로 들어가는 문이니, 오늘에 있어서 옛사람들이 학문을 한 순서와 차제를 볼 수 있는 것은 이 책이 있는데 힘입은 것이다. 그 밖의 것으로는 『논어』와

『맹자』만한 것이 없다. 그러므로 학문을 하는 사람이 반드시 이에 의해서 배운다면 거의 학문의 길이 틀리지 않을 것이다. 대체로 논어와 맹자를 읽을 때에는 자세히 읽고 글의 내용을 깊이 이해하여 성인의 말씀을 받들어 몸을 간절히 해야 하고, 다만 한 장면의 옛 이야기로만 삼지 않아야 하나니, 이 두 가지 책을 읽어 몸과 마음을 닦아 자신에게 절실하게 한다면 일생동안 얻는 바가 매우 많을 것이다. 논어를 읽는 사람은 제자들이 물은 것을 곧 자기가 묻는 것으로 삼으며, 성인께서 대답하신 것을 가져다가 지금 자신의 귀가 직접 듣는 것으로 삼는다면 자연히 얻는 바가 있을 것이니, 만일 능히 논어와 맹자 가운데서 깊이 탐구하고 그 뜻을 음미하여 인격을 함양해 나간다면 비범한 기질을 이루게 될 것이다."

⊛ 횡거선생이 말하였다. "중용(中庸)에 나오는 글들은 모름지기 그 한 어귀 한 어귀의 말들의 뜻을 이해한 다음, 그 말들로 하여금 서로 관련시켜 전체의 뜻을 깨달아야 한다."

⊛ 육경(六經 : 역경, 시경, 서경, 예기, 춘추에 주례(周禮)를 더한 것)을 공부함에 한 가지 책에만 집착하지 말고 돌려가면서 뜻을 풀어서 깨달아야 한다. 그렇게 한다면 그 뜻은 무궁할 것이다.

자기가 한층 높은 격으로 성장하는 것을 얻기를 기다리면 또 여러 가지를 보아서 얻는 것이 각별할 것이다.

⊛ 여씨동몽훈에서 말하였다. "오늘 한 가지 일을 기억하고 내일 또 한 가지 일을 기억하면, 오래 계속하였을 때에 저절로 일관된 사리에 통하게 되며, 오늘 한 가지 사리의 시비를 분별하고 내일 또 한 가지 사리의 시비를 분변하면 날이 오래되면 저절로 도리가 마음속에 스며들 것이며, 오늘에 한 가지 어려운 일을 행한다면 날이

오래되면 저절로 견고하게 되나니, 의심나고, 어려운 문제들이 봄 날에 얼음 풀리듯 풀어지며, 기뻐하는 모양으로 이치에 맞는 것은 날이 오래 계속되었을 때 얻어지는 것이고 우연히 되는 것은 아니 다.”

❀ 옛 선배들이 일찍이 말하기를 “후배들 중에 타고난 재주가 남 보다 뛰어난 자는 두려울 것이 없고, 오직 책을 읽을 때에 깊이 생 각하고 이치를 따져서 연구하는 사람이 두려운 것이다 하였고, 또 이르기를 독서하는 데 있어서 깊이 생각하는 이가 가장 두렵다고 했으니 대체로 성현의 말씀은 뜻과 이치가 정미하고 깊다. 오직 사 리를 따져서 깊이 생각하는 일에 마음을 써야 이로써 얻게 될 수 있을 것이니, 꼼꼼하지 못하여 번거러움을 싫어하는 자는 결코 성 취할 까닭이 없다.”고 하였다.

❀ 명도 선생이 말하였다. “군자가 사람을 가르치는 데에는 순서 가 있다. 먼저 작고 가까운 것으로써 가르치고, 뒤에 크고 먼 것으 로써 가르치나니, 이것은 먼저 가깝고 작은 것으로써 가르치고 뒤 에 멀고 큰 것으로써 가르치지 않는다는 것은 아니다.”

二. 선행편(善行篇)

이 편은 한나라 이후 현인들이 행한 선행들을 기록 서술함으로써 입교(立敎). 명륜(明倫). 경신(敬身)의 본론을 실증한 것이다. 이 선행편에서도 역시 부모에게 효도한 이야기가 가장 많다. 자기 부모에게 효도조차 하지 못하는 사람이 어찌 다른 사람들에게 선행을 베풀 수 있겠는가?

부모에게 효도하기 위해서는 우선 자신의 마음부터 선량하게 닦아야 한다. 인간의 모든 선행은 여기서부터 시작되기 때문이다. 사람은 사람답게 살아야 한다. 현대 사회와 같이 죄악이 범람하는 시대일수록 더욱더 인간성을 회복하여 죄악에 물들지 않고 선행을 하도록 힘써야 할 것이다.

❀ 여형공(呂滎公)의 이름은 희철(希哲)이고 자는 원명(原明)이니 신국정헌공의 맏아들이다. 정헌공이 집에 있을 때에 대범하고 중후하고 일을 덜고 말을 조심하여 대체로 세속적인 일을 다 마음에 경영하지 않고, 신국부인은 엄격하고 법도가 있어서 비록 공을 사랑했으나 그 가르침에 있어서는 매사를 일정한 법도를 따라 실천하게 하였다. 공이 겨우 열 살에 큰 추위와 덥고 비 오는 때에도 종일 모시고 서서 명하여 앉으라고 아니하거든 감히 앉지 않았다. 또 날마다 의관을 갖추고 어른을 뵈었으며, 비록 몹시 더울지라도 부모나 어른의 곁에 있어서는 건(巾)이나 버선이나 행전을 벗지 못하며 의복을 오직 삼갔다. 걸어 다니고 출입할 때 찻집과 술집에 들어가지 않으며, 저잣거리나 마을 골목 등에서 사용하는 비천한 말

과 정(鄭)나라와 위(衛)나라의 음악과 같은 음란한 음악을 한 번도 듣지 않았으며, 내용이 좋지 않은 책과 예절에 어긋난 광경을 눈에 접한 적이 없었다. 아버지인 정헌공이 영주의 통판(通判)으로 있을 때 구양공(歐陽公)이 마침 주(州)의 지사(知事)였는데 초선생 천지(千之) 백강(佰強)이 구양문충공의 거소에 손님으로 있으면서 엄숙하고 의젓하고 품행이 방정하거늘 정헌공이 그를 집으로 초빙하여 여러 자제들을 가르치게 하였다. 여러 제자가 조금이라도 허물이나 어그러진 일이 있으면 선생이 단정하게 앉아서 그 학생을 불러다가 마주 대하여 앉게 하여 날이 저물거나 밤이 새거나 더불어 말하지 않다가 생도들이 두려워하며 엎드려 죄를 빌어야 선생이 비로소 말소리와 얼굴빛을 조금 부드럽게 하는 것이었다. 그때에 공의 나이 십여 세였으니 안으로는 정헌공과 신국부인의 교훈이 이와 같이 엄격하고, 밖으로는 초선생의 교화와 지도가 이와 같이 독실하니 그로 해서 공의 덕행과 기국(器局)이 뭇사람들보다 크게 뛰어나게 되었다. 공이 일찍이 말하기를 "사람이 나서 집안에 어진 부형이 없으며 밖에 엄한 스승과 벗이 없고서도 성취할 수도 있는 자는 적다."라고 했다.

 ※ 당나라 때 양성이 국자사업(国子司業)이 되어서 여러 학생을 불러서 마주하고 말하기를 "모든 배우는 사람들이 학문을 하는 것은 충성과 효도하기를 배우는 것이다. 제군들 중에 오래도록 부모를 찾아뵙지 않은 사람이 있는가?" 하니 이튿날에 돌아가 부모를 봉양하기를 청하는 자가 20여 명이나 되었는데 3년 동안이나 돌아가 부모를 모시지 않는 자들이 있었으므로 내쫓아버렸다.

 ※ 안정(安定)선생 호원의 자는 익지다. 그는 수나라와 당나라 이

래로 버슬에 나아가려는 사람들이 과거의 시험과목에 치중하기 때문에 시부(詩賦), 잡문(雜文) 등 글 짓는 것만 숭상하고 경서(經書)의 수업(修業)을 버리어, 구차하게 봉록과 이익에만 마음이 쏠려 향하는 것을 근심하더니, 자신이 소주와 호주 두 고을의 교수(敎授)를 함께 하여서는 가르치는 조리(條理)와 약속을 엄중하게 하여 몸소 먼저 실행함으로써 그들을 거느리어, 비록 지독한 더위라도 공복(公服 : 관복)을 벗지 않고 하루를 마치어서 이로써 모든 생도를 대하여 스승과 제자의 예절을 엄격히 했으며, 경서를 해석하다가 중요한 뜻이 있는 곳에 이르면 간곡하게 생도들에게 자기 자신을 다스린 후에 남을 다스릴 수 있다는 그 까닭을 설명하곤 하였다. 배우는 무리가 천으로 헤아리더니, 그들은 날로달로 마음의 때를 닦아내고 몸을 닦아 윤이 나게 하여 문장을 짓되 다 경서의 뜻에 의해서 반드시 문장의 수식보다 사물의 도리를 밝히는 것으로써 주로 하며, 스승의 말을 믿어서 행실을 두텁게 숭상했는데 선생이 뒤에 국자감 직강으로 태학의 교수가 되어서는 사방의 배우는 사람들이 모여서 교사(校舍)에 다 수용할 수 없었다. 그가 호주(湖州)의 주학(州學)으로 있을 때에 경의제(經義齊)와 치사제(治事齊)를 설치하였다. 경의제라는 것은 기질이 활달하고 국량이 크고 너그러운 사람을 선택하여 있게 하고, 치사제라는 것은 사람마다 각기 한 가지 일을 다스리며 또 한 가지 일을 겸하게 하였으니 백성을 다스리는 일, 군대 일을 처리하는 일, 수리(水利)에 관한 일, 산수(算數) 따위와 같은 것이다. 그가 태학에 있을 때에도 또한 그렇게 하였다. 그의 제자들이 사방에 흩어져 있었는데 그 사람의 어질고 어리석음에 따라서 다 질서가 있고 예도에 따라서 단아하고 근신하니, 그들의 말과 행동은 그것만 보고 그를 만나는 사람들은 그가 안정선생의 제자가 된다는 것을 묻지 않아도 알 수가 있었고, 학자들이 서로 얘기할 때 '선생'이라고 말하면 묻지 않아도 호공(胡公)을 가리키는 것으로 알았다.

❀ 명도 정선생이 송나라 조정에 진언하여 말하였다. "천하를 다스리되 풍속을 바르게 하고 어진 인재를 얻는 것으로써 근본을 삼아야 합니다. 마땅히 가까이 있는 어진 선비와 모든 관원에게 예를 갖추어 명령하시어, 성심을 다해 높은 덕과 학문을 충분히 갖추어 다른 사람들의 사표(師表)가 될 만한 인재를 찾아내고, 또 그 뜻이 독실하고 학문을 좋아하며 자질이 선량하고 행실이 도리에 맞도록 닦은 사람들을 찾아내어 조정에서 예로써 맞이하고 예로써 보내어 모두 서울로 모이게 하여 그들로 하여금 아침저녁으로 서로 더불어 올바른 학문을 강론하고 밝히게 해야 합니다. 그 도리는 반드시 인륜(人倫)에 근본에 두어서 사물의 이치를 밝히고, 그 가르침은 「소학」의 '물 뿌리고 쓸며 사람을 응대함'으로부터 시작하여 나아가 효도와 공경과 충성과 믿음을 닦으며, 예와 악에 맞게 기거동작을 해야 하나니 그를 말로써 가르쳐 유도하고 손으로써 붙잡아주며 격려하고 물이 스며들 듯 옥을 다듬듯이 성취하게 하는 과정은 다 절차와 순서가 있어야 합니다. 그 요긴한 점은 선(善)을 골라서 행하고 자신을 수양하여 천하의 모든 사람에게 교화가 미치게 함이니 즉 시골의 한낱 보통 사람들도 모두 다 성인의 법도를 지키는 데까지 이르게 함에 있는 것입니다. 학문과 행실이 다 여기에 맞는 자라야 덕행이 완성된 자이니, 재능과 식견이 밝고 통달하여서 선(善)에 나아갈 수 있는 자를 뽑아서 날마다 그 스승의 수업을 받게

한 다음 그중에 학문이 고명(高明)하고 덕이 높은 자를 골라서 태학의 스승을 삼고, 그 다음가는 인물들로 나누어 천하의 여러 학교에서 가르치게 해야 합니다. 선비들을 가려서 입학시키되 현학(縣學)에서 뛰어난 자를 주학(州學)에 추천하면 주(州)에서 다시 뽑아 향음주례에서 귀빈으로 접대하고 태학(太學)에 천거하면 태학이 그들을 모아서 교육하여, 해마다 그 어진 사람과 유능한 사람을 논의하여 벼슬을 시키도록 해야 합니다. 모든 선비를 선택하는 방법은 그의 성품과 행실이 단정하고 결백하여 집에 있어서는 효도하고 공경하며, 청렴과 수치(羞恥)와 예절과 겸양의 마음을 지니고 있으며, 학문에 통달하여 밝고 백성들을 다스리는 도리를 알고 있는 사람을 뽑아야 합니다."

✽ 이천 정선생이 학제(學制)를 잘 살펴보니 학교라는 것은 예의를 서로 먼저 할 곳이거늘 달마다 시험을 보아서 이로써 그들의 고하를 비교하여 다투게 하는 것이 매우 교양(敎養)의 도리가 아니었다. 그래서 달마다 시험 보는 제도를 고쳐서 과정(課程)을 부과하여 이르지 못한 것이 있으면 학관(學官)이 그를 불러다가 가르치게 하고 다시는 성적의 높고 낮음을 시험으로 정하지 말아야 하며, 존현당(尊賢堂)을 지어서 천하의 도덕이 높은 선비를 이끌어 맞이하며, 주현에서 공거(貢擧 : 추천)로 입학하는 국학생의 정원을 줄여서 이(利)로 유인하는 종래의 폐풍을 버려야 하며, 교관에게는 번잡한 사무 상의 문서를 생략하여 교관으로서 맡은 임무에 전념하게 하여 행검(行檢)에 힘써서 풍속과 교화를 순후하게 하고, 대빈재(待賓齋 : 손님을 위한 집)와 이사재(吏師齋 : 관리들의 스승을 위한 집)를 설치하고 천하의 선비들이 와서 태학을 견학할 수 있도록 관광법을 세워야

한다고 주장했는데 이와 같은 것이 또한 수십조(數十條)나 되었다.

⊛ 명도 정선생이 사람을 가르치는데, 이미 아는 것으로 이치를 미루어서 지식을 더욱 밝힘으로써 지극히 선한 경지에 이르러 그침을 알며, 뜻을 정성 되게 함으로부터 천하를 태평하게 하는 도리에 이르며, 물 뿌리고 쓸고 응대하는 것으로부터 이치를 궁구하고 사람의 본성을 다 밝혀서 하늘의 도리에 합치하는 데까지 이르게 하여 순서와 차례가 있게 하였다. 그러나 세속의 배우는 사람들이 가까운 것을 버리고 먼 것에 달려가며, 낮은데 있으면서 높은 데를 엿보며 경솔하게 스스로 존대한 체하기 때문에 마침내 아무런 효과도 얻음이 없는 것을 병폐로 여기었다.

⊛ 설포는 학문을 좋아하고 행실이 독실하였다. 아버지가 후처를 얻고 포를 미워하여 분가시켜 내보거늘 포가 밤낮으로 울면서 차마 가지 못하자 몽둥이로 구타하기에 이르렀다. 부득이 집 밖에 초막을 지어 아침에 들어와 집안에 물을 뿌리고 바닥을 쓸거늘 아버지가 성을 내어 또 쫓아내었는데 이에 마을 입구에 초막을 짓고 살면서 새벽과 저녁의 문안 인사를 그치지 아니하였다. 여러 해를 지난 뒤에 부모가 부끄럽게 생각하여 집으로 들어오게 하였는데 뒤에 상(喪)을 당하게 되어서는 그 애통함이 깊었다고 한다. 그 후 세월이 흘러 아우의 아들이 재산을 나누어서 따로 살기를 요구하거늘, 포가 차마 말리지 못하여 드디어 그 재산을 반분하였는데 노비를 나눌 때에는 그중에 늙은이를 끌면서 말하기를 "나와 함께 일해 온 지가 오래되었다. 너를 고생시킬 수는 없다." 하고 남게 했으며, 전지(田地)와 농막(農幕)은 그중에서 거친 밭과 기울어진 농막을 취하면서 말하기를 "내가 젊었을 때에 다스리던 것이어서 마음에

그리는 바가 있다." 하며, 살림살이 등의 기물은 그 중에서 낡고 헤어진 것을 가지며 말하기를 "내가 오래전부터 이것들로 먹고 또 사용해 왔기 때문에 몸과 입에 편안하다." 하였다. 뒤에 아우의 아들이 자주 그 재산을 없애버리거늘 그때마다 곧 다시 넉넉하게 구제하여 주었다.

❀ 진(晉 : 周代 제후국의 하나)나라 서하(西河) 사람 왕연(王延)이 부모를 섬기되 화순하고 기쁜 얼굴빛으로 봉양하였는데, 여름이면 베개와 자리를 부채질하고 겨울이면 자신의 몸으로써 이불속을 따뜻하게 했으며, 한겨울 몹시 추울 때에 자신은 항상 몸에 완전한 옷이 없었으나 부모에게 맛 좋은 음식을 극진히 봉양하였다.

❀ 왕상(王祥 : 晉나라 때 사람. 晉은 晉의 속자다.〉이 천성이 효성스러웠는데 일찍이 어머니를 잃고 계모인 주씨(朱氏)는 인자하지 못하여 자주 참소하니, 이로 말미암아 아버지에게 사랑을 잃고 매양 소의 똥을 소제하는 일을 시켰으나 왕상은 더욱 공경하고 삼가며, 부모가 병환이 나시면 옷의 띠를 풀지 아니하고, 약을 끓이되 반드시 친히 맛본 다음에 드렸다.

❀ 남제(南齊 : 南朝의 하나)의 유검루가 잔릉현의 수령이 되어서 고을에 도착한 지 열흘이 못되었을 때에 검루의 아버지 이(易)가 본가에서 병이 들었다는 소식을 듣고 검루가 크게 놀라 갑자기 온몸에 땀이 흐르거늘 그날로 벼슬을 그만두고 본가로 돌아가니 집안사람들이 모두 그가 홀연히 온 것에 놀랐다. 그때가 이가 병든 지 겨우 이틀만이었는데, 의원이 말하기를 "병이 나을 것인지 위독한지를 알려면 다만 환자의 똥이 단가 쓴가를 맛보아야 한다." 하니까, 이가 설사를 하였는데 검루가 가져다 맛을 보니 맛볼수록 더욱 달고

미끄럽거늘 검루가 마음속으로 더욱 근심스럽고 괴로워서 밤이 되면 늘 북두칠성에게 머리를 조아려 절하면서 자신의 몸으로써 아버지를 대신하여 죽게 해달라고 빌었다고 한다.

⑧ 한나라 포선의 아내 환씨(桓氏)의 자(字)는 소군(少君)이었다. 포선이 일찍이 소군의 아버지에게 학문을 배웠는데, 그 아버지가 포선이 가난을 이기고 청백(淸白)함을 지키는 덕을 기특하게 생각하여 딸을 아내로 삼게 했는데 장만해 보내는 혼수와 예물이 너무나 호화롭자 포선이 이를 불쾌하게 생각하고 아내에게 말하기를 "당신은 부유하고 교만하게 살아서 아름답게 치장하는 것이 습관이 되어 있소. 그런데 나는 가난하여 예로 당하지 못하겠소." 하거늘 아내가 대답하기를 "아버지께서 당신이 덕을 닦고 검소한 생활을 지켰기 때문에 저로 하여금 옆에서 모시게 하신 것이니, 이미 군자를 받들음에 있어 오직 당신의 말씀에 따르겠나이다." 하였다. 포선이 그제야 웃으면서 "당신이 그와 같이 해주는 것이 나의 뜻이오."라고 말했다. 이에 아내는 시녀와 옷과 장식품을 친정으로 돌려보낸 다음 짧은 베옷으로 갈아입고 포선과 함께 작은 수레를 끌고 시댁이 있는 포선의 고향으로 가서 시어머니에게 절하여 예를 마친 후 곧 물동이를 들고 나가 물을 긷는 등 며느리로서의 도리를 닦고 실천하니 고향은 물론 나라에서까지 그의 부덕을 칭찬했다.

⑧ 한나라 때 진현(陳縣)의 효부는 나이 열여섯 살에 시집와서 아직 자식을 두지 못하였는데 그 남편이 국경의 수비병으로 뽑혀 떠날 때 아내에게 부탁하여 말하기를 "내가 살고 죽는 것을 알 수 없는데 어머님이 계시어 다른 형제 중 봉양을 할 만한 사람이 없으니 내가 돌아오지 못하더라도 그대가 나의 어머님을 즐겨 봉양하겠는

가?" 하니 아내가 응답하여 말하기를 "그러겠나이다." 하였다. 남편이 죽고 돌아오지 않았지만 시어머니 봉양하기를 쇠하지 아니하고 시어머니는 인자하고 며느리는 사랑하기를 더욱 굳게 하여 길쌈을 하고 베를 짜는 것을 가업으로 삼아 재가할 뜻이 없었다. 거상 3년이 지나자 그 친정 부모가 딸이 젊고 자식도 없어 일찍 과부 됨을 불쌍히 여겨 장차 데려다 시집보내려 했으나 효부가 말하기를 "남편이 떠날 때 저에게 늙으신 어머니를 봉양하라고 부탁했고 제가 이미 승낙으로써 약속했는데 능히 신의가 없으면 장차 어찌 그로써 세상이 서리이까?" 하고 자살하려 하자 그 부모가 두려워서 감히 시집보내지 못하고 드디어 그 시어머니를 봉양하게 하니 28년 만에 시어머니가 80여 세가 되어서 돌아가거늘 그 밭과 재물을 팔아서 장례를 지내고 마침내 제사를 받들었다. 회양 태수가 이 말을 듣고 사자를 시켜서 황금 40근을 하사하고 세금을 면제하여 평생토록 간여하는 바가 없게 하니 사람들이 말하기를 '효부'라 하였다.

❀ 진(晉)나라 무제 때 큰 전염병이 돌아 유곤의 두 형이 죽고 다음 형인 유비가 다시 위태로운 지경인데 전염병의 기세가 바야흐로 치열하여 가족들이 다 밖으로 나가서 자되, 유곤이 홀로 집에 머물러 가지 않거늘 둘 다 죽을 것을 염려하여 부모와 남은 가족들이 함께 나가자고 했으나 "저는 천성이 병을 두려워하지 않나이다." 하고 밤낮으로 잠을 아껴 형의 곁에서 시중을 들면서 죽은 두 형의 관을 어루만지며 슬피 울어 그치지 않았는데, 이와 같이 하여 백여 일만에 전염병의 기세가 쉬거늘 집안사람들이 이에 돌아오니 유비의 병은 차도가 있었고 유곤 역시 탈이 없었다. 이를 보고 마을 어

른들이 다 말하기를 "기이하도다. 이 아이여! 남이 지키지 못한 바를 지키고 남이 행하지 못한 바를 행하였으니, 날씨가 추워진 뒤에라야 소나무와 잣나무의 푸르른 절개를 알 수 있다고 하더니, 우애를 지키는 사람에게는 전염병도 서로 전염되지 않는다는 것을 이제야 비로소 알겠구나!" 하였다.

※ 최현위(당나라 때 인물)의 어머니 노씨가 일찍이 훈계하여 말하기를 "내가 이종형 둔전낭중 신현어를 보았는데 그가 말하기를 '자식이 벼슬에 종사하고 있는 자를 누가 와서 말할 때 그 사람은 가난하고 궁핍하여 견디어 갈 수 없더라 하면 이것은 바로 좋은 소식이거니와 만일 재물이 충족하며 의복, 거마(車馬)가 경쾌하고 살쪘다 하면 이것은 나쁜 소식이다.' 했는데 나는 항상 생각하기를 확실히 옳은 말이라고 여겼다. 요사이 보니 내외(內外)의 친족 중에 벼슬한 자가 곧 돈이나 물품을 가져와서 그 부모에게 올리면 부모들은 다만 기뻐할 줄만 알고 끝내 그 물건이 어디에서 왔느냐고 묻지 않나니, 반드시 그것이 자기의 녹봉을 절약한 나머지라면 정말 좋은 일이거니와 만일 그것이 도리에 어긋난 소득이라면 그것은 도둑과 무엇이 다르겠느냐? 비록 큰 허물을 모면할 수는 있을지라도 어찌 홀로 내심에 부끄럽지 않겠는가?"라고 하였는데, 현위가 모친의 이러한 훈계를 받들어 준수하니 청렴하고 근신한다는 것으로 세상의 칭찬을 받았다.

※ 사마온공(사마광)이 그 형 백강(사마단)과 더불어 우애가 몹시 두터웠는데 형의 나이 80세가 되었을 때에도 그는 마치 아버지를 봉양하듯이 공경함을 다 하였고 어린아이를 돌보듯이 하여 애정을 다 하였다. 형이 식사하고 좀 지나면 반드시 "배가 고프시지 않습

니까?" 하고 물었고, 날씨가 조금만 쌀쌀해도 형의 등을 어루만지면서 "옷이 얇아 추우시지 않습니까?" 하고 물었다.

❀ 유관(후한 때 인물)이 비록 황급한 처지에 있어도 일찍이 빨리 말하고 급한 기색이 없었는데 부인이 유관을 성내게 하려고 시험하여, 조회를 당함을 엿보아 복장을 이미 끝냈거늘 하녀로 하여금 고깃국을 받들어 엎질러 조복을 더럽히게 하고 급히 그 국을 거두게 하였는데 유관이 정신과 낯빛이 다르지 않고 이에 천천히 말하기를 "국이 네 손을 데지 않았느냐?" 하였으니 그의 성품과 도량이 이와 같았다.

❀ 양진(후한 때 인물)이 천거한 형주의 수재 왕밀이 창읍의 현령이 되어 찾아와 뵐 때 황금 열 근을 품고 와서 양진에게 주자 "친구(나)는 그대를 알거늘 그대는 친구를 알지 못하니 무슨 까닭인가?" 하니 왕밀이 말하기를 "어두운 밤이라 아는 사람이 없다." 하니 양진이 말하기를 "하늘이 알고 귀신이 알고 내가 알고 또 자네가 아니 어찌 아는 사람이 없다고 말할 수 있겠는가?" 하니 왕밀이 부끄럽게 여기며 돌아갔다.

❀ 공감(당나라 때 인물)이 옳은 일을 함에 있어서는 즐겨 욕심내는 것 같아서 앞뒤를 돌아보지 아니하고, 이득과 봉록에 있어서는 두려워 피하고 물러가 겁내서 부드럽고 약한 사람과같이 하였다.

❀ 유공작(당나라 때 인물)이 절도사가 되어 임지에 가 있을 때, 그의 아들 유중영이 아버지가 관할하는 지경 안에 들어와도 군과 읍에서 일찍이 알아보지 못하였고, 매양 관아에 출입함에 항상 관문 밖에서 말에서 내리며 아버지가 거느리고 있는 참모들을 어른이라 부르며 절을 하였으며 공경하여 농담을 하면서 함께 어울리지 않

았다. 이것은 유중영이 예절을 존중하고 법도를 지킬 줄 알았기 때문이지만 또한 그 아버지 유공작의 가정교육이 철저했기 때문이었던 것이다. 유중영이 예절로써 몸을 단속하여 집에 있어 일이 없더라도 또한 단정히 앉아 공경함을 잃지 않았고, 중문안 서재에 갈 때는 반드시 의관을 정제하였다. 그는 세 번이나 절도사가 되었으되 마구간에 좋은 말이 없고 옷에서 향기를 풍기지 않았으며 공청에서 물러나면 반드시 글을 읽어 손에서 책을 놓지 않았다.

❀ 범문정공(범중엄. 송나라 때 인물)이 젊어서 큰 절개가 있어서 부하고 귀하고 가난하고 천하고 헐뜯고 칭찬하고 기뻐하고 슬퍼함에 있어서는 하나도 그 마음을 움직이지 아니하고 개연히 뜻을 천하에 두더니, 일찍이 스스로 외워서 말하기를 "선비가 마땅히 천하의 근심을 먼저 하여 근심하고, 천하의 즐거움을 뒤에 하여 즐거워해야 한다."고 했다.

〈보충설명 : 文正公 범중엄은 젊은 시절부터 그 뜻이 원대하고 큰 절개를 가지고 있어서 부귀함을 구하지 않고 빈천함을 싫어하지 않고, 남이 헐뜯어도 화내지 않고 남이 칭찬해도 기뻐하지 않고, 부귀를 얻어도 기뻐하지 않고 부귀를 잃어도 슬퍼하지 않아 이런 일들에는 조금도 마음이 동요되지 않고 오직 천하를 잘 다스려 세상을 바로 잡는데 뜻을 두고 있었다. 그리고 공은 항상 "선비는 마땅히 천하 백성들의 근심을 먼저 근심하고 천하 백성들이 다 즐거워한 뒤에 즐거워해야 한다."고 말했다.〉

❀ 왕문정공(왕증, 송나라 때 인물)이 향시(鄕試)와 성시(省試)와 정시(廷試)에 차례로 다 장원급제하자 학사인 유자의가 희롱으로 "세 과거에 장원으로 급제하였으니 평생 동안 먹고 입어도 다 함이 없겠

도다." 하니 공(公)이 얼굴빛을 바로 하여 말하기를 "저의 평생의 뜻은 따뜻하고 배부름에 있지 않습니다." 하였다.

✽ 사마온공이 일찍이 말하였다. "나는 남보다 뛰어난 점은 없지만 다만 오직 평생 동안 남에게 해서는 안 될 말을 한 일이 없을 뿐이다."

✽ 여정헌공(송나라 때 인물. 성명은 여공저)이 어려서부터 학문을 익힘에 곧 마음을 다스리고 천성(天性: 본성)을 기름으로써 근본을 삼아 즐김과 욕심을 적게 하고, 맛있는 음식을 박하게 하고 빨리 말하거나 당황하는 낯빛이 없으며 군색한 걸음걸이가 없고 게으른 모습이 없으며, 실없는 웃음과 속된 말을 일찍이 입 밖에 내지 않고, 세상의 이득과 어지러운 화려함과 천한 노래와 잔재주와 놀이와 잔치와 바둑과 장기와 기이한 구경에 이르기까지 담담하여 좋아하는 것이 없었다.

✽ 유충정공(송나라 때 학자. 유기지)이 스승인 사마온공을 뵙고, 행함에 있어 요긴함을 평생 동안 간직할 만한 것을 묻자 사마온공이 "그것은 성실함이로다."라고 말하였다. 유공이 다시 "성실함을 실천하려면 무엇을 먼저 해야 하나이까?" 하고 물으니 사마온공이 "거짓된 말을 하지 않는 것으로부터 시작하라."고 말하였다. 유공이 처음엔 그것을 아주 쉽게 생각했는데 물러나서 스스로 날마다 행하는 것과 더불어 말하는 것을 바로 잡으려 해도 서로 맞지 않아 모순되는 것이 많더니 힘써 행하기를 7년 한 뒤에야 이루니 이로부터 말과 행실이 일치하고 겉과 속이 응하여 어려운 일을 당해도 마음이 안정되어 항상 여유가 있게 되었다. 유공이 손님을 맞이하여 담론이 두 시간이 넘어도 몸이 기울어짐이 없고 어깨와 등이 곧아

서 몸이 조금도 움직이지 않았으며 손과 발도 또한 가볍게 놀리지 않아 움직임이 거의 없었다.

❀ 왕신민(왕혁. 송나라)이 일찍이 말하기를 "사람이 항상 나물뿌리 (채근菜根)를 씹을 수 있으면 백 가지 일을 가히 할 수 있다."고 하거늘 호강후(호안국)가 듣고 무릎을 치며 감탄했다.

〈보충설명 : 사람이 언제나 나무뿌리만 먹고사는 가난한 생활을 능히 이겨낼 수 있는 사람이라면 이 세상의 모든 일을 다 이룰 수 있다는 왕신민의 말을 듣고 유명한 호안국이 비로소 "내 뜻을 얻었다."고 무릎을 치며 감탄하고 칭찬했다는 말이다. 우리나라에서 널리 읽히고 있는 명나라 때 홍자성(洪自誠)이 지은 『채근담菜根譚』이라는 인생과 처세에 관한 책의 이름인 채근(菜根)은 여기에서 따온 이름이다.〉

❀ 당나라 때의 왕발, 양형, 노조린, 낙빈왕은 다 글을 잘한다고 해서 사걸(四傑)이라 불렸는데 배행검이 말하기를 "선비가 원대한 희망을 이루는 데에는 먼저 사람의 기국(器局)과 식견(識見)이 있은 뒤에 그것을 바탕으로 삼아 글과 재주가 뒤따라야 하는데 왕발 등이 비록 글재주가 있을지라도 들뜨고 가볍고 얕고 드러나니 어찌 작록을 누릴 그릇이겠는가? 그들 중 양자(양형)만이 침착하고 고요하니 마땅히 영(令)이나 장(長)을 얻으려니와 나머지 사람들은 몸을 잘 보존할 수 있음을 얻는 것이 다행일 것이다." 하더니 왕발은 남해에서 익사하고, 노조린은 영수에 투신하고, 낙빈왕은 주살되고 양형은 영천령으로 마쳤으니 다 행검의 말과 같았다.

❀ 장문절공(장지백. 송나라 때 인물)이 재상의 지위에 올랐으니 스스로를 봉양함이 하양 장서기 때와 같이 검소한지라 친한 사람이

충고하기를 "지금 공이 받는 봉록이 적지 않으면서 스스로 봉양함이 이와 같으니 이는 비록 청렴하고 검소함에서 비롯된 일이지만 바깥사람들이 옛날 공손홍의 베 이불처럼 거짓 속이는 것이라고 헐뜯어 비난하는 사람이 있을 것이니 공은 마땅히 여러 사람을 따라야 할 것입니다." 하였다. 공이 탄식하여 말하기를 "나의 오늘의 봉록으로 보면 온 식구가 비단옷을 입고 흰 쌀밥에 잘 먹은들 어찌 그 정도를 할 수 없겠는가? 그러나 사람의 상정(常情)이 검소함으로부터 사치와 게으름으로 들어가기는 쉽고 사치로부터 검소함으로 들어가기는 어려운 것이니, 내 오늘의 봉록이 어찌 항상 있을 수 있으며 이 몸이 어찌 항상 생존할 수 있겠는가? 하루아침에 오늘과 달라지면 집안사람들이 사치를 익힌 것이 이미 오랜지라 갑자기 검소할 수 없어서 반드시 어찌할 바를 모를 것이니, 어찌 내가 벼슬에 있거나 벼슬을 그만두거나 몸이 생존해 있거나 몸이 사망한 때나 똑같이 살아갈 수 있게 하는 것만 하겠는가?" 하였다.

　이상으로 명심보감과 소학의 내용을 살펴보았다. 일찍이 인류 역사가 시작된 이래로 동서고금을 통하여 수많은 책이 나왔지만 이 두 가지 책만큼 우리 인간의 심성을 바로잡는 데 도움을 주는 책은 몇 손가락으로 꼽을 정도로 많지가 않다. 그런데도 어리석은 세상 사람들은 꼬막 껍데기로 하나도 되지 않는 현대의 하찮은 책을 보면서 감탄하고 칭찬을 늘어놓으면서도 정작 우리 조상들이 물려주신 이 두 가지 보배로운 책은 지난 시대의 낡은 유물로 취급하여 사장(死藏)시켜둔 채 돌아보지도 않고 있다. 모두가 이 두 가지 책을 반복해서 읽으면 저절로 올바른 사람이 되어 이 혼탁하고 무질서한 세상을 바꿀 수가 있을 것이니, 어려서부터 교육을 하고 또 사람마다 스스로 힘써 받들어 읽기를 바라는 마음 간절하다.

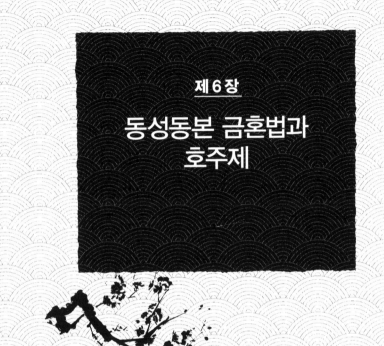

제 6 장

동성동본 금혼법과
호주제

천붕지탄(天崩之歎)이란 말이 있다. 부모님께서 졸하실 때의 심정을 표현한 말인데, 하늘이 무너지는 듯한 충격과 슬픔 속에서 터져 나오는 탄식을 말하는 것이다. 하지만 지금 세상의 자식들은 부모님께서 졸(卒)하시는 큰일을 당해도 그다지 슬퍼하는 것 같지가 않다. 이는 인륜을 배우지 못한 탓이다. 동성동본금혼법 폐지는 친족상간을 허용하는 금수와 같은 짓이며, 호주제의 폐지는 그보다 더욱더 큰 망발로 영명하신 조상님들의 유산인 숭고한 전통가족제도를 파괴하여 민족의 혼과 기백을 혼미하게 하는 반인륜적이고 반민족적인 폭거였다. 필자는 그 당시의 참담한 현실을 지켜보면서 천붕지탄의 심정을 금할 수 없었다. 가계 계승제도가 파괴되면 조부모와 손자 간에 성본이 각기 다른 금수와 같은 세상이 되어 원상회복이 힘든 난세가 되고 마는 것이다. 김대중 정부 때 동성동본금혼법이 폐지되고 '근친혼 금혼법'으로 개악되었다. 이는 친족 8촌까지만 혼인을 금하고 9촌부터는 괜찮다는 것인데 얼핏 생각하면 상당히 합리적이고 현명한 판단처럼 보이지만 그 실상은 참으로 어리석기 짝이 없는 잘못된 생각이었다. 동성동본은 피를 나눈 사이로

진정한 유법천지有法天地를 향하여 중

서로 친애하고 상부상조는 할지언정 혼인은 하지 않는 것이 윤리의 대경대법이다. 일단 동성동본도 된다는 개념이 심어지면 8촌이라는 제한선마저도 금세 허물어지고 촌수에 관심도 없고 촌수를 계산하지도 못하는 무리가 더욱더 근친상간의 길로 나아가 근친혼 관행 시대가 올 것은 뻔한 일이다. 그렇게 되면 그 해악은 상상을 초월할 것이다. 한 아버지에게서 나온 친형제가 2촌이고 다시 그 형제에게서 나온 자식들이 서로 4촌이니 이는 종형제간(從兄第間)으로 한 할아버지에게서 생겨나 아버지가 다른 손자들의 관계를 말함이며, 할아버지의 아버지인 증조할아버지에게서 생겨난 증손자들은 서로 6촌이니 이는 제종형제간(弟從兄第間)이고, 증조할아버지의 아버지인 고조할아버지에게서 나뉜 고손자들이 바로 친족 8촌이니 이는 삼종형제간(三從兄第間)이다. 9촌 간의 혼인은 8촌 동생을 사위로 5촌 당숙을 사돈으로 하는 경우가 생기고, 9촌 할아버지뻘 되는 총각과 9촌 손녀뻘 처녀가 서로 결혼을 하게 될 수도 있으니 9촌이나 10촌이라 한들 어찌 먼 사이라고 할 수가 있겠는가? 이는 마치 "사람을 죽이는 것은 잘못이지만 팔, 다리를 자르는 것쯤이야 무슨 잘못인가?"라고 주장하는 것과 같다. 이러다 나중엔 "칼로 배를 찔러 사람을 죽이는 것이 무슨 잘못인가. 그렇지 않아도 남아도는 것이 사람인데."라고 생각하는 사람들이 생길 판이다. 동성동본 금혼법과 호주제의 폐지가 왜 잘못인지 모르거나 무관심한 사람들은 마치 "사람의 팔과 다리를 자르고 칼로 배를 찔러 죽이는 것이 잘한 일 같기도 하고 잘못된 일 같기도 한데 아무려면 어떻단 말인가. 아마 그것이 시대의 흐름인가 보다."라고 생각하는 것과 같다. 윤리적인 측면은 그만두고서라도 오랜 경험을 통해 유전학적으로 보아도 피가 같은 근친혼에서 태어난 2세들은 보편적으로 지능이 낮고 체력도 약하며 정신적으로도 문제가 많아 그 후손들은 퇴보를 하게 되는 것이다. 8촌만 넘으면 유전학적으로 아무 상관이 없다고 주장하는 사람들의 말은 사실과 맞지 않은 잘못된 주장이다. 유전인자란 4대(8촌)가 넘어도 그 형질이 우성과 열성을 거듭하면서 계속 전해지는 것이기 때문이다. 그래서 10세손이 9대조 할아버지의 생김새와 목소리, 성품 등을 똑 닮은 경우가 생기는 것이다. 우리 민족이 그 우수성을 세계만방에 떨치고 있는 원천적인 요인 중의 하나가 바로 타성과의 결혼제도를 통해서 양부모의 장점을 타고 태어나 그 자질이 상승작용을 한 덕택이다.

이와는 반대로 근친 간의 결혼을 허용하는 대부분의 서양 사람은 많은 사회문제를 안고 있는데, 그 실태를 보면 우선 이혼율이 60%를 넘고 있으며 이혼할 때는 서로 자식을 맡지 않으려 하고, 대도시 사람들의 90% 정도가 과거에 정신 관계 치료를 받은 적이 있거나 현재 치료를 받고 있는 실정이다. 또한 절반 이상이 비만인데다 마약 복용자가 광범위하게 퍼져 있고의 직장인의 80% 정도가 뇌의 통증을 느끼고 진통제나 진정제 등에 의지하고 있으며 각종 범죄가 끊이질 않고 자살률이 계속 증가 중이다. 심지어는 여러 쌍의 부부가 한 호텔 안에서 부부합의 하에 돌아가며 다른 사람의 배우자와 성관계를 즐기는 이른바 스와핑 현상이 만연하고 있는가 하면 동성끼리 결혼하는 기현상이 보편화되고 있다. 이를 통해 기독교를 신봉하고 근친 간의 결혼을 허용하는 서구 사회의 정신적, 도덕적 수준을 짐작할 수 있으며 우리는 그 실상과 원인을 진지하게 분석하고 연구해 봐야 할 것이다. 그 이유는 그러한 모든 좋지 못한 저질·퇴폐 문화를 서구사대주의자들이 자신들의 우상으로 삼아 무분별하게 받아들이는데 앞장을 서고 있고 우리나라가 모든 면에서 빠른 속도로 그들을 닮아가고 있기 때문이다. 그래서 못된 스와핑 현상도 그 수가 점차 늘어가고, 동성연애와 동성결혼도 선진문화로 인식되고 있는 설정인데 고학력일수록 이런 것들에 더 관대하다는 사실이 더욱 기가 막힌 일이다. 이들이 낫 놓고 기역 자도 모르는 일부 몰지각한 여성들과 호흡을 맞추어 일월과 같은 우리의 미풍양속을 후진시 하고 자신들의 지성이 인권을 지킨다는 착각에 빠져 세상을 어지럽히고 있다. 핵가족 제도 역시 서구 문명에서 밀려들어 온 것인데, 할아버지의 원숙한 지혜의 입김을 받아보지 못한 채 올바로 훈육되지 못하고, 그저 맛있는 음식과 좋은 옷과 명품신발에 고생시키지 않는 것만이 제일 가는 사랑인 줄만 아는 철없는 부모들의 과보호 속에서 성장하여 조금만 힘들어도 감당하지 못하고 극복하지 못하며, 그저 자기 자신만 아는 지진아가 되고 마는 것이다. 그리고 오직 처자식만을 알고 노부모를 홀대하고 살다가 늙으면 배우지 못한 그 자식들은 자신들이 부모에게 했던 것보다 더 심한 무관심과 불효를 할 것이니 이것은 과연 누구의 잘못인가? 처자식이 있는 가장들이 틈만 나면 무차별적으로 여자를 상대하고, 여자들 역시 질세라 기회만 생기면 몸을 함부로 내맡기고 있으니 만일 피임기구가 없다면 친자소동으로 온 세상이 시끄러울 것이다. 어른들이 이러하니 청소년들마저 불법 음란영상물 등의 영향을 받아 점점 더 분별없이 성 개방의 물결 속으로 빠져들고 있는데 이런 판국에 인륜(人倫)을 떠받치고 있던 두 개의 큰 기둥이 무너져서 없어지고 말았으니 앞으로 세상이 어떻게 되겠는가? 결국에 가서는 우리가 상상도 하지 못했던 패륜과 기현상들이 계속 생겨나게 될 것이다. 그렇게 되면 인간들이 사는 세상이 짐승들이 사는 세상보다 못하게 되는 것이다.

　이러한 난세를 바로 세우기 위해서는 진정한 성인이 나서야 되는 것인데, 필자가 감히 그러한 큰일을 맡고자 이 책을 써서 후세에 남겨 사람들을 올바르게 계도하고자 하는 것이다. 내가 죽은 후에라도 전 인류는 이 책을 번역하여 경건한 마음으로 공부하여 힘써 실천해야 할 것이다. 그리고 세대가 바뀌고 다시 바뀌더라도 계속 이 책을 후세사람들에게 공부하게 해야 할 것이다. 그 일을 감당할 사람은 이 책의 진가를 알아보는 후인들이며, 이는 그들의 피할 수 없는 사명일 것이다. 우리의 전통 가정은 조부모에게 효도하고, 조부모는 자식과 손자들을 사랑하며, 동생은 형을 공경하고 형은 동생을 사랑하면서 서로가 자신보다는 가족을 먼저 생각하고, 맞지 않는 것도 서로 양보하고 조심해가면서 고쳐나갔으니 이것이 바로 소우주의 질서였으며, 여기에서 훈육을 받아 올바른 사회질서를 지키고 건전한 국가 사회를 이루는 근간이 되었다. 이처럼 무릇 인간의 행복이란 개인의 권리를 내세우고 자기중심적인 이기심에서 생기는 것이 아니고, 서로 화합·단결하고 헌신하고 충성하는 가운데 전체의 안정과 질서를 도모할 때 비로소 진정한 의미의 행복한 삶을 누릴 수 있다. 대체로 현대 여성들이 최상의 행복이라고 생각하는 것은 되도록 손에 흙은 물론이고 물도 묻히지 않고 편하게 살며 잘 먹고 잘 입으면서 좋은 외모를 유지하고 돈을 풍족하게 쓰면서 마음대로 돌아다니고 온갖 하고 싶은 일들을 하면서 사는 것이다. 그래서 그런 친구들을 부러워하면서 자신의 신세를 한탄하고 심술을 부리며, 남편이 사업에 실패하거나 실직을 하여 형편이 어려워지면 모든 것을 내팽개치고 이혼을 하거나 가출을 하곤 한다. 그런데 그렇게 한다고 해서 과연 행복을 얻을 수 있을까? 참으로 어리석은 생각이다. 헌신적인 모성애는 남편과 자식들의 뜨거운 사랑과 효심을 불러일으켜 그 뜨거운 사랑이 다시 자신에게 돌아와 참된 삶의 희열과 진정한 행복을 맛보게 되고 따뜻하고 반듯한 가정이 되며, 그 속에서 자라난 자녀들 역시 강하고 반듯한 사람이 되어 원만한 인격을 유지하면서 사회에 헌신하는 큰 인물로 성장할 수 있다. 하지만 안락과 이기심을 앞세운 여성들 앞에 결코 행복은 없는 것이다. 오늘날의 여성들은 내 말을 새겨들어야 할 것이다. 요즈음 현대형 신종 불효가 생겨나고 있는데, 그것은 '상속 전 효도, 상속 후 무관심'이라는 것이다. 이런 모든 사고방식과 행위가 모두 서구에서 흘러들어온 핵가족 제도와 가족법을 파괴한 무리의 어리석은 생각과 일직선 상에 있는 것이다. 그래서 일찍이 J.S 밀은 "개인의 자유가 구미(歐美)를 비롯한 여러 나라에 끼친 해악은 원자탄 1,000개를 투하한 것보다 더 큰 사회적 정신적 황폐를 가져왔음을 깊이 생각해 봐야 한다."라고 말했다.

이처럼 개인의 자유를 지나치게 강조하는 모든 제도는 파멸의 지름길이 되는 것이다. 그래서 서양의 지각 있는 철학자들이 우리 동양의 지혜를 공부하기 시작한 것이다. 가정에서의 효·제·충·신(孝·悌·忠·信)이야말로 종교를 초월한 명제요, 법 이전의 과제라고 아니할 수 없다. 조상을 모시고 살기 때문에 우리의 가정은 조부모에겐 가장 이상적인 양로원이요, 또 자손들에겐 둘도 없는 가장 이상적인 윤리적 교육도장의 기능을 하고 있는 곳으로 최고의 정신적 안식

처이며, 효(孝)는 백 가지 행실의 근본으로 모든 것의 위에 있는 절대가치이다.

이처럼 훈련되어 윤리와 도덕으로 맺어진 인간관계는 우리 민족만의 화합의 본보기이며 분별과 질서로 이룩된 이러한 사회구성은 우리 민족의 힘이 원천이었다. 그래서 석학 토인비도 "나는 3대가 함께 살게 되어 있는 한국의 가족제도가 인류를 위한 가장 훌륭한 제도라는 것을 확신합니다. 정말 고독은 인간에게 가혹한 처벌입니다. 그러나 한국에서와같이 자식과 함께 한집에서 살 수가 없게 되어 있습니다. 한국의 가족제도를 서양에다 꼭 좀 가르쳐 주시오."라고 하면서 우리의 전통가족제도를 극찬하였다. 그뿐인가? 애들러 박사나 독일의 마르케스 박사 같은 이도 한국은 찬란했던 고전문화의 바탕 위에 현대과학을 조화·발전시키고 있다고 말하면서 우리 고유의 가족제도를 바탕으로 형성된 전통문화의 우수성을 높이 평가했다.

이처럼 우리의 전통 가족제도는 인간성 구현의 최후의 보루인 것인데 이러한 우리의 전통가족에 있어서 이 모든 것을 훈육하고 통솔하는 사람이 바로 가장이며 호주이다. 집단에 구심점이 있는 것은 자연법칙 상 당연한 것으로 군생(群生)하는 곤충인 꿀벌과 개미까지도 리더가 있고, 늑대나 사자들 같은 들짐승에게도 리더가 있는데 어찌 인간의 가정에 리더가 없어도 된다는 말인가? 이미 사회 파탄의 원인으로 지목되고 있는 잘못 인식된 개인의 자유가 국가의 장래에 어떤 영향을 미칠 것인가에 대해 깊이 생각하고 잘못된 평등관에 입각한 법률 지식에 대하여 반성하며, 진정한 자유와 권리와 행복이 무엇인지 깊이 생각해보아야 할 것이다.

동성동본 금혼법의 폐지와 호주제의 폐지는 이 두 가지가 합쳐져서 장차 걷잡을 수 없는 사회적 혼란을 가져올 것이다. 기왕에 결혼해버린 동성동본 혼인자들에겐 그 구제책을 마련해주었기 때문에 새삼스럽게 그 법 자체를 폐지하여 혼란을 자초한 것은 잘못된 생각이었으며, 호주제의 폐지는 더욱 있을 수 없는 망발이었다. 경솔하고 지각이 부족한 일부 여성들과 맹목적인 서구사대주의자들과 불학무식한 일부 정치인들과 법조인들이 작당하여 "子는 父의 성과 본을 따른다."라는 민법 제781조 1항과 "처妻(아내)는 夫(남편)의 家에 입적되고 그 자녀들은 父의 성과 본을 따른다."는 민법 제826조가 헌법 제10조에 규정된 "개인의 행복추구권과 평등권에 위배된다."는 이유를 들어 결국 수천 년 동안 이어져 왔던 우리 민족 윤리의 대법이던 호주제마저 폐지하고 말았다. 이 무지몽매한 무리가 주장하는 요지인즉 "남녀가 평등한데 왜 아버지 성만 따라야 하느냐? 공평하게 아버지 성을 따를 수도 있고 어머니 성을 따를 수도 있게 하고, 또 필요에 따라선 한 사람씩 나누어서 한 명은 어머니의 성을 따르고 남은 한 명은 아버지의 성을 따르게도 하자."는 것이고, 다른 한 가지 이유는 "자식을 앞세우고 더 편하게 살 수 있는 남자에게 재혼하려고 하는데 전 남편이나 시아버지 등 시댁 식구들은 다시 볼일도 없는데 뭐 신경 쓸 것 있나? 달고 간 자식을 새 남편의 성을 따르게 하고 행복하게 살면 그만이지."라고 하는 두 가지다. 참으로 어처구니가 없고 기가 막히지 않은가? 그래서 친부의 성을 버리고 재혼한 모친 때문에 그 아이는 자신의 의사와는 상관없이 의부의 성을 따라 두 번이고 세 번이고 성을 바꾸게 되고, 형제가 갈라선 부모 쌍방에 한 명씩 나뉘어 서로 다른 성이 되는 것이 과연 인간의 존엄성과 가치를 지키는 것인지, 그리고 인간으로서의 진정한 자유와 행복이 그렇게까지 해서 잘사는 것인지 묻고 싶은 것이다.

또 민법 781조를 위헌 제청한 법원은 왜 헌법 제19조에 명시된 "국가는 전통문화의 계승발전과 민족문화의 창달에 노력해야 한다."는 국가의 의무조항과 헌법 제36조 1항에 있는 "기본권도 공공복리와 질서유지에 필요한 한도 내에서 제한할 수 있다."고 한 뜻은 생각해 보지도 않고 그저 남들이 시키는 대로 개인의 행복추구권만 주장했는지 참으로 소신도 없는 어리석은 자들이 아닐 수 없다.

호주제 폐지에 앞장선 노무현 전 대통령과 그 뜻에 동참했던 정치인들과 어리석은 서구사대주의자들과 무지몽매한 일부 여성들과 헌법 불합치 판정을 내렸던 그 당시 헌법재판소 임원들은 모두 천추에 씻지 못할 대역죄를 지은 자들이다. 특히 호주제 폐지를 대선공약으로 들고나와 자신의 임기 중에 그 뜻을 관철하기 위해 적극적으로 앞장섰던 노무현은 5천 년 역사를 통틀어 김유신, 김춘추와 더불어 가장 큰 죄를 지은 가장 어리석은 통치자였다고 할 수 있다. 그 당시 열린우리당 의원 50여 명이 앞장서서 호주제 폐지 법안을 발의하고 나서면서 대선 승리를 획책했는데, 그중에는 누구보다 반듯하게 살아간다고 자부하던 김근태와 김홍신도 포함되어 있었다. 사람이 옛것을 배우지 않으면 이렇게 되는 것이다. 역사상 수많은 실정자가 있었지만 스스로 앞장서서 몇천 년 동안 이어져 오던 우리 민족의 윤리의 대동맥이었던 호주제를 폐지해버린 노무현의 대역죄보다 더 큰 죄를 지은 통치자는 없는 것이다. 그것이 왜 그처럼 큰 죄인지 모르는 자들은 마치 "칼로 사람의 배를 찔러 죽이는 것이 무슨 잘못인가."라고 말하는 사람들과 수준이 똑같다고 할 수 있다. 전 남편의 아이를 데리고 재혼을 하게 되면 그 아이는 친부의 성을 버리고 의부의 성을 따르게 되는데, 그렇게 되면 그 아이의 친부나 친조부를 포함한 모든 친족은 자신들의 의사와는 관계없이 일방적으로 그 아이와 성본이 다른 서먹한 관계가 되어 타인처럼 멀어지게 된다. 심성이 바르고 올곧은 인성을 갖고 태어난 아이라면 그 과정에서 오는 정신적 고통과 정체성의 혼란으로 미쳐버릴 것이다. 그래서 성장한 후, 돈에 팔려와 자신과 친부와 친조부와 친형제 사이를 그렇게 만든 자신의 어머니를 죽이고 싶도록 증오할 것이다.

이처럼 억지로 천륜을 파괴하고 부자간의 의를 끊어 인류의 뿌리를 송두리째 뽑아서 인간을 짐승화하는 일이 대역죄가 아니란 말인가?

그리고 어린 나이에 멋모르고 어미에게 끌려온 아이와 금옥 같은 아들·손자가 다른 성본이 되어 남의 자식이 되는 모습을 지켜보는 그 친부와 친조부와 형제들의 아픈 상처와 침해된 행복권은 누가 보상해 준다는 것인가? 또 그 무지몽매한 것들이 주장하기를 이혼한 여자가 아이를 달고 재혼한 후 의부와 그 아이가 성이 다르면 친밀감이 덜하고 학교에서도 "너는 왜 아버지와 성이 다르니?" 하고 놀림을 받는다고 하는데, 이것 역시 하나만 알고 둘은 모르는 어리석은 생각이다. 의부와 성을 똑같게 한다고 해서 그 관계가 저절로 더 친밀해지는 것은 아니다. 살면서 서로를 위해주고 서로 조심하면서 자연스럽게 정이 들면 키워준 정을 잊지 않고 잘 따르게 되는 것이지만, 그것이 조금이라도 소홀한 구석이 있었다간 같은 성본을 쓰는 것이 오히려 결정적인 갈등의 불씨가 될 수 있으며, 또 반 아이들이 "너는 왜 갑자기 성을 바꿨느냐? 오라, 네 엄마가 이혼하고 재혼을 했구나. 그래서 성을 바꿨구나. 좋겠다. 너는 전보다 맛있는 것을 더 많이 먹을 수가 있어서. 친아빠와 가끔 연락은 하니?" 하고 물어오면 조숙하고 자존심이 강한 아이들은 그저 죽고만 싶을 것이다. 자랄수록 자신의 정체성에 대해서 더욱 큰 혼란을 느낄 것이며 친부와 의부 사이에서 어떻게 처신을 해야 할지 가슴이 미어질 것이다. 또 그 모습을 바라보는 친부나 친조부의 심정은 어떠하겠는가.

이것은 사람의 몸을 묶어놓고 불에 달궈진 인두로 지지는 것과 같은 고통을 주는 죄악으로써 짐승만도 못한 짓이다. 하지만 이런 인간적인 갈등도 세월이 가고 그런 세태에 익숙해지다 보면 "뭐 친부가 별건가? 서로 안 보면 그만이지. 조부는 곧 죽을 것이고. 의부가 됐든 누가 됐든 돈 많이 주는 사람이 최고지. 돈만 많이 준다면 까짓거 열 번이라도 성을 갈고 열 명의 아버지라도 갈아치울 용의가 있거든." 하면서 대수롭지 않게 생각하는 세상이 오게 되는 것이다. 그렇게 되면 의부와의 관계 역시 성을 같게 한들 무슨 진실성이 있겠는가. 이미 그 중간 정도의 세상이 되어있는 현실이다. 이처럼 우리 민족의 자랑이었던 전통 가족제도의 양대 기둥인 동성동본 금혼법과 호주제가 폐지됨으로써 동방예의지국으로 이름 높았던 우리의 금수강산은 점차 미증유의 가족 붕괴와 사회 혼란을 일으켜 오천 년 동안 이어져 오던 민족문화의 뿌리가 송두리째 뽑히고 자손만대에 물려줄 번영과 생존의 토대가 무너져서 금수(禽獸: 새와 짐승)와 같은 야만 사회가 도래할 것이니 어찌 통탄하지 않을 수가 있겠는가?

　기독교 교리의 가르침과 불교 교리의 가르침 등으로 옛날과 같은 크나큰 질서를 회복할 수 있다고 생각한다면 그것은 마치 4개의 계란으로 1,000t의 물탱크를 지탱하려는 시도와 다름이 없는 망상이다. 따라서 충효와 인의가 살아있는 옛날의 동방예의지국다운 위상을 회복하고 그러한 문화를 바탕으로 세계 여러 나라를 선도하여 세계연방 윤리국을 건설하기 위해서는 이 두 가지 가족법을 다시 복원하고 충효 정신과 삼강오륜을 근간으로 하는 동양의 윤리 사상을 유치원 때부터 철저하게 교육해야 할 것이다. 지금부터 호주제 폐지가 얼마나 큰 잘못이며 앞으로 세월이 흐르면 얼마나 큰 문제들이 생길 수 있는지 말해보도록 하겠다. 여기 가정을 가진, 잘 나가는 40대 중반 정도의 돈 많은 부자가 있다고 하자. 외모도 그럴듯하고 언변도 좋은데 갈수록 독신녀들이 늘어가는 추세 속에서 혼외자(婚外子)를 배려하고 혼외출산을 조장하는 호주제의 폐지를 보면서 마음에 드는 미혼여성을 상대하다 자식이 생기면 생활비를 넉넉하게 줄 것이고, 그 여성은 그 돈으로 편하게 살면서 자식이 생겨나면 별 부담 없이 일단 자기 성에 입적을 시킬 것이다. 얼핏 생각하면 서로에게 별로 나쁘지 않은 현상이라고 보이지만 사실은 그렇지 않다. 그러다가 그 여자는 자신의 나이에 맞는 새로운 남자를 만나게 될 것이며, 그 자식은 성장하면서 자신의 생부를 찾을 것이고, 그 어미는 그 생활을 즐기다가 새로 만난 젊은 남자와 정식으로 결혼을 할 수 있으며 거기에서 또 자식이 생길 것이고 먼저 아이의 생부는 생활비를 끊을 것이다. 생부를 모르는 큰아이는 천덕꾸러기가 되어 집안에서 소외될 것이며, 성장한 후에는 성격

결함자가 되어 부모에게 반항할 것이고, 그 가정은 심하면 살인·방화가 생길 수도 있고 작게는 하루도 마음 편할 날이 없을 것이다.

그리고 함부로 바람을 피우고 씨를 뿌린 남자의 눈앞에 아들이고 딸임을 자처하는 젊은이들이 나타나게 될 것이고 그 때문에 본처와는 물론이고 자식들과도 심한 갈등이 생길 것이며 찾아온 다른 아들, 딸들과는 친자소동을 벌이면서 추악한 분쟁이 끊이질 않을 것이다. 바람직한 아버지의 위상과 위대한 어머니의 모성애와 자식의 효도하는 마음은 점점 이 땅 위에서 자취를 감추게 되고 부모자식간의 숭고한 천륜도 이해관계에 얽힌 유산상속 문제 등으로 온갖 추잡한 경우가 생길 것이다. 거기다가 법원은 호주제의 폐지에 따른 법조문의 혼란으로 이런 문제들을 명쾌하게 판결하지 못할 것이고, 생부의 가족은 버려졌던 자식의 손에 의해 크게는 살인과 방화에 이를 수도 있고 작게는 가정불화가 그칠 날이 없다가 결국은 파국에 이르게 될 것이다. 어디 그뿐인가? 동성동본 금혼법과 호주제의 폐지로 생길 수 있는 폐단은 한둘이 아니다. 그리고 그러한 폐단은 점점 더 심해져서 극한의 상황까지 치달을 것이다. 사람이 배우지 못하고 한 번 마음을 놔버리면 짐승보다 훨씬 못한 수준으로 계속 타락하게 되는 법이다. 그래서 옛 성현들께서 그토록 엄하게 삼가고 조심하라고 강조하셨던 것이다. 호주제가 폐지되었으니 이제 족보가 없어지게 될 것이고, 그렇게 되면 4촌만 넘어버리면 누가 누군지를 어떻게 알 것이며, 나날이 이혼율이 높아지고 있어서 자고 나면 성이 바뀔 것이니 친남매가 부모의 이혼으로 어려서 헤어졌다가 연락이 끊겨 자란 후에 서로 결혼을 하는 경우도 생기게 될 것이다. 그 사실을 뒤늦게야 알게 된다면 어떻게 수

진정한 유법천지有法天地를 향하여 중

습할 것인가. 그러면 또 극소수의 그런 경우를 구제하기 위하여 친 남매의 결혼 문제도 행복추구권 운운하면서 헌법재판소에 근친 혼 금지법마저 폐지하자고 위헌판결을 신청할 것인가. 먼젓번과 이 것은 다르다고 얘기하지 마라. 몇십 년 후에 또다시 몰지각한 일 부 여성들과 서구사대주의자들이 들고 일어나서 자신들이 옳다고 기를 쓰고 주장하면 표를 의식한 불학무식한 정치인들이 이에 가 세하여 그 법을 통과시킬 수도 있으며 사람들은 또 여전히 "아, 이 것이 시대의 흐름인가 보다." 하고 넘어갈 것이며 반대하는 사람들 만 바보가 될 것이다. 결코 그런 일은 없다고, 그것과 이것은 다르 다고 말하지 마라! 그것과 이것은 오십보백보로 거의 똑같은 크나 큰 패륜인 것이다. 전쟁터에서 100보를 도망친 사람과 50보를 도망 간 사람이 무슨 큰 차이가 있단 말인가. 아! 무지몽매한 무리여! 어 떻게 설명을 해줘야 알아듣는단 말인가. 이 두 가지 법을 다시 바 로잡지 못한다면 부모자식간의 숭고한 천륜과 사람 사이의 인륜을 어디에서 다시 찾을 수가 있을 것이며, 배달민족의 위대한 혼과 힘 을 전승하여 세계 모든 나라의 모범이 되고 전 인류를 바르게 인도 하려는 큰 뜻을 어떻게 펼칠 수가 있겠는가. 우리의 전통 가족제도 가 여성을 착취하고 아동을 학대하는 제도라니 어디 그것이 말이 나 되는 소리인가? 그것은 해방 후 어지럽고 어려웠던 힘든 시기에 잠시 있었던 현상이었을 뿐, 제도 그 자체가 여성을 착취하고 아동 을 학대하는 제도는 아니었으며 최근엔 호주의 모든 권한이 삭제 되고 준거인 정도의 의미만을 지녔을 뿐인데도 일부 몰지각한 정 치인들이 어리석은 일부 여성들과 작당하여 오천 년 역사의 근간 을 뿌리째 흔들어 뽑아놓고야 말았다. 지난 수년간 전통 가족제도를 수호하기 위해 범국민적 연합을 결성하여 천만인 서명운동을 하고, 수많은 단체의 수많은 사람이 동성동본 금혼법 폐지를 막고자 했으며, 그보다 더욱 많은 사람이 호주제 폐지만큼은 절대 안 될 일이라고 구름처럼 들고 일어나 목 놓아 외쳤건만, 그들은 도대체 무엇을 위하여 그토록 기를 쓰고 그 많은 사람의 간절한 반대를 짓밟고 그토록 엄청난 대역죄를 자행했단 말인가? 그중에서도 노무현 전 대통령의 책임이 가장 크다고 하겠다. 우리 선조들과 조부모들의 부부 사랑과 자식 사랑은 이기적인 지금 신세대들의 부부사랑과 자식사랑에 비할 바가 아니었다. 아동 학대는 핵가족 시대인 지금도 여전히 문제가 되고 있으며, 재혼한 계부나 계모에 의해 구타를 당하여 피멍이 드는 사례는 지금도 곳곳에서 일어나고 있지 않는가? 하지만 그런 현상은 주로 생활이 어려운 가정에서 일어나고 있으며, 그때가 지금보다 조금 더 심한 바가 있다면 그것 역시 살기가 힘든 세상이었기 때문일 뿐인데 그것을 호주제의 병폐라고 몰아세우면 되겠는가? 호주제 폐지의 본질은 가족이라는 것을 아예 없애 버린다는 뜻이며, 가문과 가계 계승의 전면적 폐지를 의미하는 것이니 이는 일본이 우리나라 사람의 씨족과 성본을 없애기 위하여 창씨개명 정책을 쓴 것과 다름이 없는데, 이런 반역 세력이 거꾸로 호주제를 일제의 잔재라고 매도하는 것은 완전히 적반하장이며 무지의 소치이다. 수차례의 민법개정으로 호주의 권한은 이미 모두 삭제되었으며, 일본은 단지 호주라는 단어를 사용한 것뿐이다. 그런데 호주제 폐지를 주장했던 일부 여성 단체들은 호주제가 마치 일제의 창조물인 양 허위선전을 해서 국민의 배일 감정을 호주제 폐지 운동에 교묘히 이용했다. 국가체제가 정비된 삼국

시대 이후 모든 국가는 중앙통치구조로 대부분 6부(六部)나 6조(六曹) 체제를 갖추었는데 이부·호부·예부·병부·형부·공부가 그것으로 호부(戶部)는 병역과 조세징수 등을 위해 보통 3년마다 인구조사를 하고 그 자료를 바탕으로 호적대장을 정비하고 있었으며, 예부(禮部)에서는 조정과 민간의 혼례(婚禮), 제례(祭禮) 등 4례와 호(戶)의 승계 순위 등 승급제도(호주승계 문제)를 관장하고 있었다. 이 모두는 호주를 기반으로 했기에, 호주제는 일본의 잔재가 아니고 일찍부터 있어온 우리나라 고유의 제도였다. 그 외에도 신라장적이나 조선왕조실록에도 그에 관한 말이 수없이 나오며, 조선왕조의 표준 법전인 「경국대전」에 이르러서는 이미 호주제가 완비되어 있었다. 그뿐만 아니라 일본의 가계 계승 전통에 의하면 부인은 아예 남편의 성을 따르게 되어있기 때문에, 호주제가 폐지된 현재에도 그러한 전통으로 인하여 아무런 문제 없이 부계혈통의 가계 계승이 원만히 이루어지고 있는 모습을 보더라도 우리의 가계 계승제도가 일본과는 아무런 상관이 없다는 것을 잘 알 수 있다. 그런데 낫 놓고 기역 자도 모르는 요망한 일부 여성들이 천지 분간을 못 하고 들고 일어나 결국은 국가의 만년 대계를 망쳐 놓은 것이다. 깊이깊이 반성하고 참회할지어다.

석학 토인비가 말했듯이 우리는 세상에서 가장 훌륭한 가족제도를 가지고 있었으니 다른 나라나 서구 여러 나라의 가족법을 들먹이고 기웃거릴 필요가 없는 것이다. 호적이란 호주를 단위로 편성되어 있는데 호주의 지위나 개념, 그리고 호주 승계의 원칙이 없다면 매번 변화하는 일상의 혼인·출생·신분 관계는 어떻게 할 것이며, 개인카드나 동거인 명부로 한다면 가족의 개념과 범위는 어디에 둘 것인가. 수백 개의 법률에서 사용되고 있는 가(家), 호주(戶主), 가족(家族), 가정(家庭) 등을 다 없애지도 못한 채 법체계는 전면적인 혼란에 빠질 것이다.

호주제 폐지를 또 다른 측면에서 생각해 보도록 하자. 김 씨 남자와 이 씨 여자가 결혼을 했는데 남편이 죽으면 그 집안은 김 씨 집안인가? 이 씨 집안인가? 또 김 씨 남성과 이 씨 여성이 결혼하여 두 자녀를 두었는데, 여자가 워낙 똑똑하고 잘 나서 호주제 폐지에도 앞장을 섰던 여자로 "시원찮은 당신 성을 뭣 때문에 애들에게 물려주나? 둘 다 내성을 물려줄 테니까 그리 알아."라고 하자 그 남편이 "당신이 똑똑한 줄은 알지만 그래도 한 명은 내 성씨를 물려줘야 하지 않나? 그렇게 좀 해줘.", "안된다니까. 한 번 안 된다고 하면 안 되는 줄 알아야지 아무 능력도 없는 사람이 그래도 남자라고 어디서 성을 물려주려고 어림도 없는 소리를 하고 있어. 그런 생각은 꿈도 꾸지 마! 알았지?"라고 했을 때 남자가 화가 나서 법원에 하소연하여 그에 대한 판결을 요구했다면 법원은 어디에다 근거를 두고 판결을 할 것인가? 두 부부 중 누구의 연봉이 더 많은가를 따져서 판결의 근거로 삼을 것인가? 이처럼 부부간의 합의가 되지 않았을 때 법원에서 "자녀가 두 명이니 공평하고 평등하게 한 명씩 나누어서 한 명은 아빠 성을 따르게 하고 나머지 한 명은 엄마 성을 따르게 하라."고 판결했다 하자. 그런데 자녀가 3명일 때 또 여자가 나서서 주장하여 합의가 되지 않아 그 판결을 법원에 요청했을 때는 어떻게 할 것인가? 이 경우엔 "자녀가 3명이면 한 명은 엄마 성을 따르게 하고 또 한 명은 아빠 성을 따르게 하고 나머지 한 명은 부모 양성을 다 붙여서 성명을 넉 자로 하라."라고 판결해야 하는가? 그 판결을 보고 사람들이 "과연 명판결이로다. 공평하고 명쾌하지 않은가. 잘 먹고 잘살면 그만이지 도대체 성 따위가 무슨 상관인가. 세 형제가 다 성이 다르면 다양하고 좋지 않은가. 이것이 시대의 흐름이다. 시대의 흐름을 모르고 그 옛날 조선시대 때의 사고방식을 주장하면 안 되지. 암 안 되고말고."라고 생각하면 그것이 잘못이라고 말하는 올바른 사람만 바보가 되는 것이다. 하지만 필자는 바보라는 말을 듣더라도 반드시 동성동본 금혼법과 호주제를 복원하여 천륜과 인륜의 대본을 세우고 영명하신 조상님들께서 물려주신 전통문화와 전통 가족제도를 바로잡아 동방예의지국의 옛 명성에 걸맞은 조국을 건설할 수 있도록 모든 어리석고 사특한 무리의 잘못된 생각들을 깨우치고 타일러서 제2의 건국을 하고자 한다. 우리가 흔히 말하기를 "내가 그런 짓을 하면 성을 간다."라고 하는데 성을 간다는 것이 얼마나 치욕적인 일이며 씻을 수 없는 대죄인가를 잘 나타내준 말이다. 그것은 바로 조상과 조부모를 부정하고 배신하는 짓이기 때문이다. 또 아주 못돼먹은 쓰레기 같은 인간말종에게 "예기, 이 환부역조 할 놈아!" 하고 욕을 했는데, 그 뜻은 "아버지와 할아버지를 바꿀 놈."이란 뜻으로 욕 중에서 이보다 더 큰 욕은 없었다. 말하자면 말로 할 수 있는 모욕 중 가장 큰 모욕이었다는 뜻이다.

그런데도 돈 몇 푼에 팔려 좀 더 안락한 생활을 꿈꾸며 아버지의 성을 버리고 남의 성을 따르며 형제가 서로 다른 성본이 되어 뿔뿔이 헤어져서 흩어져도 좋다는 말인가. 도대체가 생각이 있는 자들인지 없는 자들인지…. 배달민족의 후손들이라면 모두 무엇이 옳고 무엇이 그른지 깊이 생각해 볼 일이다.

제7장

불세출의
진군자(眞君子)

　우리의 선조들 중 군자(君子)라는 단어에 참으로 잘 어울리는 한 분이 계신다. 그분은 너무도 크신 분이었으며, 그분의 크나큰 음덕으로 오늘날의 이 혼란한 세상 가운데서도 그나마 우리나라가 이만큼이라도 질서를 유지하고 사람의 도리를 행하면서 살고 있는 것이다. 하지만 세상 사람들은 그분의 이름은 들어서 알고 있지만 정작 그분의 진면목에 대해선 제대로 알지 못한다. 우리 후손들은 그분의 인품과 행적을 돌아봄으로써 크나큰 교훈을 얻을 수가 있을 것이니 어찌 이대로 덮어 둘 수가 있겠는가. 이 장을 읽어보면 "아! 우리 동양에서 말하는 군자(君子)란 바로 이런 분을 두고 이르는 말이구나." 하고 확실하게 느끼게 될 것이다. 오천 년 역사를 통하여 시대의 흐름을 정화하여 세상을 바꾼 분은 몇 분에 불과했는데, 그중 가장 큰 민족의 스승이었다고 할 수 있겠다. 그분은 그저 중국에서 목면종자(목화씨)를 가져온 걸로만 알려져 있는 삼우당(충선공 문익점)이시다. 다들 "그분이 그런 분이었나?" 하고 의아해할 것이다. 려말선초(고려 말 조선 초)에 드러난 네 사람의 삶을 비교해 보는 것도 의미가 있고 큰 공부가 될 것이다.

그 네 분이란 포은 정몽주, 삼봉 정도전, 삼우당 문익점, 그리고 태종 이방원이다. 사람마다 역사를 보는 눈이 다르고 또 역사적 인물들을 평가하는 기준도 다를 것이다. 이성계의 역성혁명은 나름대로 명분이 있는 것이었다. 그것은 고려 말에 부패한 불교가 기승해서 요승 신돈과 같은 요망한 중들이 조정 깊숙이 들어앉아 국정을 농단하고 기강이 문란해진 상황에서 역부족인 군세로 대국 정벌을 강요한 고려 조정이 일기가 불순한 우중임에도 계속 진군하라고 이성계를 사지(死地)로 내몰았기 때문이다. 뚜렷한 명분이나 이유도 없이 단지 과시욕이나 권력욕만으로 부당하게 통치권을 수탈하는 자는 역적이고 소인배이며, 또 자신에게 주어진 책무를 내팽개치고 경솔하게 처신하는 것은 용렬한 사람이 하는 짓이다. 이조의 수양대군과 그의 모사인 한명회, 그리고 현대의 박정희와 전두환 같은 자가 바로 전자의 경우이고, 태종 이방원의 장자인 양녕대군 같은 이가 바로 그 후자이다. 그리고 아무리 힘들어도 자신에게 주어진 책무와 사명을 잘 수행해낸 사람이 영걸이니 이는 바로 태종 이방원과 같은 사람이라 할 수 있다. 삼봉 정도전은 불교를 국교로 삼아 문란해진 고려 조정을 뒤엎고 유교를 바탕으로 한 새 왕조를 주도하여 맹자 님께서 주장하셨던 민본정치를 실현해보고자 시도했던 사람이며, 포은 정몽주는 고려 왕조와의 의리를 생각하면서 이성계 부자와 사생결단의 대립을 하다가 순절한 분이다. 이씨조선의 비극인 태조 이성계와 아들 태종 이방원과의 대립은 이성계가 방원을 후계자로 인정하지 않고 방원에게 한마디 사전 설명도 없이 방원의 배다른 동생인 어린 방석을 세자로 책봉해버린 잘못으로부터 기인한 것이다. 게다가 정도전 등의 간언을 받아들여 최고의 일등공신인 방원을 공신 명단에서 제외해 버렸기 때문이다. 그것은 왕권을 약화시키고 의정부 중심(재상 중심)의 민본 정치를 펴고자 했던 삼봉의 입장에서 볼 때 범과도 같은 이방원이 눈엣가시와 같은 존재로 보였으며, 이성계 역시 애지중지하는 방석 모자의 앞날에 위협이 되는 방원을 처음부터 아예 정사에 관여하지 못하도록 날개를 꺾어놓고자 함이었다. 그러나 이 두 사람의 결정은 누가 봐도 잘못된 처사였으며, 그로 인해 제1차 왕자의 난(방원이 세자인 방석을 죽여 버린 사건)이 일어나게 된다. 이는 잘못된 세자 책봉을 바로잡는다는 명분이었는데, 이로써 둘째 아들인 영안군 방과(정종, 큰아들인 방우는 출궁 후 입산 칩거)가 새로운 세자로 책봉되었다. 이방원은 아들이기에 앞서 이씨조선 창업에 있어 최고의 일등공신이며, 위기에 빠진 부친을 구한 생명의 은인이기도 하다. 필자가 보기에 이방원은 성품이 매우 사나운 일면이 있지만 성현의 학문에도 정통한 보기 드문 영걸로 판단되며 그 누구에게도 쉽게 당할 사람이 아니었다. 만약 이성계가 그런 방원을 공식적인 후계자로 인정하여 세자로 책봉한 후 보위를 잇게 했다면 부자간의 반목도, 자식들 간의 골육상쟁도 없었을 것이니 그렇게 하지 않은 것은 이성계의 불찰이었다고 하지 않을 수 없다. 그리고 만약 방원이 아닌 다른 자식들이나 방석이 보위를 이었을 경우 과연 그 사나운 공신들을 다독이고 제압하여 방원처럼 새 왕조의 기틀을 다질 수 있었을까 매우 의심스러운 일이다. 방원은 부친을 도와 창업을 이루었고 아들인 세종을 훈육하고 뒤를 보살펴서 성군이 되게 함으로써 새 왕조의 기틀을 튼튼히 다져놓은 실질적인 창업주로서 그의 부친인 태조와 그의 아들인 세종을 능가하는 그릇이었다고 보지 않을 수 없다. 방원은 부친을 태상왕으로, 그리고 형인 정종을 상왕으로 모시고 왕가의 화목을 바랐으나 이성계가 사사로운 노여움을 참지 못하고 옥새를 가지고 함흥으로 가버림으로써 아들인 방원에게 치명적인 불명예와 무거운 짐을 안겨주었다. 이에 방원은 부친의 마음을 돌려서 부자간의 화목을 도모하고 백성들에게도 그 모습을 보임으로써 왕가의 권위를 회복하고자 함흥으로 자꾸 사람을 보냈던 것이다. 그러나 부친이 끝내 노여움을 풀지 않고 고향인 함흥 일대의 세력을 모아 자신에 대한 응징과 재기를 꿈꾸자 부득이하게 그 가지들을 잘라내고 부친을 고립시켰던 것이다. 아무튼 방원은 창업주인 부친의 뜻에 반해 왕위에 올랐고 배다른 형제들을 죽였으며 반대 세력을 몰살시키고 대드는 친형을 제압하여 귀양 보내고 훌륭한 인재인 삼봉과 포은도 죽였다.

그런 범 같은 이방원이 유일하게 존경하여 마지않던 단 한 분이 계셨으니, 그분이 바로 불세출의 진군자(眞君子)인 삼우당이셨다. 양녕대군은 어려서부터 성품이 활달하고 재주가 남달라 방원이 매우 사랑했는데 성장하면서 부친과 조부와의 불화와 자신의 부친이 보위를 위해서 이복형제들까지 죽였다는 사실을 알고, 또 외삼촌들까지 죽이는 모습을 보면서 부친의 그 아픈 부분들을 건드리며 반항하기 시작했다. 그 어떤 경우라도 자식이 그 부모의 잘못을 거론하면서 대드는 것은 옳지 않다. 방원의 왕위 승계는 단순한 권력에 대한 집착이 아니고 그의 부친인 이성계가 시작해놓은 이씨조선의 창업을 완수해야 하는 방원에게 주어진 피할 수 없는 운명이고 책무였음을 우매한 양녕이 헤아리지 못한 것이다. 그래서 자신을 사랑하는 부친의 가슴에 못을 박고 국왕인 부친의 권위를 손상시키고 장자인 자신에게 주어진 책임과 의무를 저버리고 반복해서 패륜의 행각을 자행함으로써 왕실의 권위를 더욱 실추시킨 매우 사려심이 부족한 인물이었다. 조부와 부친이 이룩한 이씨조선의 창업을 불충·불의로 단정하고 부친의 대업을 위한 투쟁을 그저 더러운 권력다툼으로만 보면서 자신만 고고한 척한 것은 매우 무책임하고 용서받을 수 없는 불효였으며, 그의 부친인 방원의 그릇에는 크게 미치지 못했다고 볼 수 있다. 왕위를 버리는 정도의 선택은 필부들도 얼마든지 할 수 있는 일이다. 하지만 한 나라의 세자로서의 책임과 사명을 잘 수행하는 것은 매우 어려운 일이다. 장자(장남)인 양녕은 자신에게 주어진 책임과 의무를 자각하여 옛 성군들의 치적과 행적을 배우고 몸에 익혀서 백성들을 사랑하고 올바른 정치를 하는 성군이 되어 그 조부와 부친의 잘못을 덮고 장자 승계의 기강을 세워 후대를 경계하고 모범을 보였어야 했다. 그랬더라면 실추된 왕가의 체면이 살아났을 것이며, 세조의 왕위찬탈 같은 일도 일어나지 않았을 것이고, 한명회와 같은 소인배들이 득세하여 거들먹거리는 선례를 남기어 그들을 본받은 박정희나 전두환 같은 무리가 준동하지 않았을 수도 있었던 것이다. 왜냐하면 인간은 지나간 역사를 보면서 좋은 것을 배우기도 하고 나쁜 것을 보고 배우기도 하기 때문이다.

특히 박정희는 초등학교 교사 출신이었기 때문에 애들에게 역사를 가르치다가 수양대군의 등극을 보고 자신도 그러한 기회를 만들어 힘으로 세상을 지배하려는 꿈을 가졌을 수 있다. 우리 민족을 짓밟고 있던 일본 제국의 왕에게 충성을 맹세하고 그것을 증명하기 위해 악랄하게 동족 탄압에 앞장섰던 자가 무슨 인격이 있겠

진정한 유법천지有法天地를 향하여 중

는가. 존엄한 역사의 재평가가 요구된다. 공신들의 전횡과 처족들의 득세를 누르고 기강을 세워 바른 정치를 했던 방원이 범이라면, 형과의 약속을 저버리고 어린 조카를 몰아내고 수많은 충신을 죽이며 왕위를 찬탈하여 공신들과 더불어 호의호식하면서 끝내 바른 길을 걷지 못했던 어리석은 수양은 그 자격이 턱없이 부족한 고양이 새끼였다고 할 수 있다. 특히 중들을 너무 가까이하고 궁중에까지 그들을 끌어들여 거기에 의지하는 추태를 보였다. 타고난 왕재였던 방원은 자신도 모르는 사이에 무리의 중심에 서 있었으며 그런 상황에서 보위를 맡아 창업을 완수해야 하는 하늘의 뜻을 피할 수도 없었지만, 설령 부친의 뜻을 따라 보위를 포기하고 근신을 했다 해도 다른 형제 중 한 명이 새로운 왕으로 옹립되면 그 세력은 이방원이란 존재를 살려두지 않으려 했을 것이며, 방원의 아들들도 결코 무사하지는 못했을 것이다. 또한 새 왕조의 창업도 얼마 가지 못하고 난세가 되었을 가능성이 매우 높았다. 그것은 그 당시 공신들이 모두 사병을 소유하여 기르고 있었으며 왕후장상의 씨가 따로 있다고 생각하지 않았기 때문이다. 영명한 방원이 어찌 그 모든 것을 내다보지 못했겠는가. 하지만 양녕은 그런 것들을 전혀 읽어내지 못하고 효도의 기본도 모르는 한낱 왕실 안의 응석받이에 지나지 않았다고 볼 수 있다. 어찌 되었던 이성계 부자의 반목으로 시작해 방원 형제의 골육상쟁과 양녕의 반항과 수양대군의 왕위 찬탈을 거치면서 왕가의 권위가 많이 손상되고, 특히 수양대군에 의해 김종서와 사육신을 비롯하여 수많은 의인지사(義人志士)가 맞아 죽자 뜻있는 선비들이 조정에 등을 돌려 초야에 숨는 등 세상에 인륜과 도덕의 기운이 침체하게 되었다. 그런 상황 속에서 마치 인륜의 북극성처럼 살아계실 때는 물론이고 돌아가신 후에도 오래도록 온 천하 사람들의 앙모를 받던 삼우당(三憂堂)의 높으신 학덕과 인품이 후세 학자들과 만백성의 길잡이가 되어 다시금 의인지사들의 기개가 살아나고 인륜과 도덕이 바로 서게 되었다. 삼우당께서 충의(忠義)와 효행(孝行)과 도학(道学 : 도덕과 학문)과 나라와 백성에게 끼친 공덕(功德)이 모두 하늘에 닿을 만큼 높아서 조선의 역대 왕들이 차례로 그 남기신 공덕과 학덕을 추모하였으며, 각각 그 시대를 대표하던 퇴계 이황, 우암 송시열, 남명 조식, 일두 정여창, 점필재 김종직, 한원당 김굉필, 모재 김안국 등 기라성 같은 후학들이 문집과 시문을 통해 하나같이 입을 모아 그분을 하늘같이 우러러보며 마음속의 큰 스승으로 존숭했다. 삼우당은 한 살 위인 목은, 그리고 8살 아래인 포은과 도의교계(道義交契)를 맺어 친분이 도독한 사이였는데, 절친한 벗이자 당대의 대학자였던 목은까지도 삼우당을 동방이학지조종(東方理学之祖宗)이라 하면서 스스로 몇 걸음 뒤에 서고자 했으며, 후학인 퇴계는 삼우당이 안 계셨더라면 우리나라는 야만(野蠻)을 면치 못했을 것이라 했고, 특히 우암(尤庵)은 삼우당이 안 계셨더라면 우리나라가 추로지행(醜虜之行 : 더러운 오랑캐의 행위)을 면치 못했을 것이라 하면서 이어서 말하길 "전지인(前之人)이 무여문공자(無如文公者)요, 후지인(後之人)이 역무여문공자(亦無如文公者)며, 후지후(後之後)에 역무여문공자(亦無如文公者)."라고 극찬하였다. 무슨 말인가 하면 "앞 시대의 사람들 중 문공 만한 사람이 없었고, 뒷시대의 가서도 역시 문공 만한 사람은 나오지 않을 것이며, 뒷시대의 그 뒷시대에도 역시 문공 만한 분은 결코 나오지 않을 것이다."라는 뜻이다.

삼우당은 서슬이 시퍼런 고려 무신정권 때 정중부나 이의방 같은 실권자들이 모두 스승처럼 모시고 온 나라 백성들이 국부(国父)처럼 존숭했던 충숙공(忠肅公 문극겸)의 10세손으로, 고려 충혜왕 원년인 1331년 2월 8일에 단성현 원당리(지금의 경남 산청군 단성면 사월리)에서 충정공(忠貞公) 문숙선(文叔宣)의 둘째 아들로 태어나셨다. 자(字)는 일신(日新)이고, 호(號)는 사은(思隱) 또는 삼우당(三憂堂)이다. 삼우당의 의미는 걱정되는 것이 세 가지가 있으니 그 하나는 국태민안에 대한 걱정이고, 또 하나는 성학(聖学)이 후세에 전해지지 않고 끊길까 하는 것이고, 나머지 하나는 자신의 도학(道学 : 도덕과 학문)이 바로 서지 못할까 하는 것인데 스스로 지으셨다고 한다. 8세에 학당에 입학하고 12세에 당대의 유명한 유현(儒賢)이신 이곡 선생의 문하에서 수학(修学)하였으며, 21세에 이곡 선생의 아들인 목은(牧隱) 이색(李穡)과 함께 정동향시(征東鄉試)에 급제하고, 30세에 포은(圃隱) 정몽주(鄭夢周)와 함께 신경동당(新京東堂)에 나란히 급제하셨다. 그 후 벼슬이 여러 차례 올라 33세에 좌정언(左正言)이 되어 사신을 보좌하고 원나라에 가셨다가 돌아오실 때 목면종자를 가져와 그때까지 추위에 떨던 백성들에게 무명솜옷을 입게 하고 솜이불을 덮게 했으며, 교역 등을 통해 국부를 증진시킬 수 있는 기틀을 마련하셨다. 39세에 부친상을 당하자 관직을 버리고 3년 상을 위해 시묘(侍墓)를 하셨으며, 공민왕 22년인 43세에 성균관대사성(成均館大司成)에 보임되셨으며 45세에 중현대부좌대언(中顯大夫左代言)과 우문관제학(右文館提学)을 역임하셨으나 46세에 모친상을 당하자 또다시 모든 관직을 버리고 3년 상을 위해 묘 옆 움막에서 기거하며 시묘(侍墓)를 하고도 차마 그 곁을 떠나지 못하고 몇 년간을 더 양친의 묘소를 지키셨다. 58세에 좌사의대부(左司議大夫)를, 60세엔 경연동지사(經筵同知事)를 제수받으셨는데, 62세에 고려가 망하자 조선조(朝鮮朝)의 여러 차례에 걸친 간곡한 부름에도 응하지 않고 두문불출하시다가 70세인 1400년 태어나신 날과 같은 2월 8일에 돌아가시니 그해 5월에 나라에서 예장으로 장례를 치렀다.

그러면 지금부터 무엇 때문에 그처럼 후세에까지 온 세상 사람의 앙모를 받으셨는지 좀 더 자세히 그분의 삶을 들여다보도록 하자. 먼저 충선공(忠宣公) 삼우당(三憂堂)의 충의(忠義)를 살펴보면, 공민왕이 방자스런 기철을 죽이자 이에 그의 여동생인 기황후와 원나라 순조가 대노하여 기황후의 신임이 두터운 간신 최유의 간언을 받아들여 공민왕을 폐위시키고 고려에서 죄를 짓고 망명한 덕흥군(충선왕의 서자)을 고려왕으로 삼고자 하였다. 이를 무마하고자 고려에서 사신단을 파견하게 되었으며(1362년) 당시 33세였던 삼우당께서 서장관(書狀官 : 사신단 서열 3위)의 직책을 맡아 원나라에 가시게 되었는데, 그때 사신단이 거의 모두 기황후에게 설복되어 덕흥군의 편에 섰으나 삼우당께선 이 일을 바로잡으려고 죽음을 무릅쓰고 그 부당함을 간쟁하셨으며, 간원(諫院)에 들어가 위조문서 수십 통을 불태워 버리셨다. 이에 화가 난 최유 등이 삼우당을 덕흥군 편실(偏室)에 42일간이나 감금하고 공명(功名)과 부(富)로써 유혹하고 죽인다고 권세로 협박하였으나 끝내 굽히지 않았다. 이에 황제의 노여움을 사서 당장 사형을 시키려 하였으나 원나라 대신들이 충의를 생명보다 귀하게 여기는 삼우당의 단호한 모습을 보고 입을 모아 충신(忠臣)이라고 칭송하며 원제(元帝)에게 간청하여 사형만은 면하게 되었지만 결국 남황만리 교지국(交趾国 : 지금의 월남)

진정한 유법천지有法天地를 향하여 중

으로 귀양을 가시게 되었다. 그러나 귀양 가신 지 3년 만에 원제도 후회하여 삼우당을 사면하고 소환했는데, 그때 원제를 비롯한 원나라 대신들이 모두 예를 갖추어 존중하는 태도를 보였으며 원제(元帝)의 간절한 청을 못 이겨 원나라에서 예부시랑과 어사대부를 잠시 맡아 하셨으나 부모 봉양을 핑계로 곧 고국이 돌아오셨다. 이때 일부 인사들이 덕흥군에게 붙었다는 의심을 제기하자 사직을 하고 귀향하여 한동안 목화 재배에만 열중하셨다(덕흥군 편에 섰다는 설은 모함이며 그 당시 역모죄는 사형을 면치 못했음). 그 후 목화 재배가 어느 정도 마무리되자 다시 조정에 출사하여 성균관대사성과 우문관제학과 중현대부좌대언을 맡는 등 국가의 여러 중책을 역임하면서 큰일을 많이 하셨다.

여기에서 또 한 가지 밝혀둘 것은, 이성계가 위화도 회군을 한 것은 1388년이었고 이성계와 조준 등이 토지개혁을 시도한 것은 그 다음 해인 1389년이었다. 이것은 명분은 훌륭했으나 사실상 조선 건국의 경제적 기반을 목적으로 한 전면적인 몰수였기 때문에 목은 이색이나 포은 정몽주 등도 이에 반대하는 입장이었고 삼우당께서도 병을 핑계로 회의에 불참하셨던 것이며, 모두가 무시하는 어린 왕(33대 창왕)과 아무 힘도 없는 공양왕(마지막 34대)에게 공손하고 따뜻하게 대한 것뿐인데 조준 등이 아예 설득이 불가능하고 넘을 수 없는 큰 산인 삼우당을 개국할 때 가장 큰 걸림돌로 여겨(그 당시 덕망이 포은 등을 능가했음) 개혁 의지가 없고 아부만 한다는 등의 모함을 해서 파직시켰던 역사적 사실을 지적하지 않을 수 없다(삼우당 역시 적당한 구실을 마련해 스스로 그 혼란한 정국에서 물러나신 것임). 그 후 삼우당(충선공)께선 개국 초에 이성계 부자의 거듭되는 간곡한 요청에도 불구하고 새 왕조인 조선 조정에 출사하지 않고 끝내 두문불출하셨다. 공께선 아마 삼봉과 포은과 이성계와 방원이 네 사람을 모두 다 이해하고 계셨으리라 생각된다.

　다음으로 삼우당의 효행을 살펴보면 삼우당께선 천품이 인후하고 효성스러워서 어릴 때부터 효동(孝童)으로 이름이 높았는데, 살아계시는 동안 변함없이 효성이 지극했으며 당시에 아직 불교가 크게 성하여 유명한 사대부라도 부모의 상을 100일 만에 벗어 버렸음에도 삼우당께선 묘 옆의 자그만 여막에 기거하며 3년상을 두 번씩이나 정성껏 모셨던 분이었다. 특히 46세에 모친상까지 당하여 묘를 지킬 때는 왜적이 침입하여 지나는 곳마다 살인과 약탈과 방화를 일삼아 모두 피난을 갔지만 그들이 무서워서 부모의 상을 중단하고 상중에 떠날 수는 없다고 하시면서 평시와 다름없이 묘전에서 곡(哭)을 하고 계셨다. 그 모습을 본 왜군 장군이 감탄하여 "물해효자勿害孝子 : 효자를 상하게 하지 말라."란 글씨를 손수 써서 서명을 한 후 표지판을 세우게 하여 후침하는 왜적들로 하여금 그곳을 침범치 못하도록 하였는데, 이로 인하여 그 인근의 마을까지 방화와 약탈을 면했다고 한다. 이처럼 돌아가신 후에도 부모의 정을 잊지 못하고 지극한 정성을 다했으니 살아계신 부모를 학대하고 불손하게 대하는 오늘날의 자식들은 모두 불효를 뉘우치고 그분의 높은 효심을 본받아야 할 것이다. 이성계가 동북면 병마 지휘사로 있을 때 삼우당을 위문하여 시묘살이를 하는 여막에 들러 왜적을 섬멸하는 방책에 대해 문의를 한 후 고려 조정에 주청하여 그 마을을 효자리(孝子里)로 명명했으며, 홍무(洪武) 계해년(癸亥年) 삼우당께서 53세 때 아직 생존 중임에도 우왕이 효자비를 하사하여

온 나라의 사대부와 백성이 그 효심을 우러러보게 되었다. 그 무지막지하고 금수와 같은 왜적들도 삼우당 앞에 서자 그 높은 인품에 감화되고 그 지극한 효성에 감동하여 그런 대접을 하였으니 어찌 그것이 범인으로서 가능한 일이겠는가. 자고로 효(孝)는 백행지본(百行之本)이라 했는데 삼우당의 효는 순임금의 대효(大孝)에 못지않은 불세출의 효행이었으니 후세의 모든 인류가 그 숭고한 효심을 본받아야 할 것이다.

다음으로 삼우당의 학행(学行)과 도학(道学)에 대해서 살펴본다면 학행과 도학에 있어서는 워낙 탁월한 자질을 가지셨는데, 당시의 유현이신 이곡 선생의 문하에서 수학하여 그분의 아들인 목은(이색)과 포은(정몽주) 등과 도의 교류를 맺고 정학(正学)을 밝히고 사도(邪道)를 배척하셨다. 우리나라에 성리학을 처음으로 소개하신 분은 문성공(文成公) 안향이지만, 그것을 실제로 우리 조선에 정착시키는 데 가장 큰 역할을 하신 분은 삼우당이시다. 그분께서 여러 학자의 맨 앞에 서서 성균관(成均館)을 창설케 하시고 학당과 향교를 설치할 것을 주장하셨기 때문이다. 당시에 학문이 높은 석유(碩儒)들을 뽑아 관원(官員)들에게 강의를 하게 했는데, 그 당시 대사성(大司成)이었던 목은은 삼우당의 강론을 제유(諸儒)가 따라가지 못함을 보고 칭찬하기를 "문일신(文日新)은 동방이학(東方理学)의 종(宗)"이라고 극찬하면서 스스로 삼우당의 뒤에 서고자 했다. 삼우당께서 시무론8조(時務論八條)를 진상하여 안으로 5부(五部)에 학당을 건설하고 밖으로 주군(州郡)에 향교(鄕校)를 설치할 것과 중국제도를 따르고 호속(胡俗)을 폐지할 것을 강력히 간하여 좋지 못한 풍속을 바꾸셨다. 그래서『고려사』에서 칭찬하기를 "문익점은 목면의 공만 있는 것이 아니라 일찍부터 성심으로 학문에 정진하여 정학(正學)을 밝히고 이단을 물리쳐 사람을 효제(孝悌)와 성리학(性理學)으로 가르치고 삼한(三韓)의 온갖 나쁜 풍습을 바꾸어 천도(天道)를 밝히고 없어졌던 문풍(文風)을 일으켜 세웠으니 가히 동방도학(東方道學)의 종(宗)이 된다."고 하였다. 그래서 세종대왕은 도천서원(道川書院)에 사액(賜額)하였고, 명종(明宗)은 벽계영당(碧溪影堂)에 사액하여 서원으로 승격시켰고, 인조(仁祖) 갑신년에는 해서유현(海西儒賢)들이 삼봉서원(三峰書院)을 건립하여 향사하였다. 그 후 영조 임자년에는 강성서원(江城書院 : 月川祠)에 사액하고 봉향하였으며, 정조 기미년에는 운산서원(雲山書院)에 봉향하였다. 또한 영호남의 유림이 4차례나 문묘종향의 소청을 하였는데, 그것이 받아들여지지 않은 것은 크게 잘못된 처사로써 이해할 수 없는 일이었다. 그것은 아마도 중국에서 오실 때 허락 없이 몰래 목면 종자(목화씨)를 숨겨가지고 오신 것이 군자답지 못하다는 이유 때문인 듯한데, 그것은 그때 그럴 수밖에 없었기 때문이다. 이런 경우를 가리켜 맹자 님께선 "형수가 물에 빠져서 살려달라고 손을 내미는 데 남녀가 유별하다 해서 그 손을 잡아주지 않고 그냥 서 있기만 한다."라고 표현하시면서 잘못된 생각이라고 질타하셨다. 그것은 어디까지나 사욕을 위함이 아니었으며, 온 나라 백성이 겨울에 추위에 떨고 있는데 그 모습을 상상하면서도 그냥 와야만 옳단 말인가? 그 당시 백성들이 입는 옷이라곤 얇은 삼베옷 한 가지뿐이었기 때문에, 목화씨 7개를 나누어 가져온 것뿐이다. 우리는 지금이라도 동방도학(東方道學)의 종(宗)이라고 존숭되셨던 삼우당을 아동방 19현(현재는 18현)의 맨머리에 모시고 문묘종향을 함이 마땅하다고 하겠다. 끝으로 그분께서 나라와 백성들에게 끼친 공덕(功德)에 대해서 말한다면, 그 당시 목화는 중국에서도 보물처럼 여겨서 그 어떤 조건을 내걸어도 목화 씨만은 결코 다른 나라 사람들에게 나누어주지 않았으며, 만약 외국인이 그 씨앗을 몰래 훔쳐 숨겨가지고 가다가 발각되거나 자국인이 남의 나라 사람에게 파는 일이 발각되면 그 누구든 예외 없이 모두 사형(死刑)에 처하도록 국법에 엄하게 정해놓고 관문을 통과할 때마다 몸과 짐을 철저히 검색했기 때문에 목숨을 걸지 않고는 쉽게 결행할 수 없는 일이었다. 만약 그렇게 하지 않았다면 그 좋은 목화가 왜 이웃 나라인 우리나라에 보급이 되지 않고 있었겠는가? 그런데도 삼우당께선 목화씨를 붓 대롱 안에 일곱 개를 숨겨가지고 오셨던 것이다. 이것은 털끝만큼도 사욕이 들어가지 않은 순수하게 백성들을 사랑하는 마음에서 우러난 행동이었으니 어찌 그 뜻이 크지 않다고 하겠는가. 오직 그러한 마음으로 목면종자를 가지고 오시어 장인인 정천익과 함께 그것을 손수 땅에 심고 3년 동안이나 재배·연구를 하셨는데 다행히 원나라 승려인 홍원을 만나게 되어 직조술을 배우게 되었다. 그래서 몇 년 후엔 목화가 온 나라에 퍼지게 하셨는데, 그로 인해 의복과 이불은 물론 실과 밧줄 등 여러 가지 생활용품이 만들어지게 되어 백성들의 삶의 질이 많이 좋아졌고 나라 경제에도 크게 보탬을 주었다. 하지만 정작 자신은 평생을 검소하고 청빈한 생활을 하시면서 다만 가을 수확기가 되어 들녘에 꽃처럼 하얗게 피어있는 목화송이를 바라보며 흐뭇해하시던 분이었다. 혹자는 면직물 덩어리로 보이는 썩은 화석을 분석해본 결과 목화가 이미 삼국시대 때부터 우리 한반도에서 재배되었을 거라는 황당한 주장을 하는데, 고려 말까지 우리 한반도에

한 그루도 남아있지 않았음을 볼 때 이는 수입하여 들여온 면직물의 화석이었다고 추측된다. 독자들께선 이제 "우리 동양에서 말하는 군자(君子)란 바로 이런 분을 두고 이르는 말이구나!" 하고 느끼면서 머릿속에 '군자의 상(象)'이 확실하게 형성되었으리라고 믿는다.

포은(정몽주)은 이성계의 역성혁명을 불의 불충으로 보고 이성계를 응징할 기회를 엿보다가 마침 이성계가 세자(왕석)의 일로 성 밖으로 나가 사냥 중 낙마하여 부근에서 치료 중일 때 군사를 파견하여 척살하려 했는데, 모친상을 당해 시묘살이를 하던 방원이 부친에게 위급한 상황이 닥칠 것을 알고 급히 말을 달려 부친을 모시고 성안 사가로 피함으로써 그 뜻이 좌절되었다. 이 일로 인해 포은은 방원의 미움을 샀으나 그 사람됨을 아껴 마지막으로 「하여가」로 기회를 주었는데 포은이 「단심가」로 대답하자 그만 죽이기로 결심하고 수하 장사들을 시켜 선죽교에서 집으로 가던 포은을 척살한 것이다. 각자가 자신의 소신에 따라 자기 길을 갔으니 그 누구를 칭찬하고 그 누구를 비방할 것인가. 삼봉(정도전)은 『맹자』를 수없이 읽고 맹자 님을 절대적으로 신봉했던 신념이 강한 뛰어난 인물이었다고 생각되는데, 왕권을 누르고 의정부의 재상 중심으로 '왕도정치'의 이상을 펴려는 큰 뜻을 품었으나 범과도 같은 이방원을 꺾지 못하고 결국 그의 손에 죽고 말았다.

이성계는 삼우당을 포은이나 삼봉보다 더 큰 인물로 보았고 또 더 친밀한 사이였기 때문에 수차에 걸쳐 조선 건국에 협조해주기를 간곡히 청했으나 정중히 거절하셨다. 그리고 그냥 조용하게 물러앉아 정쟁에 휩쓸리지 않으셨다. 독자들께선 삼봉과 포은과 삼우당 세 분 중 과연 어느 분이 가장 큰 인물로 생각되는지 곰곰이 한번 생각해보시길 바란다. 훗날 태종 이방원은 삼우당의 학덕(學德)과 공덕(功德)을 추존(追尊)하여 사후(死後)에 가정대부(嘉靖大夫), 의정부참지정사(議政府參知正事)에 추증하고, 갈충보국계운순성좌익택중광리정량공신(竭忠輔国啓運純誠佐翊澤重廣利貞亮功臣)의 칭호를 내리고, 시호를 충선(忠宣)이라 하고 강성군(江城君)에 봉(封)했을 뿐만 아니라 부조묘(不祧廟)를 세우게 하여 후손들과 유림으로 하여금 영원히 제사를 모시게 하였으며, 고려충신지문(高麗忠臣之門)이라 하고 그 자손들까지 보살펴 주도록 지시했으니, 이는 이방원이 단순한 포악무도한 사람이기는커녕 오히려 성인의 글을 깊이 읽어 의인과 군자를 알아보고 또 존중할 줄도 아는 사람이었음을 단적으로 증명해주는 사례라 하겠다. 방원은 젊은 나이에 이미 당대의 대학자이며 대신이었던 원로들과 대좌하여 국정과 학문을 논할 수 있을 정도로 식견이 높고 성숙한 사람이었다. 그래서 그의 주변에는 항상 많은 인재가 모였는데, 예법이 지엄한 그 시대에 그런 방원이 힘도 없는 늙은 부친에게 과도한 무례를 범했을 가능성은 매우 희박하고 노여움과 미움은 오히려 부친인 이성계의 일방적인 감정이었을 가능성이 높다. 자식을 죽이려고 소매 속에 활과 철퇴까지 감춘 아버지였으니까. 수양의 무리라면 불러서 벼슬을 내리는데 거절을 했을 시 자신들을 부정한다 하여 당장 잡아다가 목을 베어 죽였을 것이다. 하지만 방원은 삼우당이 비록 이씨조선 창업에 등을 돌린 인물이었지만 오히려 그것을 마음속으로 높이 평가했으니 이 또한 군자(君子)가 아닌가. 태종 이방원은 자신이 아직 힘이 넘치는 장년일 때 스스로 보위에서 물러나 아들인 세종에게 선정을 베풀 수 있도록 뒤에서 모든 기반을 다져 주었는데, 이처럼 몸이 건강할 때 스스로 제위에서 물러난 제왕은 이조 500년 역사에서는 물론이고 중국과 동서양을 포함한 세계역사 속에서도 그 유례를 찾아보기 힘드니 어찌 방원을 범상한 인물이라 하겠는가. 그래서 삼우당에 대한 그의 배려가 그토록 크고 각별했던 것이다. 이것은 역시 사람만이 사람을 알아보고 영웅만이 영웅을 알아보며 성인만이 성인을 알아본다는 진리가 적용된 것이 아닐까 한다.

태종 이후 세종대왕께선 삼우당을 대광보국숭록대부(大匡補国崇錄大夫), 의정부영의정(議政府領議政)에 추서하고 부민후(富民侯)로 봉하셨으니 이는 왕이 신하에게 내릴 수 있는 최고의 예우를 다한 것이다. 삼우당께선 생사를 초월해서 전 생애를 철저하게 옛 성현의 법도에 따라 행동하셨는데 그렇게 몸소 실천하여 본을 보이는 한편, 중앙에 성균관을 창설하고 주군(州郡)에 향교를 설치하여 그 올바른 기운이 이조 500년 동안이나 전승되고 지금까지도 알게 모르게 우리의 정서 속에 면면이 살아있어 그 힘으로 이 정도라도 사회의 질서가 유지되고, 또 부모에게 효도하고 형제끼리 서로 아끼는 마음이 있어 그 힘으로 박정희 시대의 경제 개발도 성공할 수 있었던 것이다. 성현의 음덕이란 이토록 큰 것인데 사람으로 태어나서 어찌 그 큰 덕을 배우지 않을 수가 있겠는가. 아무리 세상이 변했다고 해도 세상 사람들을 그대로 따라갈 필요가 없는 것이니 세상에 어떻게 돌아가던 또 세상 사람들이 뭐라고 하던 항상 올바른 자신의 소신을 갖고 꿋꿋하게 살아가야 하는 것이다. 강성군(삼우당)께서 그토록 큰 덕을 후세에 남길 수 있었던 것은 타고난 인품도 있지만, 어려서부터 큰 스승 밑에서 전통유학과 성리학을 깊이 공부한 덕택이며 의인지사의 기개가 많이 침체된 시대 상황에서 인륜·도덕을 바로 세우기 위해서는 오직 몸소 실천하여 본을 보이는 길밖에 없다고 생각하신 듯하다. 그래서 지나칠 정도로 철저하게 성현의 법도를 실천해 보인 것이 아닌가 하는 생각을 해본다. 이처럼 훌륭하신 조상을 둔 우리 남평문가(南平文家)의 후손들은 자부심을 갖고 참된 사람의 길을 택하여 살 것이며, 본이 하나뿐인 우리 남평문가들은 단 한 쌍도 동성끼리 결혼하는 우를 범하지 말고, 단 한 사람도 환부역조(아버지와 할아버지를 바꿈. 즉 성본을 바꾸는 짓)하는 대죄를 지어서는 안 될 것이다. 아무리 아버지가 취생몽사하는 보잘것없는 사람이라 하더라도 핑계를 대고 돈 몇 푼에 팔려 가는 모친의 손을 단호하게 뿌리치고 그 아버지를 정성껏 모시는 것이 재혼한 모친을 따라가서 친부와의 의를 끊고 성본을 바꾼 채 호의호식하는 삶보다는 천 배나 나은 삶임을 명심해야 한다. 그리고 남평문가의 성본를 가진 이 땅의 모든 여성은 부덕(婦德)을 다해 가정을 지킬 것이며, 가정불화의 원인을 먼저 자신의 부족함에서 찾아보고 참고 견디면 반드시 좋은 날이 올 것임을 믿고 함부로 이혼을 하지 않기를 바란다. 지성이면 하늘도 감동하고 사람도 바뀌는 법이다. 이 땅에 살고 있는 모든 다른 성본을 가진 사람도 삼우당께서 남기신 충(忠)과 효(孝)와 도학(道學)과 백성을 사랑하신 숭고한 정신을 본받아서 올바른 삶의 길을 걸어야 할 것이다.

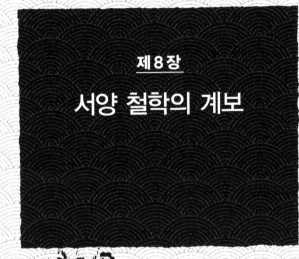

제 8 장

서양 철학의 계보

우리 동양의 윤리는 천리(天理)와 인성(人性)을 합일시켜 인간의 품성과 인격을 지극한 경지에까지 끌어 올리고, 충효(忠孝)와 삼강오륜(三綱五倫)을 근간으로 하는 사람의 도리(道理)와 세상을 경륜하는 방도와 성인의 경지에 이르는 길을 모두 하나의 이치에 묶어 통일성을 갖춘 거대하고 완벽한 학문을 완성했으며 이는 시대를 초월한 불변의 진리임에 비해 서양의 철학 또는 철학자들은 시대의 흐름에 따라 각기 다른 주장을 단면적이고 단편적으로 전개했는데, 그것은 인간 심성의 근본적이고 근원적인 것이 부족하여 거기에 어떤 일관된 통일성이 없어서 종합적으로 집대성할 수가 없으며 또 그럴 만큼의 깊이와 크기를 갖추지도 못했다. 서양 윤리 사상의 연원은 인간 중심의 고대 그리스-로마의 윤리 사상과 신(神) 중심의 크리스트교의 윤리 사상으로 나누어 볼 수 있다. 먼저 고대의 그리스-로마의 윤리 사상은 서양의 모든 인물 중 가장 뛰어난 사람이었던 소크라테스에 의해 주창되었는데, 그는 당시 소피스트들의 천박한 회의주의와 상대주의가 판을 치는 어지러운 난세 속에서도 "모든 인간의 삶에는 보편적이고 절대적으로 실재하는 진리나 지식이 존재한다."고 보았으며, 더 나아가서 그는 그 보편적 진리나 지식을 발견하는 데 그치지 않고 반드시 실천해야 한다는 지행합일설(知行合一說)을 주장하였다. 소크라테스는 "무엇이 올바른지 아는 사람은 그것을 행하려고 하며, 그릇된 행위는 선악이 무엇인지 모르는 무지(無知)에서 비롯되는 것."이라고 하였다. 또 그는 "자신의 무지를 자각하는 것이 덕(德)을 쌓고 선(善)을 실천할 수 있는 기초."가 된다고 했으며 "너 자신을 알라!"고 충고하면서 참된 앎을 통해서 덕을 쌓아갈 때에 사람은 비로소 참 행복을 누릴 수 있다는 지덕복합일설(知德福合一說)을 주장하였다.

서양의 모든 인물 중 두 번째로 뛰어난 인물이라고 할 수 있는 플라톤은 스승인 소크라테스의 윤리 사상을 이어받아 '객관적이고 불변하는 진리'를 추구하였다. 그는 최고의 이데아(어떤 사물의 원형이나 본질, 이념)인 '선(善)의 이데아'를 추구하여 이를 실현해 나가는 것이 참된 삶이라고 하면서, 인간이 타고난 기질을 알고 거기에 알맞은 역할을 잘 수행할 때에 개인의 자아실현이 완성되고 바람직한 정의사회를 이룰 수 있다고 강조하였다. 또 그는 절제와 용기와 지혜가 서로 조화를 이룰 때 정의(政義)의 덕(德)을 이루고 행복한 삶을 이룰 수 있는데 이런 4주덕(四主德 : 절제, 용기, 지혜, 정의)이 사회 속에서 실현될 때에 살기 좋은 사회가 되며, 인격과 지혜를 갖춘 철학자가 나라를 통치할 때 이상 국가가 달성될 수 있다고 주장하였다. 이는 우리 동양에서의 왕도정치 즉 천치주의(天治主義)와 그 맥을 같이하는 사상이다. 플라톤이 말했던 이데아란 눈에 안 보이는 세계인 정신, 영혼(참된 존재) 등의 세계이며 이데아 중 최고의 이데아는 선(善)이고, 인식(참된 진리)이란 이데아를 잘 아는 것이라고 했다. 그리고 최고의 가치(참된 삶)란 그런 이데아와의 합일(合一)이라고 했다. 만약 그런 플라톤에게 우리 동양의 성리학(性理學)을 가르쳤더라면 아마 대단한 성리학자가 되었을 것이다.

플라톤의 제자인 아리스토텔레스도 소크라테스와 플라톤과 마찬가지로 이성적 존재로서의 인간이 어떻게 하면 바람직한 삶을 살 것인가에 대해서 탐구했다. 그는 덕은 진리를 인식하는 지성적인 덕과 정욕을 억제하는 품성적인 덕으로 나눌 수 있는데, 후자는 이성이 정욕을 억제하여 극단적인 행위를 피하고 중용을 취하여 그것이 몸에 밸 때 나타나는 덕이라고 하면서 특히 선(善)의 실천 의지를 강조하였다.

또 그는 사회나 국가에서 도덕 생활의 실천을 통하여 개인의 이성적 자아실현이 가능하다고 역설함으로써 개인윤리와 사회 및 국가 윤리를 서로 결부시키려고 했다.

이들 세 분을 이어받아 기원전 4세기경부터 3세기 초에 스토아학파의 금욕주의 윤리 사상이 생겼는데, 인생의 궁극적인 목적인 최고선(最高善)과 행복은 모든 욕망을 끊어버리고 어떤 것에 의해서도 마음이 움직이지 않는 부동심(不動心)의 경지에 있다고 주장한 것이다. 스토아학파에서는 정념이 없는 마음의 상태를 누리기 위해서는 이성의 힘으로 욕정을 억제하는 생활을 해야 한다고 주장했다. 일체의 만물은 신적인 이성(로고스)에 의해서 지배되고 우리 인간의 본성에도 이러한 로고스가 갖춰져 있으므로 이성에 따르는 삶만이 유일한 선(善)이며, 이와 같은 상태에 도달한 사람만이 유덕하고 현명한 사람이고 정념의 노예가 된 사람은 부덕(不德)한 사람이라고 하였다. 이와 같은 스토아학파의 윤리 사상은 당시 로마의 만민법과 중세 및 근세의 자연법사상에 이론적 기초를 제공하였으며, 범신론(汎神論 : 신은 곧 만유이며 만유는 곧 신이어서 우주밖에 신(神)은 따로 있지 않다는 주장)적 윤리 사상의 형성에도 영향을 끼쳤다. 이상 세 분의 윤리 철학과 그것을 승계한 이 스토아학파의 윤리 사상이야말로 서양 철학 전부이며 그 후의 군소 철학자들의 단편적이고 단면적인 잡다한 논리들은 저급하기 짝이 없는 것들이다. 만약 후세의 서양 철학자들이 이 세 분의 윤리 철학과 스토아학파의 윤리 사상을 집대성하고 더욱 다듬어 발전시켰다면 부족하나마 우리 동양의 윤리 사상에 어느 정도는 맞설 수 있었을 텐데, 불행하게도 서양에선 더 이상 그런 큰 인물이 탄생하지 않았을 뿐만 아니라 오히려 우매하고 사특한 인물들이 나와서 그처럼 훌륭한 사상이 제대로 꽃을 피워보지 못하고 시들어 버리고 말았다. 이런 상황은 결국 서양 윤리 사상의 또 하나의 연원인 로마 가톨릭에 기반을 둔 새로운 윤리 사상의 태동을 불러오는데, 이는 모든 만물의 창조가 하나님에 의해 일주일 만에 이루어졌다고 주장한 아우구스티누스가 플라톤의 이데아 개념을 엉뚱하게도 가톨릭에 원용하여 그럴듯하게 꾸민 교부철학이라는 것과 아리스토텔레스의 이성 개념을 접합하여 토마스 아퀴나스 등이 재치장한 번쇄하기 짝이 없는 스콜라철학을 두고 하는 말이다.

이들의 주장이 무엇인지 설명하자면 절대 선(플라톤이 말했던 선의 이데아)이란 하나님을 믿고 세례를 받아야만 도달할 수 있는 경지이기 때문에 세례를 받지 못한 갓난아이들도 당연히 지옥으로 떨어지는 것이 마땅하다고 주장하는 것이 아우구스티누스의 교부 철학이고, 비록 세례를 받지 못했다 해도 죄 없는 갓난아이들이 죽으면 지옥에 배속시키지 말고 천국만큼 행복하지는 못하지만 자연스러운 행복은 맛볼 수 있는 '저승'이란 곳에서 영원히 살게 해주는 것이 타당하다고 한발 물러선 것이 토마스 아퀴나스의 스콜라 철학이다. 이들은 그들의 세계에선 거의 신적인 존재인데, 필자가 보기엔 두 사람 모두 많이 부족한 사람들이었다. 기독교 사상의 토대를 만든 아우구스티누스는 아주 독선적이고 독단적인 바보이고, 토마스 아퀴나스는 합리적인 것을 표방한 아주 가증스러운 바보였기 때문이다. 아우구스티누스는 그의 저서 『신국론』에서 두 가지 유형의 인간이 있는데 신을 사랑하는 자(믿는 자)와 자기 자신을 더 사랑하는 자(믿지 않는 자)이며, 역사는 신의 택함을 받은 자(믿는 자)와 버림을 받은 자(믿지 않는 자)와의 대립 투쟁으로써 단순한 인과적 사실의 연속이 아니라 하나님(신)이 미리 계획한 목표대로 실현되어가는 과정이라고 주장했다. 말하자면 임진왜란 때 일본이 우리나라를 침공해온 것도 하늘의 뜻(하나님의 계획)이고 6·25사변으로 남북이 동족상잔을 한 것도 신의 계획이란 뜻이다. 이러한 황당한 그의 주장을 맹신하는 어리석은 무리가 신의 뜻이란 기치를 내걸고 십자군 전쟁을 일으켜 백여 년 동안이나 수많은 사람을 죽이고 아집과 독선과 절대 권력을 휘두르며 온갖 못된 짓을 일삼자 교황의 권위가 실추되고 절대적 진리로 인식되던 가톨릭의 그러한 억지스러운 교리도 그 기초가 흔들리게 되었다. 그래서 합리적이고 이성적인 아리스토텔레스의 이론을 교부철학에 결합해 신앙과 이성의 조화를 통해 실추된 교황청의 위상을 회복하고자 한 것이 토마스 아퀴나스로 대표되었던 스콜라철학이었다. 하지만 인간의 철학을 지상의 지혜라고 경시하면서 참다운 교육은 신을 통해서만 가능하다고 주장한 것이나 죽은 뒤에 영원히 살 수 있는 천국과 저 승이란 곳이 있다고 주장한 점 등은 두 사람이 똑같았다.

여기서 잠깐 종교개혁에 관하여 얘기하자면, 루터가 교황이 '면 죄부'를 남발하여 부당하게 돈을 벌어들이는 등의 부패에 맞서 종 교개혁을 주장한 것은 장한 일이나 결국에 가서는 자신의 뒤를 보 아주었던 제후들의 편을 들어 불쌍한 농민들을 몰인정하게 버렸으 며, 그 뒤를 이은 칼뱅 역시 '예정설'을 들고나와 자신의 뒤를 따르 면 천국행이 예정되어 있다고 주장하는 등 이 두 사람 역시 그 세 계에 몸담았던 인물들과 크게 다르지 않았다. 중세 가톨릭 윤리 사상 이후의 서양 윤리 사상의 전개는 우선 르네상스, 즉 문예 부 흥을 통해 신(神) 중심의 윤리 사상에서 벗어나 인간중심의 윤리로 전환하는 계기가 되었는데, 이러한 인간중심의 윤리 사상은 16~17 세기 자연과학의 발달로 더욱 활발하게 전개되었다. 그런 와중에 서도 크리스트교적인 맹신자들이 엄존하고 있었음은 물론이다. 자 연과학에서 주로 사용된 방법론은 크게 두 가지로 구분되는데 그 하나는 사유(思惟)와 지식의 근원을 경험으로 보고 경험적 관찰이 나 실험에서 얻은 지식을 중시하는 이른바 귀납적 방법이고, 다른 하나는 사유(思惟)와 지식의 근원을 이성(理性)으로 보고 사변적(思 辨的) 논리나 추리로 얻은 지식을 중시하는 이른바 연역적 방법인 데 이 두 가지 방법론은 전 학문영역에 적용되어 근대적 사고의 확 립에 이바지하게 되었다. 이와 관련해서 근세 중기(16~17세기)에 영 국의 경험론(經驗論)과 대륙의 합리론(合理論)이 형성되었는데, 전자 는 인간의 경험을 중시하고 후자는 이성(理性)을 중시하였으며, 전 자는 영국의 경험론으로부터 공리주의(功利主義)를 거쳐서 현대의 실용주의(實用主義) 윤리 사상으로 전개되었고, 후자는 대륙의 합리론으로부터 독일의 관념론으로 전개되었다. 근대 후기(18~19세기)에 서양 철학의 두 중심인물이라고 할 수 있는 칸트와 헤겔이 나타났는데, 칸트는 합리론의 독단적인 면과 경험론의 회의적인 면 사이에 서서 진정한 중도를 걸음으로써 양자의 모순과 대립을 종합하고 통일시켜 인간의 내면적인 자유의지와 인격으로부터 우러나오는 자율적인 도덕법칙을 확립하려고 하였으며, 헤겔은 개인의 인격과 자율적 동기를 중요시하는 칸트와는 달리 개인과 국가 성원 전체의 역사적 사회적 현실 속에 드러나 있는 윤리를 밝히려고 애썼다.

그 후 현대(20세기)에 이르러 미국의 철학자들에 의해 주도된 '실용주의 철학'과 유럽의 철학자들에 의해 주도된 '실존 철학'이 현대 철학의 거대한 두 주류를 이루며 수많은 철학자가 각기 독특한 자기의 목소리를 내면서 많은 주장을 하였으나, 혼탁한 이 세상을 바로잡을 만한 위대한 철학자는 몇백 년 동안에 단 한 사람도 없었다. 이처럼 서양의 종교와 윤리 사상은 우리 동양의 체계적이고 심오한 종교와 윤리 사상에 비하면 보잘것없는 것이었지만, 실용적이고 과학적인 사고력에서만은 그들이 우리보다 앞섰기 때문에 산업 면이나 경제적으로는 그들보다 뒤떨어지고 쇠약해져서 정신적으로 우위에 있던 우리 동양의 중화 문화권이 20세기에 들어와 그들 앞에서 제대로 목소리를 내지 못하고 마치 정신 문화적으로도 더 열등한 꼴이 되어서 대부분의 동양 사람들이 잘사는 서양인과 서양 문화를 우러러보게 되었으며, 또 그 누린내 나는 서양인이 감히 우리 동양의 중화 문화권을 미개한 황색 인종이라고 깔보게 되었으니 참으로 기가 막힌 일이 아닐 수 없다. 숭고한 우리 동양의 윤리 사상이 침체의 늪에 빠져 인류에게서 외면받은 채 한 세기가 흐르는 동안에 눈부신 산업발달과 함께 물밀 듯이 밀어닥친 천박한 서양 문화에 휩싸여 위대한 우리 동양의 윤리 사상이 지난 시대의 낡은 유물이 되어 역사의 뒤안길로 사라져 버리고 세상이 이처럼 통째로 병들어 버리고 만 것이다. 그러나 이제라도 맹자 님 같은 대 성인이 나타나 숭고한 우리 동양의 윤리 사상과 동방예의지국으로 이름 높던 우리 민족의 전통문화를 세상에 소개하고 가르친다면 세상 조류는 다시금 점차로 맑아지고 가지런해질 수 있을 것이다.

진리란 시공을 초월해 마치 해와 달처럼 인류의 갈 길을 비춰 주는 대법대도(大法大道)이며, 우리 동양의 윤리 사상이 바로 그런 것이다. 서양 철학에 대해서 기왕 언급하기로 했으니 다시 근세 중기의 경험론과 합리론으로 돌아가 여타 잔챙이 철학자들의 주장을 살펴보도록 하겠다. 경험론은 주관적 경험 또는 감각에다가 근거를 두었기 때문에 지식의 객관적 필연성을 불가능하게 하며 회의적이고 귀납법(구체적 사실로부터 일반적인 명제나 법칙을 이끌어내는 것)을 취하며, 합리론(이성론)은 선천적(先天的)인 지식 체계를 수립하여 생생한 경험을 무시하며 독단적이고 연역법(일반적인 원리로부터 논리의 절차를 밟아서 하나하나의 사실이나 명제를 이끌어 내는 것)을 취하는 것인데 영국 경험론의 대표적 인물로는 베이컨을 들 수가 있다. 그는 관찰과 실험으로 얻은 지식이 유용한 참된 지식이며 이를 통해서 행복한 삶이 실현될 수 있는데, 우리가 이러한 참된 지식을 인식하지 못하는 이유는 인간의 지각(知覺)에 내재하는 선입견(先入見)이나 편견(偏見) 때문이라고 보았으며 이를 타파할 것을 역설했다. 또 그는 이러한 선입견과 편견을 우상(禹鋪)이라고 했으며, 그 우상에는 첫째 개인적인 편견에 의한 동굴의 우상, 둘째 인류라는 종족의 보편적인 선입견에서 유래하는 종족의 우상, 셋째 언어와 사회화에서 나타나는 시장의 우상, 넷째 권위와 전통에 의뢰하려는 극장의 우상이 있다고 했다. 베이컨의 이러한 관점을 이어받은 홉스는 "사회 구성원들은 투쟁의 법칙만이 존재하는 자연 상태에 머물러 있지 말고 공공이익을 달성하기 위해 합의나 계약에 따라 규범을 만들고 이를 지켜야 한다."고 주장했는데, 사회 계약설에 입각한 이와 같은 홉스의 윤리 사상은 계몽 사상가들의 형성에 이바지하고 공리주의와 실용주의 윤리 사상의 형성에도 이론적 토대를 제공하게 되었다. 흄은 "인간이 도덕 문제를 인식하는데 있어서 각 개인이 가지는 감정은 도덕적 판단의 기준이 될 수 있지만 사회적으로 인정을 받아야 한다."고 하면서 이타심(利他心)만이 오직 선한 것이며 인류의 행복을 보장하는 길이라고 주장했다. 그 후 근대 후기에 영국에서는 기술혁신을 통하여 산업혁명이 진행됨에 따라 물질적 풍요를 이루게 되자 자유 방임주의란 핑계로 무절제한 자유경쟁과 개인의 이윤 추구 현상이 두드러지게 나타나게 되었는데, 이를 계기로 나타난 윤리 사상이 공리주의(功利主義 : 자신의 이익을 추구하는 주의, 다시 말해서 쾌락, 행복, 이익 따위를 가치의 기준, 도덕의 기초 또는 인생의 지상목표로 삼은 학설)였다. 모든 사람이 제각기 자기의 행복만을 추구한다면 사회는 혼란 상태에 빠지게 되므로 선한 행위란 가급적 많은 사람에게 쾌락과 행복을 가져다주는 것을 전제로 해야 한다는 것이었다. 그래서 이 공리주의자들의 행위원칙은 '최대 다수의 최대 행복'이었는데 그 대표적인 학자는 벤담과 밀이었다.

벤담은 공리성의 원리에 따라 결과적으로 행복을 증진해준 행동이 올바르며 그러한 행동은 될 수 있으면 여러 사람과 많은 사회 국가에 도움을 주어야 한다고 말했다. 그리고 쾌락은 크게 보아 한 가지 종류밖에 없으므로 질적인 차이는 없고 양적인 차이만 있을 뿐이며, 인간이 도덕적으로 행위를 하기 위해서는 신체적·정치적·도덕적·종교적 제재(制裁)가 필요하다는 점을 강조했다. 밀 역시 벤담처럼 삶의 궁극적인 목표가 쾌락과 행복의 추구라고 보면서도 쾌락의 양만을 중시할 것이 아니라 질적인 차이도 고려해야 한다고 주장하면서 쾌락을 질적으로 높고 고상한 정신적 쾌락과 질적으로 낮고 저급한 육체적이고 관능적인 쾌락으로 구분하였다. 그는 "배부른 돼지가 되기보다는 배고픈 인간이 되겠다."라고 말하면서 감각적인 쾌락보다 내적인 교양이 뒷받침된 정신적 쾌락을 고상한 쾌락이라고 보았다. 그리고 이러한 스스로의 양심에 따른 제재는 자기의 쾌락과 행복만을 추구하지 않고 타인의 행복까지도 실현되기를 원하는 이타심(利他心), 즉 동정(同情)과 인애(仁愛)라는 사회적 감정을 의미하며 이러한 감정을 토대로 하여 공익과 정의를 실현하는 것을 도덕의 본질로 삼았다. 이처럼 벤담이나 밀과 같은 공리주의자들은 어떤 행위의 옳고 그름을 판단할 때 행위자의 동기나 의도보다는 그 결과를 먼저 고려하는 목적론적 윤리설에 입각한 측면이 있었다. 이러한 경험론과 공리주의의 전통을 계승하여 일상생활에서 유용성을 중시한 현대 윤리 사상이 미국에서 듀이를 중심으로 전개된 실용주의였다.

한편 이성을 중시했던 대륙의 합리론은 데카르트에 의해서 시작되었는데, 그는 감각적 경험을 통해서 얻은 지식은 개인에 따라서 달라질 수 있으며 그것은 단편적이고 우연한 지식이므로 사유를 통해서 완전하고도 확실한 지식을 추구하려고 하였다. 그래서 그는 철학적 사유를 통해서 진리를 인식한다고 보고 확실하고 자명한 진리를 연역해내기 위해서는 절대로 의심할 수 없는 기본명제를 그 출발점으로 삼아야 한다고 보았다. 그리하여 그는 "나는 생각한다. 그러므로 나는 존재한다."라는 명석하고도 분명한 진리를 제시하면서 이것을 제1의 원리로 삼아 여기서부터 출발하여 모든 보편적 진리를 연역하려고 하였다. 즉 데카르트는 인간의 생각하는 능력인 이성을 크게 믿고 이 이성적 진리관을 토대로 하여 인간이 인간다운 까닭은 참과 거짓을 분별해 낼 줄 아는 이성을 지녔기 때문이라는 합리론적 윤리 사상을 제시하였다. 그러나 신체적 자극으로 생겨난 정념(情念)이 이와 같은 이성의 활동을 방해하게 되면 참과 거짓을 분별하기 어렵고 도덕적 잘못을 범하게 된다고 하면서 인간의 덕이 바로 이러한 정념을 지배하는 데에서 생겨나므로 강한 의지가 요청된다고 하였으며 이처럼 가장 고매한 정신은 정당하고 충분하게 자기 자신을 존중하는 의지와 실천력이라고 하였다. 스피노자는 데카르트의 이러한 정신을 더욱 철저하게 이어받아 이성에 대하여 절대적인 믿음을 가졌는데 그는 이른바 '해탈의 윤리 사상'을 전개하였다. 즉 가장 값진 삶은 지성이나 이성을 최대로 완성하는 일이며 이것이 바로 행복이고, 이런 행복이란 자연에 대한 참된 의식에서 우러나오는 마음의 평화라고 보았다. 여기서 말하는 자연은 신이나 정신 혹은 존재하는 모든 것을 의미하며, 부귀나 명예 혹은 쾌락이나 권력은 우리의 인생을 좀 더 편리하게 하려는 수단으로서 가치가 있을 뿐이고 자연의 모든 사물이 이성과 감성의 협력으로 엄격히 결정되어 있다는 것을 파악할 수 있게 될 때 비로소 진정으로 행복해질 수 있다고 주장하였다.

이렇게 될 때 온갖 정념의 속박으로부터 벗어나서 자유와 기쁨을 누리게 된다고 하였다. 근대 후기(18~19세기)에 서양 철학의 두 중심인물이라고 할 수 있는 칸트(1724~1804)와 헤겔(1770~1831)이 등장한다. 칸트 철학의 시발점은 데카르트적인 이성 지상주의에 대한 비판에 있었는데, 그는 합리론의 독단적인 면과 경험론의 회의적인 면과의 사이에 서서 '진정한 중도'를 걸음으로써 양자의 모순과 대립을 종합하고 통일시켰다. 또한 그는 인간의 내면적인 자유의지와 인격으로부터 우러나오는 자율적인 도덕법칙을 확립하려고 하였다. 즉 인간 역시 다른 동물처럼 욕구 때문에 지배를 받게 되니 자유의지를 가지고 자신의 행동에 책임을 져야 하는 이중적 존재라고 규정하면서 인간은 자신의 내면에 가지고 있는 도덕률에 따를 때에 비로소 인간다운 존재가 될 수 있다고 주장하였다. 그리고 도덕적으로 올바른 행동은 의무의식에서 나와야 하며 이것을 '실천 이성'이라고 하면서 이러한 실천 이성은 우리가 자신에게 부과하는 명령이며, 도덕적 행동은 실천 이성의 명령에 따르는 것이라고 강조하였다. 칸트가 제시한 도덕법칙은 "그대의 의지 준칙이 언제나 보편적 입법의 원리가 되도록 하라."와 "인격을 수단으로 사용하지 말고 그 자체를 목적으로 사용하라."라고 한 정언명령(定言命令)에 잘 나타나 있는데, 인간이면 누구나 조건 없이 따라야 할 당위법칙(當爲法則 : 마땅히 행해야 할 도리)이었던 것이다. 또 칸트는 개인의 인격을 존중하는 인격주의 윤리설을 중심으로 이상적인 사회인 '목적의 왕국'을 건설하고자 하였는데 그 목적의 왕국이란 각 개인이 자유롭고 평등한 목적의 주체로서 조화롭게 공존하는 사회치계를 의미했다.

헤겔은 개인의 인격과 자율적 동기를 중요시하는 칸트와는 달리 개인과 국가 성원 전체의 역사적 사회적 현실 속에 드러나 있는 윤리를 밝히려고 했는데, 개인의 자유와 사회의 자유가 함께 실현되려면 공동체가 필요하다고 보았으며 이러한 공동체는 절대정신이 정립(定立), 반정립(反定立), 종합(綜合)되는 변증법 지양(止揚 : 지금 것을 버리고 더 높은 단계로 발전시키는 것)의 원리에 의하여 가족으로부터 시작해서 시민 사회로 발전하여 국가에 의하여 완성된다고 보았다. 또한 국가는 가족이나 시민 사회에서 발생하는 여러 가지 모순이나 대립을 극복하는 최고의 존재이며, 여기에서 비로소 개인이나 국가 구성원 전체의 역사적·사회적인 현실 속에서 드러나는 객관주의적 윤리가 실현된다고 했다. 따라서 헤겔은 국가나 개인의 자유와 권리를 보장해야만 개인은 국가 구성원으로서 진실로 존재하게 된다고 주장하였다. 헤겔은 이처럼 역사 문제를 가장 중요시했는데, 그는 "세계사란 자유의 의식에 대한 진보다."라고 말했으며 모든 발전 과정은 정(正), 반(反), 합(合)이라는 논리적 형식으로 나타나거니와 모든 것은 그 자신 속에 모순(矛盾)을 내포하고 있으며 그 모순은 또한 발전의 추진력이 되는 동시에 현실의 본질이기도 한데 이상과 같은 변증법은 발전하는 형식이며 동시에 인식형식이라 할 수 있으며, 이러한 변증법을 통해서만 "이성적인 것은 현실적이고 현실적인 것은 이성적이다."라고 한 그의 말도 이해할 수 있을 것이다. 다음엔 현대 철학사조(現代 哲學思潮)에 대해서 살펴보고자 한다. 여기에서 현대 철학이라고 함은 20세기에 들어선 후의 철학을 말한다. 이러한 현대 철학의 배경이 되는 것은 물론 19세기 후반의 철학인데, 보통 19세기 후반의 철학을 헤겔 철학의 붕괴를 의미하는 '반형이상학적철학(反形而上學的哲學)'이라고 한다. 이것은 경험적 사실에 비추어서 검증되지 않는 것은 모두 지식으로 인정하지 않는 입장으로서 19세기 후반의 유럽 사상 대부분에게 어울리는 이름이라고 할 것이다.

그런데 오늘날의 현대 철학은 다시 이러한 '실증주의적 철학의 극복'에서부터 출발한 것이라고 볼 수 있는데, 그 대표적인 학파는 '실용주의'와 '실존 철학' 외에도 '신 칸트학파', '현상학파', '생(生)의 철학', '분석 철학'이 있고 '마르크시즘'과 '생명존중 사상' 등도 있다. '신(新) 칸트학파'가 생겨난 것은 칸트와 헤겔 철학의 붕괴가 한때는 철학 그 자체의 붕괴를 가져온 듯한 느낌마저 들었을 정도였기 때문에 그러한 유럽 철학의 위기를 극복하려는 역사적인 의의를 지니고 있다고 볼 수 있으며 그들은 강력하게 "칸트에게로 돌아가라."고 외쳤다. '현상학'이란 철학의 사변적(思辨的) 구성을 완강히 반대하고 "사실 그 자체"라는 신조를 드높이 들고서 출발했는데, 선험적 순수의식(先驗的 純粹意識)의 영역을 '순수 직관' 혹은 '본질 직관'에 의해서 파악한 것이다. 이러한 현상학에는 신 칸트학파의 인식론적 경향과는 다른 존재론적 경향을 지니고 있다고 하겠으나 '엄밀 과학으로서의 철학'을 주장하는 면에서는 신 칸트학파와 통하는 과학주의적인 것이 있었다. '생의 철학'이란 계몽철학(啓蒙哲學)의 주지주의(主知主義)와 헤겔의 이성주의적 관점을 비판하고 비합리적인 것과 그에 대한 의지에 주목한 사상인데, 쇼펜하우어는 세계의 본질은 비합리적인 의지이며 이 의지는 생의 맹목적인 의지이므로 생은

고(苦)라고 말하면서 이러한 고통을 벗어나려면 철저한 금욕생활을 해야 한다고 주장하였다. 또한 합리주의와 주지주의 사상은 정신적인 면에서 지나치게 사변적(思辨的 : 깊이 생각하여 시비를 가리고 사리를 분별함)인 것이어서 차츰 인간의 심정을 경화(硬化)시켜 왔으며, 물질적인 면에서도 고도로 성장해가는 기계화와 기술 문명이 인간 생명의 고동(鼓動) 소리를 압살해가는 듯한 느낌을 준다면서 그러한 생의 경화(硬化)에서 벗어나 생생하게 살아있는 생 자체를 파악하려는 철학을 말하는 것이다.

좀 더 설명하자면 '생의 철학'은 헤겔을 정점으로 하는 사변적이고 추상적인 독일 관념론의 이성주의(理性主義)에 대한 비판 내지 반항에서 비롯되었지만 그 후 그것은 실증주의와 신 칸트학파의 과학주의적인 입장에도 혁신의 바람을 불어넣는 비합리적이고 충동적인 살아있는 생을 중요시한 사상이었다. 즉 인간은 어떤 대상을 지적으로 파악하는 포상이 기초가 되어있으나 그 위에 어떤 목적을 설정하는 의욕(意欲)이 있으며 또 감정을 지니고 있다고 하였다. 그것이 단순히 개인적인 생(生)만을 뜻하는 것이 아니라 '역사'를 통하여 존재하고 사회적 연관성을 지닌 것이라 하여 그것을 "시간적 전체로 본 생(生), 환경적 전체로 본 생(生)."이라고 표현한 학자도 있었다. '생의 철학'의 또 한 가지 특징은 '생의 자기 초월'인데, 이는 "자기를 초극한 인간은 자유다."라고 한 말과 상통하는 생각이다. 그리고 '생의 철학'의 특징을 '시간성'에 둔 학자도 있었는데, 그 시간성이란 일반의 통속적인 시간 개념이 아닌 내면세계에서 부단히 생성하고 변화하는 자유의 세계라 하면서 이때의 의식을 '순수 지속'이라고 표현했는데 이것이 바로 세계의 내적 본질이며 거기에 '생명의 약동'이 있다고 하였다. 그리고 이처럼 지속적이고 부단한 '생명의 약동' 같은 것은 보통 말하는 지성으로서는 파악할 수가 없고 오직 직관에 의해서만 파악할 수 있다고 했다. 지적 사유가 생을 마구 분석하는 것이라 한다면 그가 말하는 직관은 살아있는 생 그 자체를 그대로 파악하는 것이라고 주장했다. 이상에서 생(生)의 철학자들이 언급했던 주장들을 요약해보면, '생의 철학'은 첫째 기계주의적인 것에 대하여 '생명주의'적인 면을 강조하였고, 둘째 이성주의적인 것에 대하여 '직관주의'적인 면을 중시하였으며, 셋째 자연주의적이 면에 대하여 '역사주의'적인 면을 선택하였다.

다음으로 실존 철학(實存 哲學)은 오늘날 미국에서 발달한 실용주의 철학과 함께 현대 철학의 양대 주류를 이루고 있는데, 이는 주로 유럽 철학으로 자리 잡은 것이며, 이 역시 생의 철학과 마찬가지로 비합리주의적인 경향을 띠고 있으나 개인적이고 현실적이며 결코 상대화할 수 없는 인간의 실존 문제를 중시하였다. 이러한 실존 철학이 형성된 배경은 첫째 추상적인 합리주의(지성주의)에 대한 반항에서 출발했으며, 둘째 날로 팽배해가는 기계문명(과학 문명, 물질 문명)으로 인한 자본주의적 대량생산과 날로 거대하게 조직화하는 사회기구 변화와 함께 인간 또한 급속도로 대중화·평준화·도구화·전문화·부속품화 되어가면서 주체적 자유가 마구 상실되어 가는 속에서 싹트게 된 것이고, 셋째 두 차례에 걸친 처참한 세계대전으로 인해 인류에게 빈곤과 파괴와 희생과 폐허와 절망과 허무를 안겨주었는데, 이러한 상황에서 단순한 논리와 사고는 너무나 무력한 것이었기 때문이다. 즉 이상의 세 가지 배경을 지닌 상황에서 그것에 반항 내지 극복해 보려는 안타까운 몸부림 속에서 실존 철학이 싹텄던 것인데, 그러한 사회에서 나타난 비인간화 현상과 전쟁 등으로 인한 불안을 해소하기 위해서 각 개인의 주체성 회복을 강조하였다. 실존주의의 선구자인 키에르케고르는 "전체성이 진리다."라고 한 헤겔에게 반기를 들고 "주체성이 진리다."라고 주장하면서 불안과 죽음의 문제를 극복하여 참된 실존을 회복하기 위해서는 '신 앞에 선 단독자'로서 인간의 주체적 결단을 강조하였다.

　하이데거는 인간은 '세계에 던져진 현 존재'로서 자기를 개인적 주체로 발견하며, 다른 사람과의 관계에서 공동존재로서 자기를 발견하고 자기의 존재를 실현해 나간다고 생각하였으며, 또 시간의 흐름 속에서 언젠가는 죽음에 이르게 된다는 것을 직시함으로써 비로소 본래의 실존을 찾을 수 있다고 했다. 또 그는 현대를 '위기'라고 표현하면서 그 위기는 '존재 망각'에 있는 것이며 "인간은 이제 그 고향을 상실하고 있다."고 탄식했다. 우리가 실존 철학에서 특히 주목할 만한 부분은 바로 니체가 "신은 죽었다."라고 선언하면서 초인(超人)의 탄생을 부르짖는 대목이다. 그는 "이 세상에는 그대 이외에는 누구도 걸을 수 없는 길이 단 하나 있다."고 말하였는데, 니체의 실존은 이와 같은 극한 상황에 서 있는 실존이며, 그래서 부단히 그러한 상황을 넘어서 가는 자기초월적 존재였다. 이것이 바로 무신론적 실존 철학의 일면이며 '극한자(極限者)'의 철학'이었던 것이다. 이러한 극한자로서의 인간은 영원회귀의 세계에 대한 허무를 견뎌내기 위해서 새로운 가치를 창조하여 부단히 현재로부터 고양(高揚)해 나가야 한다고 했다. 이것이 그가 말하는 초인의 모습이며 이러한 초인(超人)은 신(神)과 무(無)를 초극하는 인간상이며, 긍정적이고 창조적인 인간상인 동시에 '인간이 어떻게 본래적으로 되는가?' 하는 주체적 입장에 서서 운명을 사랑하는 무신적(無神的) 실존(實存)의 모습이었다. 현대의 인간군은 대중 속에 묻혀 거의 유행과 모방 속에 비본래적인 인간 존재가 되어 부유하고 있는데, 니체는 이러한 본래적 자기를 상실한 인간들을 '시장의 파리 떼'로 비유하여 비웃었다. 유럽의 위기, 인간의 위기의 근거를 기독교로 보았던 그는 그리스적인 것에 근거를 두고 기독교의 비판과 극복을 그의 철학 최대 과제로 두면서 기독교의 인간관은 인간을 신과 동물의 사이를 잇는 중간적 존재로 보았는데, 바로 이것이 인간을 수평화·왜소화(矮小化)하는 것이라 하면서 "신은 죽었다."라고 선언을 했다. 아리스토텔레스 이후 칸트와 헤겔을 능가하는 최고의 철학자였다고 할 수 있다.

또 한 사람의 실존주의 철학자로 노벨상을 거부하기도 하고 철저한 무신론자이며 행동주의자였던 J.P Sartre의 사상을 돌아보지 않을 수 없는데, 그의 제1 명제는 "실존은 본질에 앞선다."는 것이었다. 여기에는 신의 존재를 완전히 부정하는 요소가 내포되어 있는데, 그는 "인간은 인간 저 스스로가 만든 것 이외의 아무것도 아니다."라고 했다. 따라서 "모든 행위의 마지막 결단을 내리는 것은 언제나 자기 자신뿐이며, 절대적으로 일회적인 이 삶은 그래서 외롭지만 또한 자유로운 존재이기도 하다."라고 했다. 그리고 이 자유는 그야말로 운명 지어진 자유이며, 그 자유의 무시무시한 형벌로 인간은 늘 불안하고 고독하며 그 고독과 불안은 바로 이 자유 속에 있고 자유는 행동에 의해서만 실현되며 인간은 단지 자기를 실현한 바에 따라 그것에 응해서만 실존한다고 주장했다. 이처럼 인간은 그 자신을 그 행동에 의해서 만들어 나아가는 것이고, 이 행동이야말로 그 인간을 살리는 유일한 길이며 그 행동의 방향은 스스로 선택해야 한다고 했다. 그에 있어서 자기를 선택한다는 의식은 동시에 자기가 자기 및 전 인류를 선택하는 입법자라는 의식이었으며, 그는 그 행동과 선택의 책임을 강조했는데 "모든 사람은 모든 사람에 대해서 그리고 모든 일에 대해서 책임을 지고 있다."고까지 말하였다. 다시 되풀이될 수도 없고 비교할 수도 없는 절대적인 생(生)에는 책임이 수반되는 것이며, 인간의 운명은 인간 자신의 수중에 있기에 "내가 내게 책임을 지고 동시에 전 인류에 대해서도 책임을 져야 한다."고 역설했다. 그리고 그는 참여를 부르짖기도 하고 인간해방 운동과 인간혁명을 부르짖었으며, 순수한 인간에다 모든 것을 두었기 때문에 부르주아 비판도 서슴지 않았고 동시에 프롤레타리아 비판도 제기하였다. 그는 또 자기 생각을 말하는 것(글 쓰는 것)도 하나의 참여방식이며 행동하는 것이라고 보았다.

실존주의 철학자로 또 한 사람이 더 있으니 바로 현대의 20세기를 '부서진 세계'라고 묘사한 Marcel이다. 그는 자기 작품 「부서진 세계」에서 주인공을 통해 "당신은 우리가 부서진 세계에서 사는 것처럼 느낀 적이 없습니까? 부서진 시계처럼 부서진 세계 말이오…. 인간의 세계는 예전에는 심장을 지니고 있었지만 그 심장의 고동소리가 이제 멈추어 버렸군요." 하고 묘사했는데, 그는 이렇게 20세기를 '병든 세계', '망가진 세계'로 만든 것은 현대의 기계화·대중화에 따른 비인간화 현상 때문이라고 했다. 그는 또 이러한 부서진 세계를 '소유의 세계'라고 표현하였다. 이 소유의 세계는 자기소외(自己疏外)에 들어가는 세계이며, 그것은 또 항시 여러 가지 문제가 일어나고 있는 '문제의 세계'라고도 했다. 이러한 문제의 세계에는 자타(自他)의 대립이 있고 주객(主客)의 대립이 있으며 끝없는 다툼과 불안과 절망이 얽혀 있는 긴장의 세계라 했으며, 이 세계에서는 모든 것이 객체화(客體化)되고 사물화(事物化)되며 수단화되고 마침내는 자기 자신마저 도구화한다고 주장했다. 이러한 소유의 세계가 과학적인 것이라고 한다면 그가 주장하는 존재의 세계는 철학적이고 종교적인 세계인데, 그것은 주체적이고 실존적인 신비의 세계이며 그에게 있어 '인간은 무엇인가?' 하는 물음은 바로 '나는 무엇인가?' 하는 문제로 보았다. 그래서 그는 이러한 자기 철학의 원천을 자기 자신의 내적 체험에서 구하며, 거기에서 '자기'를 물음으로써 '존재론적 신비'에 다가서려고 했다. Marcel에게 있어서 신(神)은 그저 '존재의 신비'라고만 말할 수 있는 신으로서, 인간의 의식 속에 형성된 고정된 신(기독교적 신)을 부정하는 숨어있는 존재이며 이 숨은 신(진리)'을 찾아가는데 희망과 희열이 있다고 주장했다. 이러한 '존재의 신'에 이르는 길은 성실과 사랑의 길이며 그 성실을 통해서 영원성을 인정하는 자만이 진정한 희망을 지닐 수 있다는 그의 실존은 성실과 사랑과 희망으로서 신 앞에 서는 인간적·종교적 실존이었다. 그리하여 그는 '부서진 세계'인 현대를 구하려면 고독에서 참여를, 고민에서 믿음을, 절망에서 희망으로 나갈 때 이루어지는 것이라고 하였으며, 그래서 그의 철학을 '희망의 철학', '사람의 철학'이라고 했다.

실용주의(Pragmatism)에 대해서는 앞에서 잠깐 언급했듯이 주로 미국의 철학자들에 의해서 주장되어 미국의 대표적 철학으로 자리를 잡은 현대 철학의 커다란 주류라고 할 수 있다. 실용주의 역시 하나의 반주지주의적(反主知主義的)인 '생의 철학'과 연관

성을 지닌 철학인데 넓은 의미에서의 '생의 철학'이라 볼 수 있으며 미국의 국민성에도 적지 않은 영향을 끼쳤다. 실용주의의 직접적인 어원인 Pragmatisch(실용적)이란 말은 'KABT 연구'를 하던 C.S Peirce가 칸트의 저서에서 발견하고 힌트를 얻은 것인데, 칸트에게 Praktisch(실천적)한 것이 매우 중요시되었던 것에 반하여, 그는 칸트에게 좀 낮은 것으로 취급되었던 Pragmatisch(실용적)한 것을 오히려 더욱 중요하다고 여기고 그 말을 택하여 이름 붙였는데 W.James의 저서 『Pragmatism』이 세상에 나옴으로써 그 Pragmatism(실용주의)이란 말은 일약 세계적인 이름으로 유명해졌고, 그 후 J.Dewey에 의해서 확고부동한 오늘날의 미국 철학으로 심화하였던 것이다. 실용주의 창시자인 Peirce는 "사고(思考)의 의의는 확신을 얻는데 있는 것."이라고 했는데, 여기서 말하는 확신이란 어떤 상황에서 어떤 방식으로 행동해야 할 것인가를 지시(指示)해 주는 것, 즉 "행동의 준칙이며 마음의 습관."이라고 하였다. 그리고 우리가 가지고 있는 관념 혹은 개념의 의미라고 하는 것은 바로 이와 같은 확신의 내용이라고 주장하였다. 즉 어떤 대상이 우리에게 주어질 때 그것에 대해서 우리가 어떤 행동을 하게 되는가, 그리고 그 결과는 어떻게 성립하는 하는 것이 바로 '관념의 논리적 의미 내용'이라 하였으며 우리에게 대상이 주어지는 것은 감각을 통해서라고 보며, 우리의 행동의 결과도 감각적으로 경험되는 것만이 '관념의 내용'이 될 수 있다고 했다. 이상과 같은 Peirce의 '의미론'은 한마디로 말해서 모든 것을 '실험'의 문제로서 생각하려는데 있었던 것이며, 이때 그 실험이란 일정한 의도 아래 어떤 대상에 조작을 가해서 거기에서 나타나는 긍정적인 혹은 부정적인 결과를 관찰하는 것이며 이것에 의해서 그 대상의 성질이 정해진다고 봤다.

이처럼 '실험실의 사고법'을 일반화하려는 것이 그의 이론이며, 그는 "모든 명제의 합리적인 의미는 미래에 있는 것이다."라고 말하면서 우리가 어떤 명제(命題)를 믿음으로써 행동방식을 통어하고 그 결과를 기대하거니와 "일정한 확신과 기대를 우리가 지닌다는 것, 바로 그것이 그 명제가 진리다." 하는 것을 말하는 것이라고 했다. James는 '유용성의 진리론'을 주장했는데, Peirce의 '의미론'과 James의 '진리론'을 별개의 것처럼 취급하는 학자들도 있으나 거기에는 공통적인 것이 있으니 Peirce에 의해 실험실에서 태어난 실용주의가 드디어 James에 의해 일상적이고 경험적인 영역에 이식되어 뿌리를 내린 셈이다. James는 어떤 관념이 진리라 함은 바로 그 관념에 따라 우리가 행동하였을 때 실제적인 경험으로서 어떤 결과가 얻어질 것인가 하는 점에 있다고 했다. 그래서 그에 의하면 진리란 어떤 일정한 관념의 불변하는 성질로서 어딘가에 이미 완성된 것이 아니고 바로 우리의 관념에서 일어나는 것이며, 모든 관념은 행동으로 검증되지 못하는 한 무의미하고 공허하다고 주장했다. 그리고 그 관념에 의해서 경험이 곧잘 이끌어갈 때 즉 그 관념이 유용할 때 그것을 진리라고 했으며, "진리이기 때문에 유용하고 그것은 유용하기 때문에 진리."라고 하였다. 그는 또 '만들어 가는 눈사람'으로 진리를 비유하기도 하면서 그것은 새로운 경험에 부닥칠 때 과거의 것이 수정되고 점차 성장하는 것으로 보았으며 "우리에게 구체적인 진리라는 것은 항시 우리의 경험을 가장 유리하게 결합하는 것과 같은 사고방식일 것이다."라고 주장했다. John Dewey의 실용주의는 도구주의(道具主義)라는 말로 요약되는데, 그는 "어떤 관념이 진(眞)인가 위(僞)인가 하는 것이 결정되는 것은 그 관념이 구체적인 상황 속에서 사용되어 그것이 예고되고 달성하고자 하는 결과가 과연 이루어졌는가 어떤가에 의해서."라고 말했다. 다시 말해 주어진 상황을 계획적으로 변화시키려고 하는 행동의 '도구'로써 유효하다는 것 이것만이 진리의 조건이라고 했는데, 논리적인 Peirce나 심리적인 James와는 달리 Dewey의 주장은 인간의 사고(思考)와 행동을 수반하는 '생물학적'인 것이 있다고 할 수 있다. 그는 말하기를 우리의 모든 사고 활동이란 모두 하나의 탐구(探究)이며, 그것은 우리 생활상의 곤란에서 비롯되는 것이고 그때 필요한 것이 우리가 어떤 상황에 있는가 하는 것에 대한 관찰이며 이 관찰은 항시 추측과 예상을 수반한다고 했다. 그 관찰된 사실과 예상된 관념이 서로 작용함으로써 대결해야 할 문제 상황이 분명해지며 그것을 개조하기 위해 어떻게 행동할 것인가에 관해서 준비할 수 있게 되며, 이처럼 그 상황을 지적으로 재구성하는 것이 바로 우리의 사고(思考)라고 했다. 그리고 우리의 모든 지식, 관념, 이론 체계는 그것에 의해서 우리가 사물을 다루기 위한 '도구'라고 했으며, 그것은 첫째 환경 지배를 위한 도구이고, 둘째 생활 개선을 위한 도구라고 했는데 그 도구의 가치는 그 자체에 있는 것이 아니라 그것이 작용하는 효력, 즉 사용된 결과에서 나타나는 '유효성'에 있는 것이라고 보았다. 이것이 이른바 그의 '도구주의'이며 또한 그것은 관찰에서 가설을 내세우고 그 가설을 실험에 의해서 확인하고 개량(改良)하여 간다고 하는 과학적 인식의 진행 방식을 일반화하는 데서 Dewey의 이 학설은 '실험주의'라고도 한다. 이같이 실용주의는 미래의 창조에다 목표를 둔 결과주의이며 개선주의이고 실행주의이며 행동주의적 철학이었기 때문에 그 영향으로 미국이 발전하는데 크게 이바지를 했다고 볼 수도 있지만 정신적이고 윤리적인 측면에서 본다면 바람직한 기준을 전혀 제시해 주지 못했음을 알 수가 있다.

'분석 철학'이란 기호 및 언어를 분석하는 것을 말함이며, '생명존중 사상'이란 환경을 잘 보존하고 모든 생명을 존중하자는 사상인데, 현재의 생명 윤리학이나 환경 윤리학의 이론적 토대를 제공했다. 그리고 19세기 말의 실증주의적 경향의 물결 속에서 태어나 오늘날 세계 일각의 한 사상을 지배하고 있는 'Marxism'은 윤리 사상이라기보다는 하나의 사회·정치사상이었는데, 이를 체계화시킨 사람이 바로 K.Marx였다. Marx는 독일의 인간학적 유물론의 영향을 받았고 거기에 프랑스의 사회주의 정치사상과 영국의 고전 경제학을 가미하여 공산주의 사상을 확립했는데, 여기에 헤겔의 변증법이 이용되었다. 그는 "인간은 노동을 통해서 보람이나 기쁨을 얻게 되고 자아를 실현해 갈 수 있다."고 주장했는데, 자본주의 제도의 모순으로 인하여 인간이 소외되고 비참한 삶을 살아가게 되었다고 비판하였다. 이러한 문제는 노동력 착취에서 나타나기 때문에 혁명을 통해서 자본주의 사회를 근본적으로 변혁하고 사회주의를 건설해야만 인간답게 살아갈 수 있다고 보았다. 젊은 시절의 Marx는 인간의 자기소외 문제를 극복하려는 순수한 사상에 불타고 있었기 때문에 현실적인 휴머니즘의 이름을 내걸었지만, 공산당 선언 후에는 폭력적인 프롤레타리아 독재를 부르짖으며 획일적인 비인간화의 모습을 보이고 말았다. 거기에는 '젊은 Marx'가 한때 주장했던 휴머니즘은 온데간데없고 오직 '목적을 위한 테러 행위와 합법적인 공포정치'만이 자행(恣行)되었던 것이다. 그 어떤 좋은 이념이나 체제라도 그것이 사심 없이 성심껏 이행되지 않고 악용되면 이처럼 되는 것이다. 하지만 혁명이 어찌 한 방울의 피도 흘리지 않고 완수될 수가 있겠는가. 오직 하늘의 뜻에 따라 최선의 길을 따르는 것이 사람의 도리라 할 것이다.

지금까지 서양 철학의 모든 것을 초보자들도 한 번만 읽으면 이해가 가도록 쉽게 풀어서 써 보았는데, 비록 체계적이고 심오한 동양의 성학(聖學)에는 턱없이 작아 보이지만 그래도 나름대로 유익한 부분이 있으므로 이렇듯 시간을 내어 지면을 할애한 것이다.

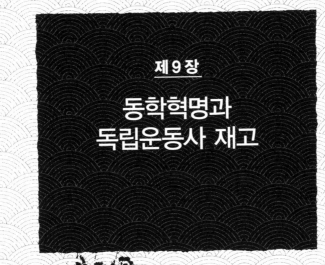

제 9 장

동학혁명과
독립운동사 재고

　모두가 다 잘 알고 있다고 믿는 갑오동학혁명과 일제에 대한 독립운동에 대해서 다시 한번 뒤돌아보고자 하는 것은, 우리의 뿌리 깊은 민족의식과 민본주의 정신이 배어있는 이 두 가지 역사적 사실의 본질을 살펴보고 그 맥을 오늘에 되살려 음미해보면서 깊이 반성하고 후손들에게 그 정신을 물려주고자 함이다. 또 한 가지 이유는 수많은 독립지사 중 가장 크고 가장 위대하신 분의 생애가 역사의 장막 뒤에 가려져 잊혀져가는 것을 안타깝게 여겨 그것을 세상에 알리고자 함이며, 마지막 이유는 평생을 몸 바쳐 독립운동을 하시던 분들이 해방된 조국에서 어떻게 푸대접을 받고 그 가족들이 어떻게 비참한 생활을 했는지, 그 반면에 친일의 무리가 해방된 뒤에도 단죄를 받기는커녕 얼마나 위세를 떨치면서 거들먹거렸으며 지금 이 순간도 그 더러운 기질을 그대로 이어받은 소인 잡배들이 세상을 어떻게 어지럽히고 있는지 등을 살펴보고 그에 대한 대책을 숙고해 보고자 함이다.

　독립운동의 기본정신은 동학(東學)의 정신이며 그것은 외세를 경계하고 배척함에 있다. 다시 말하면 그것은 민족정신이며 반특권적 민본주의이고 우리 것을 지키는 정신이다. 동학교의 교조였던 수운(최제우) 선생은 인내천(人乃天 : 사람이 곧 한울님이다) 사상을 내세워 하나님의 독생자 운운하는 요사한 서학이 움트기 시작함을 경계하셨으며, 일본의 침탈을 예상하시면서 이 두 가지 중대한 사안을 막지 못하면 장차 나라가 끝없이 어지러워질 것을 염려하였다. 그런 수운께서 황당하게도 서학(西學: 천주학)을 신봉한다는 누명을 쓰고 1864년에 효수(목이 잘려 높은 곳에 매달리는 것)되었는데, 이는 민중의 단합을 통하여 세상을 개혁하고자 함 때문이었다.

수운은 마지막 순간에 후계자인 해월(최시형)에게 고비원주(高飛遠走 : 높이 날고 멀리 달려라)란 한마디 말을 남겼는데, 그 뜻은 자신의 유지를 이어받아 민중을 깨우쳐서 외세를 경계하고 민족정신을 고취하며, 평등한 세상을 만들어 백성들의 삶을 돌보는 데 최선을 다하라는 뜻이었다.

2대 교주인 해월(최시형)은 스승의 지엄하신 유지를 받들어 혼신의 힘을 다해 교세를 전국적인 규모로 확장하였다. 그래서 영호남의 남부지역엔 남접이, 영호남 북부와 충청도엔 북접이 자리 잡고, 전국적으로 그 영향력이 미치게 되었다. 동학혁명은 단순한 농민들의 실패한 반란이 아니고 외세를 몰아내고 새 세상을 만들기 위해 대대적으로 봉기한 의미 깊은 민중혁명이었던 것이며, 그 당시의 많은 지식인이 앞장을 섰고 봉기를 주도했던 전봉준 장군 역시 서당에서 제자들을 가르치던 선비로서 지조가 있고 기개가 뛰어난 민중 운동가이고 사회개혁가였다고 할 수 있다. 물론 그에게도 한 가지 불찰은 있었다. 하지만 참을 수 없는 의분 때문에 거사를 일으켰을 것인데, 외세를 끌어들여 수많은 백성이 희생된 민족적 대

비극이었던 동학 민중혁명과 조국광복을 위한 독립운동의 진상을 그 후손인 우리가 몰라서야 되겠는가. 그 당시 고부 군수였던 조병갑이란 자는 탐관오리의 전형이며 그 정도가 아주 심해 많은 죄 없는 백성들을 잡아다가 곤장을 치고 재물을 쥐어짜던 악명 높은 자였다고 한다.

고부는 넓고도 비옥한 땅으로 물 사정도 좋아 기존의 저수지만으로도 충분한데 억지로 '만석보'란 새 저수지를 만들어 물값을 받고, 화목하지 못한 죄 등 여러 가지 죄명을 씌워 벌금을 받아냈고, 자신의 부친 공적비를 세운다고 돈을 걷기도 한 자였다. 동학혁명은 이러한 폐정을 개혁하고 반상의 구별이 없는 세상을 만들고자 봉기한 민중혁명이었다.

한편 동학교도들은 교조인 최재우를 국가에서 처형하여 군문에 효수하자 매년 교조의 무죄를 주장하는 상소를 올려왔는데, 이것이 바로 동학교도들의 '교조신원 운동'이라는 것이다. 1893년에도 2월 11일부터 2월 13일까지 3일간 박광호를 소두로 하는 50여 명의 동학교들이 상경하여 궁궐 앞에서 교조신원을 탄원하며 연좌사위를 벌인 일이 있는데, 후세의 일부 사학자들이 이것은 대원군의 지시에 의한 것이라 했으나 이는 대원군 개입의 시기를 잘못 알고 있는 것 같다.

전봉준이 1890년대 초에 운현궁에서 흥선대원군의 문객 생활을 한 적이 있었으나, 1894년 2월 15일에 결행한 동학농민군 1차 봉기의 직접적인 원인은 조병갑이 전봉준의 부친을 관아로 잡아가 심한 형문을 가했기 때문에 참고 근신하고 있던 전봉준이 격노하여 인근 여러 지역의 농민들을 불러 모아 만석보를 파괴하고 고부 관아를 습격한 것으로, 조병갑은 놀라서 도망쳤고 분노가 폭발한 농민군은 무기를 탈취하고 수탈에 앞장섰던 아전들을 처단하고 불법으로 징수한 세곡을 탈취하여 빈민들에게 나누어 주었는데, 이에 대한 조정의 초기 대응은 소극적인 방관적 태도로 신임 군수 박원명으로 하여금 온건한 무마책으로 그들을 일단 해산시키는 데 그쳤다. 그러나 곧 조정은 안핵사 이용태를 파견하여 위 사건을 동학도의 반란으로 규정하고 "동비(東匪)들의 뿌리를 뽑겠다."고 선언한 후, 반란 관련자들을 동비(東匪)라 하여 도적 떼 취급을 하고 동학과는 관련이 없는 일반 농민들까지 모두 동학도로 몰아 역적죄를 적용하여 혹독하게 탄압하였다. 아마 이 무렵을 전후하여 대원군의 개입이 있었을 것이며, 대원군과 전봉준이 서로의 필요성을 절감하고 모종의 합의가 있었으리라고 보는 것이다.

아무튼 이러한 이용태의 탄압에 분개한 전봉준과 농민들은 백산에 모여 2차 봉기를 결의하게 되었는데, 전봉준을 총대장, 김개남과 손화중을 장령(將領)으로 삼은 농민군은 1894년 음력 3월 하순에 백산에 모여 다음과 같은 4대 명의(四大 名義)를 내걸고 봉기를 알리는 격문을 발표하여 민중의 궐기를 대대적으로 호소했는데, 그 내용을 보면 사람을 죽이지 말고 물건을 파괴하거나 취하지 말 것, 충효를 온전히 하여 세상을 구제하고 백성을 편안케 할 것, 왜양(倭洋: 일본과 서양)을 축멸하고 성군(聖君)의 도(道)를 깨끗이 할 것, 병(兵)을 거느리고 서울로 진격하여 권귀(權貴)를 멸할 것, 이 네 가지였다. 이에 원근에서 수많은 사람이 모여들어 그 수가 점점 늘어 수만 명에 이르게 되었다. 백산(白山)이라 함은 고부의 드넓은 평야 가운데 야트막한 산이 하나 있는데 이곳에 흰옷을 입은 수많은 혁명군이 죽창을 들고 모여들어 서 있으면 거대한 백산(白山)이요, 앉으면 거대한 죽산(竹山)이라고 하는 데서 붙은 이름인 것이다. 전주성 함락을 목표로 음력 4월 초 금구 원평에 진을 친 혁명군은 고부의 황토현에서 전주 감영 군대를 물리쳐 황토현 전투를 승리로 이끈 다음 중앙에서 파견된 정부군을 남쪽으로 유인하여 초토사 홍계훈의 군대를 음력 4월 23일 장성의 황룡촌 전투에서 크게 무찔러 또 한 번의 승리를 하였다. 음력 4월 27일에는 이 기세를 몰아 혁명군은 전주성으로 입성했다. 그러나 정부군은 완산에 머물면서 포격을 시작했고, 동학군은 여기에 대항할 병기가 없어 더 이상 북진하지 않고 팽팽하게 맞서있는 상황에서 홍계훈은 봉기의 직접적인 원인이던 고부 군수, 전라 감사, 안핵사 등의 징계를 단행했으며 앞으로도 관리들의 수탈을 감시하여 징계하겠다는 뜻을 밝혀서 싸움은 잠시 소강상태에 들어갔다. 혁명군의 대규모 봉기로 불안해진 정부의 요청으로 청군이 그해 6월 8일(양력)에 아산만에 도착하고 뒤따라 일본 정부도 톈진조약(1885년)에 따라 조선 내의 자국민 보호를 구실로 조선에 출병하겠다는 뜻을 통보해왔다. 이는 청나라를 견제하기 위함이라는 명분이었다. 여기서 잠깐 대원군과 전봉준의 관계를 살펴보도록 하자. 이 두 사람은 1880년대 초에 상당 기간 동안 전봉준이 운현궁의 식객으로 생활한 바 있어 그때부터 서로를 잘 아는 사이로 상당히 친밀한 사이였다고 볼 수 있다. 그러나 그 시절에 정사(政事)나 기타 나랏일에 대한 어떤 선약이 있었다고는 생각되지 않으며, 전봉준이 식객 생활을 청산하고 고향으로 돌아와 농사를 지으면서 아이들을 가르치던 중 일련의 상황이 벌어져 전봉준이 2차 봉기를 앞두고 전라도 전역의 동학도와 농민군을 백산에 운집시킬 무렵을 전후해서 이 두 사람이 서로 연락을 하면서 모종의 얘기를 나누었을 가능성을 배제할 수 없다. 일부 역사학자들의 주장과 문헌 등을 종합하여 그때의 상황을 분석해보면 1884년 6월에 흥선대원군이 손자 이준용과 함께 동학농민군을 정치적으로 이용할 계획을 수하의 모사들과 함께 수립했다고 생각되는데 그 내용은 다음과 같다.

전봉준과 김개남을 한편으로 끌어들여 청군과 힘을 합쳐 일본군을 격퇴하고 민씨 일가와 개화파인 김홍집 내각을 제거하여 정권을 장악한다는 것인데, 대원군의 모사인 이태용이 큰일을 도모할 때는 때를 놓쳐선 안 된다고 하면서 사람들의 기대가 다시 물러나 있던 대원군에게 향해 있고, 동학도가 대원군과 이준용을 받들겠다고 하면서 봉기하고 있는 지금 그들이 수십만 명의 백성을 동원하여 한양으로 올라오게 하면 일본 군대가 비록 움직인다 해도 남의 나랏일을 어찌하지는 못할 것이라고 생각했다. 즉 흥선대원군 일파의 계획은 이준용의 관직을 내무협판에서 통위사로 옮기게 하여 병권을 장악하게 한 후 혁명군이 재기하면 그 토벌을 핑계로 병력을 움직여서 혁명군과 연합하여 정권을 장악하려고 동학도의 3차 봉기에 힘을 실어주는 밀서를 보냈던 것이며, 또 만일 일본군이 동학농민군을 진압하러 내려가게 되면 싸움을 피하고 즉각 해산하였다가 강이 결빙하기를 기다려 청군을 오게 하고 그들과 협력하여 일본군을 격퇴하고 정권을 장악한 뒤 고종을 상왕으로 추대하고 왕비와 태자를 폐한 후 이준영이 왕위에 올라 동학도의 폐정개혁안을 상당 부분 수용하여 내정을 개혁한다는 것이었으며, 이 거사에는 위정척사(주자학을 지키고 천주교를 물리치자는 주장)를 외치던 유림도 다수 동의하고 있었다. 이준용은 전봉준과 동학군 지도자들에게 이 점도 설명했는데, 이러한 여러 가지 계획들이 동학농민군 지도자들에게도 뭔가 뒤가 있다는 안도감을 주었을 것이고, 사기 진작에도 적지 않은 이바지를 했을 것이다. 좀 더 부연하여 설명하자면 대원군과 이준용은 동학농민군의 대규모적인 궐기로 비상사태를 만든 후 올라온 혁명군을 서울 근방 곳곳에 배치하고 다른 한편으로는 서울로 들여보내 도심에 늘어세워 만인소청을 설치하고 그 서찰이나 서명 등을 정부에 보내 백성들의 뜻을 전하고 각국 공관에 조회시킨다는 계획을 세우기도 하였다. 일이 성사되면 사신을 청국으로 보내 앞으로의 시비에 대비하게 하고, 만일 일본군이 먼저 움직이면 일단 사방으로 흩어져 피했다가 94년 말경에 청군이 나오는 것을 기다려 힘을 합쳐 협공하면 일본군을 격퇴할 수 있고 생각했다. 그리고 대원군 파의 사람들을 중심으로 신정부를 구성하여 박준양을 영의정에, 이태용을 좌의정에 앉히려 하였다.

그런데 8월 24일 청일의 평양성 전투에서 믿었던 청나라의 패배 소식이 알려진 후 대원군 측의 일부 인사가 '정변계획'을 유보하자고 주장했으나 또 다른 일부 인사가 기회를 놓치면 안 되니 그대로 밀고 나가자고 해 결국은 그렇게 하기로 했는데, 일본 공사관의 첩보망에 걸려 모든 것이 사전에 탄로가 나고 홍선대원군과 이준용 등은 공사관에 소환되어 청나라와 손잡고 일본군을 축출하려는 의도를 추궁당한다. 이 일을 계기로 일본 공사관은 1894년 9월 본국에 연락하여 일본군 병력을 증원하여 동래군과 부산항을 통해 들어오게 했다. 하지만 여기서 우리가 짚고 넘어갈 것은, 그 당시 일본인들이 죽음을 두려워하지 않는 골치 아픈 동학농민군의 봉기를 조선 정부의 허락하에 합법적으로 토벌하기 위해 과장하여 위에 적힌 내용을 조선 조정에 알림으로써 조선 정부가 위기의식에 겁을 내고 판단력을 상실한 채 제국 일본의 의도대로 끌려갔을 가능성을 배제할 수 없다는 것이다. 어찌 되었던 동학 민중혁명은 우금치 전투의 비극을 향해 점차 다가서게 되었는데, 이로써 참으로 운도 없는 불행한 민족의 눈물겨운 역사가 펼쳐지게 되는 것이다. 이야기는 다시 동학농민군이 전주성을 함락하고 초토사 홍계훈의 군대와 대치한 채 소강상태에 빠져있던 때로 돌아가 계속해야 할 것 같다.

그동안 동학농민군들은 여러 가지 폐정개혁 요구안을 제시해 왔는데 그 중 대표적인 것이 바로 다음의 '폐정개혁 12개조'이며, 그 내용은 다음과 같다.

1. 동학교도와 정부는 서정(庶政: 온갖 政事)에 서로 협력할 것
2. 탐관오리의 숙청
3. 횡포한 부호 처벌
4. 불량한 유림과 양반 처벌
5. 노비 문서 소각
6. 7종의 천인에 대한 대우 개선
7. 과부의 재가허락
8. 이름 없는 잡세 폐지
9. 인재 등용, 문벌 타파
10. 일본과 간통하는 자 엄벌

11. 공사채(公私債) 면제

12. 토지 평균 분작

양력 6월 11일에 초토사 홍계훈과 전주화약(관군과의 2차 강화)을 맺은 뒤 대부분의 농민은 철수했으나 동학군은 교세 확장을 위해 그들의 조직을 각지에 침투시키고 전라도 53군에 집강소를 설치하고 폐정개혁에 착수했다. 특히 김개남은 5~6만 명의 농민군을 이끌고 집강소 설치에 반대하던 남원 부사 이용헌과 나주의 현령들을 살해하여 그곳에 집강소를 설치했다. 그 무렵 동학농민군의 일부가 홍선대원군과 내통했다는 사실이 알려진 후 조선 조정은 이 혁명군을 제거할 작정으로 일본군에게 도움을 요청하였고(이때는 민비도 훗날 일본 낭인들이 자신을 살해할 것을 전혀 예상하지 못했음), 이에 전봉준, 김개남, 손화중, 손병희. 최시형 등 동학군 지도자들은 척왜(斥倭: 일본을 배척함)의 기치를 높이 들고 일본과의 일전을 각오하고 전국의 동학도에게 기포령을 내려 3차 봉기를 하게 되는데, 이를 전북 삼례읍에 모였다 해서 〈삼례봉기〉 또는 음력 9월에 모였다 해서 〈9월 봉기〉 또 〈제3차 봉기〉라고 하게 되는데 이를 〈제2차 동학농민운동〉이라고 한다. 2차 봉기는 반봉건과 반외세를 주장했고 전라도를 중심으로 한 남접만이 모였지만, 3차 봉기는 오직 일본을 몰아내기 위한 봉기로써 남접과 북접이 함께 힘을 합한 전국규모의 봉기였으며 그 수효가 무려 총 30여만 명에 달했다고 한다. 동학군은 음력 9월 14일에 삼례에서 회의를 열었는데 전봉준·김개남 등의 과격파와 최시형·이용구 등의 온건파가 서로 의견이 맞지 않았다. 이에 전봉준이 4천여 명의 전라도 출신 친위 주력부대를 이끌고 먼저 삼례에서 그곳에 주둔하던 일본군을 몰아낸 뒤 남접과 북접의 연합을 시도하면서 남접 혁명군 10만을 이끌고 공주-수원-서울의 북상로를 정한 뒤 남원에 주둔해 있는 김개남에게 합류할 것을 요구했으나 거절당했다. 2차 봉기 때까지도 반대 입장을 보였던 손병희나 2대 교주인 최시형도 마음을 바꿔 손병희의 지휘 아래 충청도를 중심으로 한 북접군을 이끌고 청산(靑山)에 집결해서 논산에서 합류하여 20여만 명의 군세를 이루었다.

이들 남북접 연합 혁명군은 일본군을 격퇴하기 위해 일본군의 병참기지를 습격하고 전신줄을 차단하면서 서울을 향해 북상하다가 공주를 총공격하기로 했다. 혁명군과 조·일 연합군은 공주의 이인과 효포 등지에서 처음 접전을 벌였고 이어서 세성산 전투를 했는데 무기 등의 열세로 동학군이 크게 밀리는 양상을 보였다. 이에 전봉준은 찢어 죽이고 싶은 조·일 연합군과 사생결단을 내고자 김개남에게 휘하의 농민군을 이끌고 속히 올라와 합세하라고 연락을 했으나 김개남은 청주전투에서 크게 패했다는 핑계를 대고 합세하지 않았다.

드디어 조·일 연합군과 조선 동학 혁명군은 우금치 언덕을 사이에 두고 음력 11월 9일부터 약 일주일간 50여 회의 공방전을 벌였고, 결국 무기의 열세를 극복하지 못한 혁명군은 참혹한 패배를 당했다.

혁명군은 무너미 고개와 이인 쪽에서 관군과 맞서 관군을 밀어붙이고, 조·일 연합군은 모리오 마사이치 대위가 지휘하는 일본군을 우금치 옆 뱁새울 앞산에 두둔시키고 우금치, 금학동, 곰티, 효포 봉수대에는 관군을 배치했다. 혁명군은 이곳을 집중적으로 공격했으나 고갯마루 150m 앞까지 조·일 연합군의 우세한 무기에서 포탄과 총탄이 비 오듯 쏟아져 내려 더는 진격하지 못했으며, 이기동과 조병완이 혁명군의 좌측과 우측을 협공해 혁명군은 더 이상 버티지 못하고 수많은 사상자를 내고 부근의 동남쪽 봉우리로 후퇴했다. 다시 혁명군 1대가 봉황산으로 진격해 공주 감영을 공격하려 했으나 하고개와 금학골 골짜기에서 적들의 공격을 받아 실패했다.

이로써 혁명군은 4일간의 제3차 접전에서도 패배했으며, 노성에 주둔해 있던 혁명군 역시 조·일 연합군의 공격을 받고 대촌 뒷간과 소토산으로 계속 후퇴해 사기마저 떨어졌다. 11월 27일 최후의 전투인 태인 전투에서 전봉준 장군의 용맹스런 주력부대마저 일본의 신식 무기에 다수의 전사자를 내고 패하였다. 곧이어 전봉준 장군 등은 순창에서 체포되어 한성부로 압송된 후 일본 공사와 조선 의금부의 재판을 받고 이듬해(1895년 음력 3월) 처형되었다. 이후 조·일 연합군은 호남 일대 동학농민군 잔여 세력에 대한 소탕전을 전개했는데, 관군 측 포토사는 우리가 잘 알고 있는 지석영이었다. 그중 가장 참혹한 토벌전은 섬진강 변에서 동학농민군의 용장 중 한 사람이며 김개남의 오른팔이라고 알려진 영호 도회소 접주였던 김인배가 이끄는 삼천여 명의 동학농민군 학살을 들 수 있을 것이다. 그러나 가장 큰 비극은 우금치 전투였으니 아~ 슬픈 역사여! 우금치 고개에서 수없이 많은 흰옷 입은 우리의 선조들이 가슴속의 울분을 주체하지 못하고 비 오듯 쏟아지는 포탄과 총탄 속으로 끊임없이 뒤를 이어 뛰어들다 피를 흘리며 죽어 넘어지는 모습을 상상해보라! 그 모습을 상상하면서 눈물을 흘리지 않는 자는 배달민족의 후손이 아니고 동시에 인간이라고 할 수가 없다.

그 우금치 전투야말로 동학의 정신이고 독립운동의 정신이며 3·1 운동이고 4·19 정신이고 5·18 정신이며 전태일 열사의 정신이다. 그리고 이웃을 돌아보지 않고 일신의 영달과 탐욕만을 채우는 자들과 종교적 맹신자들과 서구사대주의자들, 또 영명하신 조상님들을 비하하고 우리 민족의 위대한 효치명륜 사상을 외면하고 전통가족법을 흔들고 미풍양속을 후진시 한 불학무식한 무리, 이 모두가 친일의 무리 그 자체이며 외세와 결탁하여 동족을 핍박하던 자들 그 자체에 다름 아닌 것이다. 또한 머릿속으론 항상 주판알을 굴리면서 예의가 없고 강한 자에겐 약하고 약한 자 앞에선 강한 미꾸라지처럼 역겹고 미끌미끌한 자들도 모두 친일과 반역의 무리이며 이 한반도에서 추방해야 할 종자들이다. 또한 겉으론 예의가 있고 지식인양하면서도 속은 텅 비어 있고 흑백을 분간하지 못한 채 사욕만 채우는 자들, 시부모 보기를 빚쟁이 보듯 하고 키우는 강아지보다도 귀찮게 여기며 손에 물도 묻히려 하지 않고 조건을 보며 남자를 저울질하고 몸을 함부로 굴리는 여자들, 가장답지 못하고 틈만 나면 바람이나 피우고 다니는 남자들도 찬란한 윤리의 성곽인 한반도에서 모두 추방해 버려야 한다. 그리고 커가는 소년·소녀들에겐 올바른 교육을 해 선열들과 선조들의 훌륭한 정신을 본받도록 해야 할 것이다. 그래서 이 천강이 그들을 벌주고 깨우치고 교화시켜 나라를 바로잡아 다 같이 잘사는 반듯한 세상을 만들어 우금치 고개에서 한 많은 생을 마친 수많은 동학농민군의 혼을 위로해 주고자 하는 것이다. 그것이 바로 그들의 원혼을 달래주고 위로해 주는 진정한 씻김굿이 아니고 무엇이겠는가?

앞으로 필자가 만약 뜻을 이루어 통치자의 지위에 서게 된다면 악인과 인간말종은 이 땅에 발을 붙이고 살 수가 없을 것이며, 비양심적인 무리도 모두 혼이 날 각오를 해야 할 것이다.

동학혁명은 호남 일대의 혁명군 잔여 세력의 소탕을 끝으로 1년 만에 실패로 그 막을 내렸지만, 그 후 끊임없는 의병 활동과 3·1운동과 독립운동으로 이어지고 신분제도가 폐지되는 등 그것이 남긴 역사적 의미는 매우 컸다. 동학 민중혁명에 동원된 민중의 수는 약 30만 명 정도에 이른 것으로 전해지고 있으나, 앞장선 혁명군은 주로 호남에서 봉기한 농민군이었고, 전투가 본격화되면서 세가 불리해지자 비호남 출신 혁명군은 어두운 밤을 틈타 많이 빠져나가 고향이나 산속으로 숨어들고 끝까지 결사 항전한 혁명군은 역시 전봉준 장군의 친위 주력 부대를 중심으로 한 호남의 농민군이었는데, 수만 명의 무장한 일본군과 중앙 정부군, 그리고 기득권을 가진 지주들과 일부 양반들의 세력인 이른바 민보단(民堡團) 등의 연합작전으로 도저히 그들을 당할 수 없었다. 전봉준은 체포된 뒤 제2차 재판에서 "동학(東學)은 수심(守心)하여 충효(忠孝)로써 근본으로 삼고 보국안민하려는 것이었다. 동학은 수심경천(守心敬天)의 도(道)였기 때문에 나는 동학을 지극히 좋아했다."라고 동학에 몸담은 이유를 밝혔다. 동학 민중혁명의 비극은 우선 조정 실권자들의 어리석음에서 비롯된 일이지만, 그다음으로는 대원군과 그의 손자인 이준용과 그들 조손(祖孫)을 추종하던 박준양, 이태용 등의 경륜과 전략이 어설프고 나라와 백성을 사랑하는 사명감이 부족해서 그렇게 된 것이다. 만약 조정에서 닥쳐올 국난을 정확하게 예견하고 동학도의 요구 사항인 교조신원을 회복시켜 주고 신분제 철폐와 민생 문제를 해결해 준 후 동학농민군을 정부의 예비군으로 편성하여 함께 외세에 대항하자는 결의를 다진 후 기본적인 훈련을 시키고 청과의 돈독한 동맹을 바탕으로 정부군과 동학농민군과 청군이 서로 무기를 공유하고 연합작전을 펴서 일본군에게 대항했다면 청이나 우리나라가 그렇게 허무하게 일본인의 손에 무너지지는 않았을 것이며, 또 대원군 세력이라도 조정(정부) 대신 동학농민군과 청의 지원병을 때맞춰 연결해 사전에 무기 등을 지원받고 합동작전을 펼칠 수 있었다면 그토록 제대로 싸워보지도 못하고 참혹하게 당하지는 않았을 텐데 참으로 애석하고 통분한 일이다. 그리고 동학농민군 지도자들 역시 숫자만 믿고 무기의 열세를 극복할 수 있는 특단의 전략을 구상하지 않고 무모하게 정면 대결을 한 것은 지혜롭지 못하고 신중하지 못한 자세였다. 그와는 반대로 일본인들은 모든 일을 치밀하게 계획하여 음력 5월 6일(양력 6월 9일) 일만의 군대를 인천에 상륙시키고 조선 정부를 압박하여 친일 정부를 세운 후 음력 6월 23일(양력 7월 25일)에 드디어 우리 땅에서 주도권 다툼을 위한 청일전쟁을 일으켜 9월 12일부터 4일간에 걸친 평양성 전투를 승리로 이끌어 전쟁에서 유리한 위치를 점하고 곧바로 다시 일본에 증원 병력을 요청하여 동래군과 부산항을 통해 들어오게 하여 3차 봉기를 한 동학농민군과 대치하다가 우금치 전투에서 승리를 한 후 잔여 농민군까지 모두 찾아내어 소탕하는 작전을 단행했다. 즉 조선의 동학농민군과 청군의 연합작전을 미리 간파하고 두 세력의 합동작전을 차단하여 따로따로 격파한 것이다. 동학 민중혁명은 삼남(전라, 경상, 충청)에서만 일어난 것이 아니다. 그 규모와 강도는 삼남보다 약했을지라도 전국적으로 일어났던 것인데, 그

한 예로 젊은 김구가 황해도 해주에서 그곳 동학군의 선봉장으로 해주성을 습격했으나 관군에게 패퇴하여 몸을 숨긴 바 있다.

또 한 가지 주목할 만한 일이 있는데, 그것은 그 당시 일본 정치 폭력조직인 천우협(天佑俠)의 중간보스인 다케다 등 15명이 부산을 통해 조선에 들어와 전봉준에게 금시계와 보석의 일종인 마노를 보내어 믿음을 보이고 면회를 청했다는 것이다. 전봉준이 이들을 면담하고 시국을 논했다는 사실이 동학 측 자료에 기록되어 있다고 하는데, 이 부분에 대한 역사학자들의 견해는 분분하지만 필자가 보기엔 천우협은 단순한 폭력조직이 아니고 아시아에 대한 침략을 바닥에 깔고 있는 조직으로 거사 자금이 부족한 전봉준에게 뭔가 도움을 주어 봉기를 부추겨 조선의 국력을 분열시킨 다음 훗날 화근의 씨가 될 동학농민군을 조선 정부군과 연합하여 합법적으로 소탕하겠다는 흑심을 품고 일본 정부의 지시하에 전봉준에게 접근했던 것으로 생각한다. 이 사건으로 비추어볼 때 일본 공사가 대원군과 전봉준의 관계를 감시하고 있다가 그것을 침소봉대하여 그럴듯한 이야기를 꾸며서 조선 조정에 고발함으로써 이간책을 썼을 가능성이 더욱 짙어지는 것이다. 우리는 이러한 역사적인 여러 가지 사실을 교훈으로 삼아 항상 외세를 경계하고 지혜롭고 슬기롭게 나라와 민족의 중흥을 이끌어 나가야 할 것이다. 특히 일본은 영원히 경계하고 조심해야 할 대상임을 잊어선 안 된다.

독도 문제는 언제든지 한·일 분쟁을 일으켜 전면전으로 비화할 수 있는 불씨임을 명심하고 신중하게 대처해야 한다. 만약 일본이 미래의 어느 시점에 적기라고 판단될 때 모든 계획을 철저하게 세운 후 갑자기 독도가 자기네 땅이라며 군대를 파견하여 독도를 점령한 후 동시에 최신 무기를 탑재한 항공모함 등을 대규모로 동원하여 독도를 둘러싸고 소유권을 정식으로 선언한다면 유엔이나 제3국은 그 소유권에 대한 확신이 없으므로 섣불리 간섭할 수가 없을 것이며, 우리가 아무 생각 없이 발끈하여 그 싸움에 말려든다면 그 결과는 불을 보듯 뻔한 것이다. 철저하게 준비하고 전략을 세운 나라와 흥분해서 싸움에 말려든 나라 중 누가 승리하겠는가? 항상 일본을 경계하고 그들의 전술에 말려들지 않도록 특히 조심할 것을 후손들에게 경고해두는 바이다. 고부군은 드넓은 곡창지대를 끼고 있으며 그 고을의 면적과 규모가 전국적으로도 군 단위로는 손꼽히는 곳이다. 고부 향교의 위용 역시 중앙의 성균관에 버금가는 규모였는데 동학 혁명의 의미를 축소하기 위해 조정에서 고부군을 부안군, 고창군, 정읍군 등으로 찢어서 나누고 고부면으로 바꿔버렸다. 이는 동학 민중혁명을 시골의 한 모퉁이에서 농민들이 잠시 일어났다가 토벌된 것처럼 느끼게 하기 위함이었다. 다시 말해서 외세인 일본군을 끌어들여 수많은 동족을 학살한 자신들의 과오를 감추기 위함이었다. 하지만 동학 민중혁명의 규모와 의미는 이처럼 엄청난 것이었음을 우리 후손들은 똑바로 알아야 한다.

다음으로 항일독립운동에 대해서 가장 하고 싶은 이야기 두 가지만 해볼까 한다. 1910년부터 1945년까지 일제 36년 동안 신명을 바친 독립투사는 수없이 많았다. 그런데 그 많은 항일전의 가장 중심에 섰던, 조선 독립운동의 진정한 주인공은 과연 누구였을까? 바로 단군교를 대종교로 중광(重光)한 홍암 나철과 그분의 동지들이었다. 2대 교주인 김교헌과 3대 교주였던 윤세복, 그리고 안희제, 서일, 김규식, 박찬익, 조성환, 조완구, 유동열, 이상설, 이시영, 이

동녕 등과 독립군을 직접 지휘하여 항일투쟁했던 장군인 김좌진, 홍범도, 이범석, 지청천, 현천묵, 윤정현, 김승학, 황학, 김혁, 여준, 윤복형, 이홍래, 이동하, 정신, 김동삼, 한기욱 등과 민족주의 사학자로서 일본의 민족혼 말살정책에 맞서 싸우던 신채호, 박은식, 정인보, 김교현, 장도빈, 이상용, 유인식, 안재홍 같은 분들과 조선어 말살 정책에 대항하여 조선어학회를 이끈 이극로, 주시경, 김두봉, 최현배, 정인보, 정열모, 안호상 등이 모두 대종교에 몸을 담고 오직 나라를 위해 일신의 안녕을 버리고 일제와 맞서 싸웠던 분들인 것이다. 그들은 1918년에 3·1운동보다 1년 앞서 「무오 독립선언서」를 발표했는데, 그 내용이 매우 당당하여 조선인의 기백을 유감없이 드러냈으며 다음 해 3·1 독립선언서를 발표케 하는 직접적인 동기가 되었다. 남도 본사, 서도 본사, 북도 본사, 동도 본사를 두고 그 아래 40여 개에 달하는 포교소를 두었는데 따르는 신도가 수십만이고 일제와 싸우다 목숨을 바친 신도들도 적지 않았으며, 상해 임시정부의 임원들 역시 대종교에 몸담은 분들이 대부분이었고 그당시 그 어떤 인물이나 단체도 대종교의 규모와 위용 앞에 고개를 숙이지 않는 사람이나 단체는 없었다고 한다. 이동녕과 함께 서도 본사를 책임지고 있던 김규식은 대종사인 홍암과 의형제로 중국 지도자 손문과의 친분을 이용해 일제의 대종교 탄압을 무마하려고 애썼으며, 북로군정서는 서일과 김좌진이 이끌었고 서로군정서는 지청천 김동삼 등이 이끌었는데 김좌진 장군은 홍범도, 이범석, 김동삼 등 여러 장군과 연합하여 청산리 전투에서, 지청천은 대전자령 전투에서 각각 크게 승리하였다. 그 외에도 조선어학회 사건 등 이들 대종교 단체의 다양한 저항이 거세지자 일본은 만주의 장

진정한 유법천지有法天地를 향하여 중

작림과 삼시 협정을 맺어 골치 아픈 대종교 세력의 탄압에 나섰으나, 그분들은 여러 가지 방법을 강구하여 그 위기를 모면하는 역량을 발휘하기도 했다. 안희제와 윤세복 등은 대종교의 본산이 있는 목단강 부근에 발해 농장과 발해 학교를 건립하고 독립군 기지를 창설하여 대규모 군대를 양성하고 군량미를 충당하고자 했으며, 동창학교를 건립하고 여러 개의 분교를 세워 항일투쟁 정신과 민족정기를 고취하는 교육을 하는 등 활발한 활동을 전개했다. 이에 일본은 드디어 1942년에 그동안 미뤄왔던 대대적인 대종교 탄압을 단행했는데, 이 사건을 역사는 '임오교변'이라 칭한다. 홍암께선 일제강점기 초기인 1916년에 제국 일본의 야만적인 침략행위와 만행을 꾸짖고 타이르는 글과 이런 수모를 겪으면서 어찌 생명을 연장해 살아갈 수가 있느냐며 뒤에 남은 동지들에게 당부하는 내용 등의 유서를 남기고 조국 광복의 시기를 예견하여 밝히신 후 조식법(호흡법) 중 폐식법을 써서 선 채로 순국 자결을 하셨는데 숨이 끊어진 뒤에도 쓰러지지 않고 버티고 서 계셨다고 전해진다.

필자가 보건대 뜻을 이루지 못한 채 전전긍긍하면서 숨어 사는 것은 그분의 자존심이 용납지 않았을 것이며, 또 일본인들에게 잡혀가 수모를 당하기도 싫어서 홍암께서 그런 선택을 하신 것 같다. 하지만 죽는 순간까지도 앉아서 최후를 맞지 않고 선 채로 임종을 하셨으며, 또 숨이 끊어진 뒤에도 쓰러지지 않고 버티고 서 계셨다고 하니 우리는 이 사실을 통해 그분의 태산북두와 같은 드높은 기상과 굳센 의지를 엿볼 수가 있다. 홍암께선 비록 먼저 세상을 하직하셨지만, 그전에 이미 조직 기반을 구축해 놓았으며 남기신 정신과 유훈이 남은 동지들의 길잡이가 되었으니 그 남기신 정신과 유훈이란 평화주의와 위국헌신의 정신이었다. 임오교번 때 3대 교주인 윤세복과 홍암의 두 아들을 포함한 대종교 지도부 21명이 생포되어 이국땅 액하감옥에서 혹독한 고문을 당했는데, 그중 10명은 형문을 견디지 못하고 옥사하고 나머지 분들은 불구가 되어 살아서 나왔다고 한다. 대종교에 몸담았던 이상과 같은 분들이야 말로 항일투쟁의 가장 중심에 섰던 것이며, 가장 막강한 항일독립 세력이었다. 그렇다면 왜 이분들의 숭고한 애국정신과 불굴의 투쟁에 대한 기록이 역사의 장막 뒤로 사라져버린 것일까? 그것은 이승만 정권과 박정희 정권이 민족의 정통성을 이어받지 못했기 때문이며, 그분들의 혁혁한 생애가 밝혀지면 그에 비해 자신들의 모습이 너무나 초라해져 설 자리를 잃어버릴 것을 두려워해 그분들의 훌륭하신 발자취를 철저하게 묻혀버렸기 때문이다. 그 후의 통치자들 역시 식견이 부족하고 역사의식이 투철하지 못해 지금에 이르도록 그것을 드러내어 바로잡지 못한 것이다.

비록 생전에 조국광복의 큰 뜻을 이루지는 못했지만, 홍암께선 민족의 혼이 깃든 장백폭포 아래서 결단식을 하고 우리 민족의 시조이신 단군과 단군의 사상을 교의 신조로 삼아 민족의 대단합을 끌어내고, 홍익인간의 위대한 사상전파와 일제로부터의 해방을 꿈꾼 당대 제일의 풍운아이자 뛰어난 애국자이셨다. 그분께선 일제가 우리의 민족혼을 말살하고 자긍심을 없애려고 온갖 수단과 방법을 다 하리란 것을 미리 알고 계셨다. 그래서 사람을 존중하고 사랑하며 널리 세상을 이롭게 한다는 단군성조께서 주장하셨던 홍익인간의 사상을 내세워 일제의 야만적인 군국주의와 부당한 식민 억압정책을 이론적으로 위축시키는 명분을 만들고 우리 민족의 우월성과 자긍심을 높이려고 단군교를 대종교로 중광하여 천하의 인재들을 모았다. 그 기치 아래 앞에서 소개했던 기라성 같은 수많은 인걸이 모여들어 뜻을 같이하고 목숨을 초개와 같이 버리면서 독립투쟁에 헌신하였으니 어찌 우리가 이분들의 발자취를 다시 더 듬지 않을 수가 있겠는가? 이처럼 나라가 위급하면 숨어있던 인재들이 나서서 신명을 바치고, 조용해지면 온갖 소인 잡배들이 기를 쓰고 이해득실을 따라 이합집산을 거듭하며 잔머리를 굴리면서 부귀공명을 좇는 것이 세상의 이치인가 보다. 홍암께선 크나큰 경륜과 드높은 인격을 바탕으로 수많은 인재에게 크고 작은 감화를 주시고 민족정신을 고취시켜 그 투쟁심을 강하게 만드셨다. 그래서 뒤에 남은 동지들이 조직적이고도 체계적으로, 그리고 합법적이며 계획적으로 항일투쟁에 임할 수가 있었으며 일제 말기에는 쇠퇴해 가는 일본군과 전면전을 하여 당당한 정면승부를 통해 해방을 성취하려고 준비를 했는데 애석하게도 그 뜻을 이루지 못한 것이다.

홍암께선 일제의 발아래 짓밟힌 조국산하와 숭고한 백의민족의 굴욕과 비애를 차마 견디지 못하고 그 울분을 참지 못한 채 일왕과 그 각료들을 꾸짖는 글과 유서를 남기고 폭력을 사용하는 대신 스스로 자결을 하심으로써 세계평화를 기원하고 어리석은 무리의 잘못을 깨우치고자 하셨으니 그 뜻이 얼마나 크고도 위대한 것인가. 그 시절 그 누구도 그 인격의 깊이와 드높은 기개와 경륜의 크기로 본다면 감히 홍암과 비교할 수 있는 인물은 없었다. 그 당시 독립군의 식량과 물자를 대부분 그곳에 살고 있던 우리 민초들이 보급했다. 일제는 큰 전투 후나 저격 사건이 후엔 예외 없이 우리 동포들을 무자비하게 학살했는데, 그중에서 청산리 전투 후 벌어진 경신참변(간도 대학살)이 가장 대표적인 예다. 이처럼 독립운동은 독립군만의 투쟁이 아니고 당시 그곳에 살고 있던 모든 우리 동포들의 피눈물 나는 투쟁의 역사였다. 친일의 잔당들은 해방된 뒤에도 단죄를 받기는커녕 치부한 재산을 점점 늘리면서 모든 요직에 앉아 거들먹거렸고, 이승만 정권에 이어 박정희 정권하에서도 그 활동 범위를 더욱더 넓혀 갔으며, 반대로 모든 것을 나라에 바친 독립투사의 자손들은 많은 설움과 고초를 겪으면서 가난 속에서 헤어나오지 못한 채 잘 나가는 친일의 무리와 그들의 자손들에게 힘없고 가난한 죄로 멸시를 받고 살았다. 그 예로 향산 이만도 선생은 3대가 모든 것을 바쳐 독립운동에 헌신하였으나 그 가족과 후손은 이승만·박정희 정권 때는 물론이고 그 후로도 오랫동안 연금 한 푼 받지 못하고 가난과 핍박 속에서 극심한 고생을 하였으며, 일제강점 초기에 광복회(일제 초기의 광복회와 말기의 광복군은 별개의 단체임)를 조직하여 그 총사령관(부사령관은 김좌진)으로서 항일투쟁을 전개해 일본인들의 간담을 서늘하게 했던 박형진 의사께선 많은 재산과 모든 것을 바쳐 독립운동에 헌신하였으나 그의 사후 해방된 조국에서 고령이 되어버린 그의 부친을 전혀 돌보지 않고 무관심하게 버려두어 이곳저곳을 떠돌며 눈칫밥을 얻어먹다가 결국은 굶주림으로 작고했다. 그래서 장례식도 제대로 못 했으며, 그의 아내 역시 초라한 냉방에서 병고와 굶주림으로 고생했으나 누구 한 사람 돌봐 주는 이가 없어 결국 비참한 최후를 맞았다. 세상에 이런 법이 어디 있으며 또 이런 나라가 어디에 있단 말인가. 그런데도 어리석은 뉴라이트 무리는 그런 파렴치한 이승만과 박정희를 '건국의 아버지'니 '근대화의 아버지'니 하면서 침이 마르도록 칭찬하며 떠받들고 있으며 그것이 옳은 일인지 그른 일인지를 분간하지 못하고 있다. 4·19혁명으로 자유당 독재가 무너진 상황에서 5·16 군사 쿠데타는 전혀 명분이 없으며, 그 시기의 혼란은 당시 학생들과 민중들의 절대적인 지지를 받던 장준하 씨가 나서면 저절로 수습될 판국이었으며 장준하 씨는 조국의 재건에 대한 청사진을 갖고 있었다. 박정희의 18년 독재는 끝장나는 것이 하늘의 뜻이었기 때문에 전두환 등 신군부의 등장 역시 아무런 명분이 없으며 하극상을 일으켜 많은 인명을 살상하고 광주에서 수많은 민중을 학살한 것은 씻을 수 없는 대역죄였다. 김영삼 정부의 과오는 나라 살림을 망친 것이며, 김대중 씨의 죄과는 동성동본 금혼법을 폐지한 것과 전두환 일당을 확실하게 단죄하지 못하고 5·18 문제를 매듭짓지 않은 것이다. 노무현의 죄과는 호주제를 폐지한 것이며, 이명박은 역대 대통령 중 가장 철학이 빈약한 요물이다.

해방 후 제국 일본은 그들이 지배했던 동아시아 모든 나라에 전쟁의 불씨를 남겼는데, 친일파냐 아니냐, 좌익이냐 우익이냐 등의 이념대립과 6·25동란 역시 모두 일본이 만들어놓은 불씨였음을 말해두지 않을 수 없다. 1945년 8월 15일 해방이 되자 전국이 치안 공백 상태가 되었는데, 이때 사람들이 각 지역에서 '인민위원회'란 자치기구를 만들어 스스로 질서를 지켜나갔다. 그것은 물론 좌나 우라는 성향을 띠지 않은 그냥 순수한 자치단체였다. 그런데 뒤늦게 하지를 중심으로 한 미군 장교들이 들어와 마치 식민지를 대하듯 거친 군정을 시행하는 과정에서 그들을 빨갱이로 몰아 쫓아낸 뒤 말 잘 듣는 친일파들을 다시 불러들여 등용하면서 무력충돌이 생기게 된 것이다. 그래서 그들은 이곳저곳 산속으로 피신하여 저항을 하게 되었는데, 이것이 이른바 반란군의 시초가 된 것이며 박헌영의 남로당도 이러한 상황에 편승한 것이다.

한편 한 세기에 한 명 나올까 말까 할 정도로 간악한 이승만은 일본강점기 때 미국의 기독교 종단에 빌붙어서 그들의 막강한 힘을 등에 업고 손쉽게 석·박사 학위를 얻어 날개를 단 뒤, 부와 권력을 위해 수단과 방법을 가리지 않고 매국노 짓을 하다가(이승만은 오갈 데 없는 자신을 오게 해서 자리를 마련해준-하와이에서 독립을 위한 활동을 하던-친구인 박용만과 그 동지들을 축출하거나 살해하고 그가 운영해오던 하와이 국민회를 강탈·장악하여 성금을 착복하고 그 공공재산을 모두 사유화해서 매각·착복하였으며, 그 후 개신교 집단의 힘을 등에 업고 임시정부의 초대 국무총리가 된 후 스스로 임정 헌장에도 없는 대통령이란 직함을 남용하다가 기어코 임정 헌장을 개정하여 임정의 임시 헌법을 만들어 공포하고 대통령이란 직함을 얻어낸 뒤 거액의 국채를 발행하고 국민 성금을 모두 자신이 직접 관리하여 자금줄을 틀어쥔 뒤 그 중 겨우 13%만을 임정에 보내다가 이에 이의를 제기하자 항명한다면서 아예 자금줄을 차단하고 임시정부의 정책 방향과 반대되는 매국적인 행보를 독자적으로 강행하는 등 임정 각료들의 공분을 사서 탄핵을 당해 임정에서 축출된 후 미국에서 돌아오지 않았다. 이 모든 악행을 저지르는데 있어 그를 맹신하면서 추종한 자들이 바로 그에게 전도를 받은 기독교 신자들이었는데, 이처럼 그들은 건국 초부터 나라에 커다란 해악을 끼친 매우 사려심이 부족한 어리석은 무리였다) 그 후 해방된 조국에 돌아와서 미군정과 손을 잡고 자기의 가는 길에 방해가 되는 우국지사와 독립운동에 몸을 담았던 세력, 그리고 미군정에 반대하는 민중을 빨갱이로 몰아 닥치는 대로 살해하고 자신의 독재적 입지를 점점 강화해 나갔다. 그래서 지금도 그러한 친미·친일적 성향을 이어받은 무리가 권력을 잡고 반민족적 작태를 자행하고 있음을 우리 후손들은 분명히 알아야 한다. 이승만이 상해임시정부로 지원되는 모든 자금줄을 직접 틀어쥐고(이는 임정 재무장관의 소임인데 무리를 해서 강제로 가로챔) 국채 발행으로 엄청난 거금을 챙긴 후 그 후로도 들어오는 자금의 13%만을 임정 예산으로 내놓은 것을 임정 각료들이 문제 삼자 미국에서 로비 자금으로 많은 돈이 들어가는데 토를 단다고 화를 낸 후 항명죄는 용서할 수 없다고 하면서 그 돈마저도 끊어버리고 미국에게 위임통치를 구걸하는 등 온갖 매국노 짓을 하다가 임정에서 쫓겨난 후 미국에서 아예 눌러살자(그 후 이승만은 그 돈으로 미국의 미녀들과 호화생활을 하면서 흥청망청 쓴 일이 있음) 쑥밭이 되어버린 빈집과 같은 임정을 맡아 다시 일으켜 세운 분이 바로 백범 김구 선생이다.

이승만 그가 얼마나 간악한 인간이었는가에 대해 더 자세하게 얘기해 보고자 한다. 그는 외래 세력인 미군정과 친일파였던 악질 경찰들을 앞세워 제주도민들의 자치권을 압살하고 그에 항의하는 많은 사람들을 체포·구금하고 고문으로 죽이는 등 무조건적인 복종을 강요했다. 이에 제주인민위원회(그 당시의 인민위원회는 그저 외세가 싫고 자주독립을 원하는 순수한 자치 기구였다.)가 이를 참지 못하고 1948년 4월 3일 새벽 2시경에 경찰지서 몇 곳과 간악한 서북청년회를 공격했는데 그 규모와 세력은 알려진 것보다 훨씬 더 미약한 정도였다. 그 당시 미군정으로부터 그에 대한 사태 진압을 명령받은 제주도의 국방경비대 제9연대장이었던 김익렬 중령은 생각이 아주 반듯한 사람이어서 무장대와의 평화적인 해결방안을 모색했다. 그래서 1948년 4월 28~30일에 무장대 측 군사 총책인 김달삼과 만나 72시간 내 무장해제와 하산(下山)이 이루어지면 모든 책임을 묻지 않겠다는 내용을 골자로 하는 평화협정을 성사시켰다. 그런데 미군정청과 이승만과 조병욱 등은 이러한 김익렬의 보고를 받고도 소란을 피우는 제주도민들의 절반 이상을 도륙 내서라도 깨끗이 버릇을 고쳐놓겠다는 방침을 정했다. 그래서 전보다 더 심하게 수많은 사람을 체포·구금하고 폭행과 고문을 가하다가 드디어 1948년 11월부터 1949년 2까지 불과 넉 달 동안에 2만여 명이 넘는 민간인들을 학살했는데, 그때 살육의 방법과 그 실상이 전시에 적군에 대한 초토화 작전과 같아서 차마 입에 담지 못할 정도로 참혹했다. 그들의 그러한 살육과 횡포는 1954년까지 이어졌으며, 그 영역이 전라도 전역과 남한의 곳곳으로 확대되었다. 1945년 8.15일 해방이 되자 외지에 나가 있던 제주도민들이 귀환하여 직업을 구하지 못해 생계가 어려웠고, 흉년과 미곡 정책의 실패로 민심이 악화되었다. 거기다 과거 친일 경찰들이 미군정하에서 다시 치안을 담당하는 군정 경찰로 변신하여 민생이 피폐한 상황에서도 주민들을 핍박해서 사욕을 채우고 부정행위를 일삼으면서 사람들을 못살게 굴었다.

제주도민들을 괴롭힌 단체가 또 하나 있었는데, 그것은 바로 서북청년단이다. 북한에서 재산을 빼앗기고 쫓겨 내려와 공산당에게 원한을 품고 있는 북한 지주계층의 자식들과 구속과 억압을 싫어해서 남한으로 내려온, 오갈 데 없는 북한 주먹패들을 합해서 서북청년회란 것을 만든 이승만은 이들에게 제주도민들은 모두 빨갱이이니 숨도 크게 쉬지 못하도록 때려잡으라는 명령을 내렸다. 그러니 제주도민들이 어찌 그 울분을 참을 수 있었겠는가? 그러한 와

진정한 유법천지有法天地를 향하여 중

중에서 1947년 3.1절 기념행사를 할 때 구경하던 한 어린아이가 기마 경찰이 탄 말발굽에 치여 다치는 사고가 발생했는데, 응당 말에서 내려 아이를 살펴보아야 함에도 그대로 가버리자 그 모습을 지켜보던 일부 군중이 기마병을 쫓아가며 돌을 던졌다. 이에 경찰들이 발포를 해서 6명이 죽고 7명이 중상을 당하는 사건이 발생했다. 이것이 다음 해 봄에 일어난 4.3항쟁의 도화선이 되었다고 볼 수 있다. 제주도민들이 울분을 참지 못하고 4.3항쟁을 단행한 데는 여러 가지 이유가 많았는데, 여기서 중요한 것은 1947년 3.1절 기념행사를 할 때나 4.3항쟁을 할 때나 남로당이 직접 주도한 것이 아니라는 사실이다. 그리고 그 규모나 진행 과정 등이 모두 이승만 정권에 의해서 날조되었으며 18년간의 박정희 정권하에서도 여순항쟁과 4.3항쟁은 입 밖에 내서는 안 되는 금기사항이 되어 그 진실이 은폐되어 왔다. 한 사람의 생명을 앗아가는 것도 큰 죄이거늘 이 무슨 참혹한 일이란 말인가. 그는 또 1950년 6·25전쟁이 발발하자 비상 국무회의에도 불참한 채 27일 새벽 열차로 도망쳐 대전에 짐을 푼 후 '특별대국민담화'라며 자신의 육성을 녹음하고 심복인 신성모 국방장관을 시켜 27일 오후 9시부터 서울중앙방송국에서 반복하여 계속 똑같은 방송을 내보냈는데 그 내용은 다음과 같다.

"용맹무쌍한 국군이 북한군을 압박하여 북진 중이니 모든 국민과 공무원들은 동요하지 말고 생업과 맡은 바 직무에 충실하라. 대통령인 나 이승만도 국민과 함께 서울을 지키고 있다."

그는 그러는 한편 갑자기 28일 새벽 2시 30분에 아무 예고도 없이 당시 한 개뿐이던 한강 다리를 폭파해버리라고 명령했는데, 그때 그 위를 지나가던 50여 대 이상의 차량이 밑으로 떨어져 한강 속으로 곤두박질쳤고 걸어서 건너고 있던 500여 명이 폭사했으며 물에 빠져 죽은 사람까지 합하여 약 800여 명이 그때 목숨을 잃었다고 집계되고 있다. 뿐만 아니라 서부전선에 배치되어 있던 우리 국군이 퇴로를 차단당하고 와해하여 처참하게 전사했다. 그 당시 다리가 끊겨 피난을 못 간 많은 사람이 재산을 탈취당하고 인민재판으로 광장에서 죽창에 찔러죽고, 살기 위해서 동조하고 일을 돕기로 했는데, 3개월 후 9·28 서울 수복 시에 서울에 돌아온 이승만은 공산당에 붙어 부역(일을 돕는 것 또는 시키는 일을 한 것)을 했다면서 고문을 하고 연좌제로 묶어 자식들까지 각종 시험에 불합격시키고 직장도 구하지 못하도록 방해했다. 뉴라이트 무리의 주장은 "이러한 박정희나 이승만의 실체를 밝히는 것은 대한민국의 위상이 깎이는 것이기 때문에 숨기고 미화라는 것이 옳다."는 것이다. 얼핏 듣기에는 일리가 있는 말처럼 들리지만 그러한 견해는 잘못된 생각임을 알아야 한다.

　〈하권〉에서는 독자들을 더욱 깊은 학문의 세계로 인도할 것이다. 인류 최고의 스승이신 맹자 님의 가르침과 성리학의 진수를 담은 『성학십도』의 내용을 성심껏 공부한다면 가히 대인군자의 경지에 오를 수 있을 것을 장담하는 바이다.
　우리는 유교의 번거롭고 까다로운 빈 껍데기는 버리고 그 알맹이만을 취하여 새로운 세상을 만들어나가야 한다. 그것은 인류가 멸망하는 순간까지 우리 인간에게 있어 가장 위대한 가르침인데 그

중에서도 맹자 님의 가르침이야말로 그 핵심이라고 할 수 있다. 주역과 성리학까지 포함된 유교는 끝없이 크고 심오한 수기치인(修己治人 : 자기의 몸을 수양하고 사람을 가르치고 다스리는 것)의 정신세계이며 최고의 경세지학(經世之學 : 세상을 다스리고 경영하는 학문)임을 모두 명심해야 할 것이다. 예로부터 다섯 수레의 책은 읽어야 한다고 했는데 이 세 권의 책을 어렵고 지루하다면서 읽지 않는다면 어찌 인간이라고 할 수 있겠는가?

처음엔 비록 재미가 없더라도 읽고 또 읽으면 자신도 모르는 사이에 학문의 즐거움이 무엇인지 깨닫게 될 것이다.